역사를 바꾼

위대한 이인자

역사를 바꾼

위대한
이인자

절대권력을 조종하며
역사를 바꾼
킹메이커들

송은명 지음

시아

역사의 수레바퀴를 돌린 사람들

'성공한 주군인가, 실패한 주군인가'는 그들 곁에서 국정의 향방을 좌우한 이인자들의 공과에 의해 판가름된다. 절대권력의 상징적 존재인 왕을 보필하며 국정을 운영한 문무 지식인들, 그들의 선택에 따라 주군의 평가가 달라지고 시대가 바뀌고 민중들의 삶이 달라졌다.

신분이나 지위에 있어서 주군인 일인자를 능가할 수 없는 명백한 한계를 지닌 이들 이인자들 중에는 철저하게 권력을 지향하고 실리를 추구한 인물들도 있다. 특히 타고난 신분이 낮고 기반이 변변치 못한 인물인 경우, 애초에 자신이 갖고 있지 않은 권력을 만들어 내야 했으므로, 이들의 삶은 그 자체가 '드라마'일 수밖에 없었다. 이들의 삶이 다른 어떤 인물의 삶보다 역동적이며, 드라마의 소재로 큰 인기를 끄는 이유가 아마 여기에 있지 않을까?

5

거대한 역사의 흐름. 이 책에서는 그 흐름을 주도한 대표적인 '이인자' 19명을 선정해 보았다. 그러나 이 책 안에서 '이인자'라는 말이 갖는 의미는 각자의 삶과 시대, 처했던 상황에 따라 조금씩 차이를 보인다. 충성과 의리로 당대의 일인자인 주군을 보필하여 성군의 자리에 올려 놓은 이인자가 있는가 하면, 이름뿐인 일인자 밑에서 사실상 모든 권력을 쥐고 흔들었던 이인자도 있다.

덩샤오핑과 왕건의 경우, 일인자라고 생각될 수도 있는 이들 두 사람을 이 책에 포함시킨 것은 이인자로서 닦은 기반을 발판으로 삼아 일인자의 자리에 오른 이들의 이인자로서의 활동에 주목할 필요가 있다는 생각에서였다. 또한 이 책에는 개인의 영달과 권력만을 좇은 인물들도 포함되었는데, 우리가 익히 잘 알고 있는 유자광과 한명회 등이 바로 그들이다. 기록상 그들에 대한 좋은 평가를 찾아보기는 힘들지만, 그들이 주도한 '무오사화'나 '계유정난' 등의 사건이 우리 역사의 한 부분을 차지하고 있으며, 그것이 비록 역사의 퇴보를 가져 왔다 하더라도 역사의 수레바퀴를 돌렸음에는 틀림없다.

이 책에서는 인물들의 옳고 그름에 대해 굳이 평가를 내리지는 않았는데, 이는 이들이 '바꾼 역사'에 좀더 주목하고자 했기 때문이다.

사실 조선 건국의 실제 주역이었던 조선판 내각주의자 정도전이 이방원에 의해 조선조 내내 역적으로 취급받았던 경우를 미루어 볼 때, 흑백으로만 치우친 평가는 오히려 잘못된 선입견을 가져다 줄 수 있다.

송은명

차례 ::

국외편(중국편)

- -

01

을 · 파 · 소

─최고가 아니면 안 된다─

*평범한 농부의 화려한 정계 데뷔

*최고의 관직을 요구하다

*백성들을 구휼하다

을파소 (?~203, 고구려)

을파소는 고구려의 명재상으로, 고국천왕을 도와 왕권 강화에 이바지하고 백성들을 위한 구휼책으로 우리나라 최초의 사회보장제도라고 할 수 있는 '진대법'을 실시했다. 고국천왕과 을파소는 성공한 일인자와 이인자의 만남이라 할 수 있다. 고국천왕은 고대국가의 기틀을 닦은 임금으로, 을파소는 백성들을 사랑한 명재상으로 역사에 영원히 기록되었다.

평범한 농부의 화려한 정계 데뷔

『삼국사기』 열전에 의하면 을파소는 고구려 유리왕 때 대신을 지낸 을소의 자손으로, 처음에는 시골에서 농사를 지으며 살았다고 한다. 그런데 어떻게 한낱 평범한 농부였던 을파소가 고구려의 최고 관직인 '국상'(國相)의 자리에 올라 고국천왕을 보필할 수 있었을까?

처음 고구려는 다섯 개의 부족, 즉 왕족인 계루부와 왕비족인 연나부를 비롯하여 절노부·관노부·순노부를 중심으로 건국된 부족연맹체 국가였다. 그 후 5부는 고구려의 지배 계급을 형성하는 귀족이 되었는데, 이들은 왕을 감시하고 사사건건 행동에 제동을 걸었다. 5부의 견제로 인해 왕권은 미약할 수밖에 없었고, 그 틈을 타서 귀족들은 마음대로 백성들을 약탈하는 등 온갖 악행을 저질렀다. 그 가운데 연나부의 어비류와 좌기려의 부정이 특히 심했다. 이에 190년, 고국천왕이 그들을 잡아들여 죄를 물으려 하자 신변에 위협을 느낀 어비류와 좌기려는 군사들을 모아 반란을 일으켰다.

2년여에 걸쳐 계속되었던 반란을 무사히 진압한 고국천왕은 신하들에게 다음과 같은 지시를 내렸다.

"현재 나라의 중요한 직책의 대부분을 귀족들이 차지하고 있어 능력 있고 어진 사람들의 벼슬길이 막혀 있소. 그뿐 아니라 귀족들은 자신들의 신분과 지위를 내세워 백성들을 괴롭히고 나아가 이 나라를 어지럽히고 있소. 이것은 모두 임금인 내가 현명하지 못한 탓이오. 그러니 나를 도와 이 나라를 이끌어 갈 인재를 추천해 주시오."

고국천왕의 지시를 받은 신하들은 서로 의논한 끝에 동부에 사는 안류를 추천했다. 고국천왕이 안류를 불러 나랏일을 맡기려 하자, 그는 사양하며 대신 을파소를 추천했다.

"대왕마마, 저는 지혜가 부족하여 중요한 직책을 맡을 수 없습니다. 제가 듣기로는 서압록곡 좌물촌에 사는 을파소가 매우 지혜롭고 현명하다 하니 그를 불러 나랏일을 맡기는 것이 좋을 듯합니다. 그는 아직 벼슬길에 오르지 못하고 시골에서 농사를 지으며 살고 있습니다. 하지만 대왕마마께서 을파소를 불러 나랏일을 맡기신다면 이 나라는 안정되고 백성들의 생활 또한 편안해질 것입니다. 그러면 대왕마마께서는 어진 성군으로 역사에 영원히 남으실 것입니다."

고국천왕은 즉시 특사를 보내 을파소를 맞아들였다.

최고의 관직을 요구하다

을파소를 만난 고국천왕은 지혜롭고 현명한 그의 인물됨에 반하여

곧 중외대부에 더하여 우태라는 벼슬을 내렸다. 을파소는 고국천왕의
그러한 예우에 감복하긴 하였으나 내려진 직위가 자신의 뜻을 펼치기
에는 부족하다고 판단하여 왕의 제의를 정중하게 거절하며 이렇게 덧
붙였다.

"대왕마마, 신은 늙고 능력이 부족하여 도저히 대왕마마의 뜻에 따
를 수가 없습니다. 대왕마마께서는 젊고 현명한 인재에게 높은 벼슬을
내려 뜻을 이루시는 것이 좋겠습니다."

귀족들에 대한 왕실의 통제력을 강화할 필요성을 느끼고 있던 고국
천왕은 귀족들과 연계되어 있지 않으면서 자신의 뜻을 강력하게 실행
에 옮길 수 있는 확실한 조력자가 필요했다. 그러한 고국천왕의 뜻을
읽은 을파소는 자신의 세력 기반이 전혀 없는 상태에서 왕의 뜻에 따
르고 자신의 뜻을 펼치려면 최고직이 아니고는 불가능하다고 판단하
여 그렇게 말했던 것이다. 그리하여 을파소는 고구려 지배세력의 회의
체 의장인 국상의 자리에 오르게 되었다.

이 일로 기존 지배세력들은 크게 반발하기 시작했다. 한낱 농사꾼에
불과했던 을파소가 어느 날 갑자기 국상의 자리에 오르자 귀족들은 크
게 불만을 품을 수밖에 없었다. 그들은 을파소가 자신들을 미워하여
임금과의 사이를 갈라 놓고 있다고 공공연하게 모함했다. 그 소문은
고국천왕의 귀에도 들어갔는데, 고국천왕은 오히려 을파소를 모함하
는 귀족들을 크게 꾸짖었다.

"오늘 이후로 국상의 말에 따르지 않고 거역하는 사람이 있다면 관
직의 높고 낮음을 막론하고 그 가족들까지 엄하게 다스리겠다."

이와 같은 고국천왕의 전폭적인 지원 덕택에 을파소는 왕을 중심으로 하는 새로운 정치 질서를 수립하고 사회 안정에 크게 이바지할 수 있었다. 을파소는 형제가 상속했던 기존의 왕위계승제도를 부자상속제로 바꾸고, 5부의 명칭도 방위를 나타내는 내부·동부·서부·남부·북부로 바꿈으로써 귀족들의 권한을 약화시켰다. 그리하여 고국천왕은 왕권을 강화하고 고대국가의 기반을 닦을 수 있었다.

고국천왕과 을파소는 서로의 필요에 의해 만났다. 고국천왕은 귀족들을 누르고 왕권을 강화하기 위해 자신을 뒷받침해 줄 조력자가 필요했고, 을파소는 자신의 뜻을 펼칠 수 있는 기회가 오기를 기다리고 있던 중이었다. 을파소가 국상에 오른 뒤 남긴 말에서 애초에 그가 큰 뜻을 품고 시골에 은거하고 있었다는 사실을 알 수 있다.

"옛말에 자신의 뜻을 펼 수 없으면 숨어서 살고, 자신의 뜻을 펼칠 수 있는 때를 만나면 나가서 벼슬을 하는 것이 선비의 당연한 도리라고 했다. 지금 대왕께서 나를 따뜻한 마음으로 대해 주시는데, 내 어찌 계속해서 숨어 살 수 있겠는가?"

백성들을 구휼하다

을파소가 고국천왕을 도와 왕권을 강화하고 고대국가의 기틀을 마련했다고는 하지만, 그가 명재상으로 불릴 수 있었던 것은 무엇보다도 백성들을 사랑하는 지극한 마음 때문이었다. 이러한 그의 마음이 가장 잘 나타난 것이 바로 '진대법'(賑貸法)이다.

진대법이란 춘궁기인 봄에 곡식을 빌려 주었다가 수확기인 가을에 갚도록 하는 것으로, 굶주리는 백성들을 구휼하기 위한 제도이다. 진대법의 실시는 을파소가 몸소 농사를 지은 경험을 통해 백성들의 생활에 대해 잘 알고 있었기에 가능한 것이기도 했다.

어느 날 을파소와 함께 사냥을 하고 돌아오던 고국천왕은 길가에서 울고 있는 한 백성을 만났다. 고국천왕이 그를 불러 우는 이유를 묻자 그는 이렇게 대답했다.

"소인은 집이 가난하여 지금까지 품팔이로 겨우겨우 어머니를 모셔 왔습니다. 그런데 올해는 흉년이 들어 그나마 품팔이를 할 곳도 없어졌습니다. 이제 식량은 점점 떨어져 가는데 일자리는 전혀 생기지 않으니 제 어머니는 영락없이 굶어 죽게 생겼습니다. 그래서 이렇게 울고 있는 것입니다."

곁에서 그 말을 듣고 있던 을파소는 가슴이 몹시 아팠다.

'아, 내가 이 나라의 국상으로 있으면서 백성들을 굶주리게 하다니……. 이것은 내 능력이 부족한 탓이다.'

을파소는 굶주리는 백성들을 도울 방법에 대해 곰곰이 생각하기 시작했다. 을파소는 궁궐로 돌아오자마자 고국천왕에게 한 가지 건의를 했다.

"대왕마마, 굶주리는 백성들을 위하여 진대법을 실시하는 것이 좋겠습니다. 진대법이란 먹을 것이 떨어져 굶주리는 춘궁기에 나라에서 식량을 빌려 주었다가, 곡식을 거두어들이는 가을에 갚도록 하는 제도입니다.”

고국천왕은 을파소의 건의를 흔쾌히 받아들였다. 이에 을파소는 또 한 가지 건의를 덧붙였다.

“대왕마마, 진대법을 봄에만 실시할 것이 아니라 사계절 내내 실시 했으면 합니다.”

영문을 몰라 의아해 하는 고국천왕에게 을파소는 그 이유를 자세히 설명했다.

“백성들은 항상 먹을 것이 부족합니다. 게다가 가뭄이나 홍수로 흉 년이 들기라도 하면 또다시 굶어 죽는 백성들이 생겨나게 마련입니다. 그때마다 백성들에게 식량을 빌려 주었다가 여유가 생겼을 때 갚도록 하면 백성들의 어려움을 덜어줄 수 있을 것입니다.”

진대법의 실시로 고구려 백성들은 안정된 생활을 영위할 수 있게 되 었다. 백성들의 행복은 곧 나라의 안정을 가져왔다. 백성들의 입에서 는 고국천왕과 을파소를 칭찬하는 소리가 그칠 줄 몰랐다. 을파소는 오랫동안 가슴에 큰 뜻을 품은 채 농사를 지으며 생활했던 경험을 통 해 누구보다도 백성들의 처지를 잘 알 수 있었고, 그것이 백성들을 생 각하는 마음으로 우러나와 결국 진대법이라는 우리 나라 최초의 사회 보장제도를 실시하게 되었다.

을파소는 고국천왕에 이어 왕위에 오른 산상왕을 돕다가 산상왕 7 년(203)에 세상을 떠났다. 을파소가 세상을 떠나자 산상왕을 비롯한 모 든 백성들이 슬픔에 잠겼다.

| 최고가 아니면 안 된다

● 국내편 (한국편)

02

연·개·소·문

―당 태종의 원정을 좌절시킨 고구려의 거인―

*눈물로 호소하여 부친의 관직을 잇다

* '날 인정하지 않는 주군은 모실 수 없다'

*당나라에 당당히 맞서다

*거인의 죽음이 망국을 부르다

| 연개소문 | (?~665, 고구려)

고구려 영류왕 대에 귀족들의 견제를 받아 변방의 한직으로 보내져 천리장성을 쌓은 연개소문. 그러나 영류왕이 간신들의 말을 듣고 자신을 죽이려 한다는 음모를 알게 되자 영류왕을 시해하고 왕의 조카 장을 새 왕으로 세웠다. 그 후 연개소문은 사실상 고구려의 실권자로 긴박한 국제 정세 속에서 고구려의 독자성을 지키는 데 전력을 다하였다. 그리하여 그의 생전에는 당나라조차도 감히 고구려를 넘볼 수 없었으나, 그가 죽자 고구려는 곧 신라와 당나라 연합군에 멸망하여 역사 속으로 사라지고 말았다.

눈물로 호소하여 부친의 관직을 잇다

"어르신, 제 아버님의 자리를 이을 수 있도록 허락해 주십시오. 그것도 안 된다면 임시로라도 그 자리를 잇게 해 주십시오. 제가 능력이 부족하다면 그때 가서 내쫓으시면 됩니다. 아버님의 뒤만 잇게 해 주신다면 그 은혜 절대로 잊지 않고 보답하겠습니다."

고구려의 서울 평양성에 있는 어느 귀족의 집 마당에서 한 젊은이가 무릎을 꿇은 채 애원하고 있었다. 얼굴이 앳된 그 젊은이는 눈물까지 줄줄 흘리며 사정하고 있었다. 그는 얼마 전 세상을 떠난 동부대인 대대로 연태조의 큰아들, 연개소문이었다.

어려서부터 반드시 나라에 필요한 사람이 되겠다고 굳은 결심을 한 연개소문은 그 뜻을 이루기 위해 열심히 글을 읽고 무예를 연마했다. 그러던 어느 날 갑자기 아버지가 세상을 떠나고 말았다. 그때 연개소문은 겨우 열다섯 살이었다. 비록 나이는 어렸지만 당시 고구려의 관습에 따라 당연히 그가 아버지의 뒤를 이어 동부대인 대대로가 되어야 했다. 그러나 할아버지 때부터 높은 관직을 맡아 온 그의 집안 세력과 그의 무단적인 기질을 두려워한 귀족들의 반대에 부딪쳐 그만 그의 꿈은 좌절될 위기에 놓이고 말았다.

연개소문은 자신의 관직 승계를 반대하는 귀족들을 한 사람 한 사람 찾아다니며 무릎을 꿇은 채 빌고 사정했다. 마침내 귀족들은 그가 아버지의 뒤를 잇는 것을 허락했다. 하지만 연개소문을 시기하고 미워하는 마음이 완전히 사라진 것은 아니었다. 그들은 여전히 그를 못마땅하게 여겼던 것이다.

연개소문이 나랏일에 힘쓰고 있을 때였다. 연개소문을 늘 눈엣가시처럼 여기던 사람들이 영류왕을 찾아가 이렇게 말했다.

"연개소문은 성격이 난폭하여 언제 무슨 일을 저지를지 모릅니다. 그가 힘을 기르지 못하도록 북쪽 국경으로 내쫓아 당나라의 침입에 대비하여 성을 쌓는 일을 맡기는 것이 좋겠습니다."

영류왕은 그들의 말에 따라 연개소문에게 북쪽 국경에 장성을 쌓는 일을 감독하라는 명을 내렸다.

연개소문은 곧장 국경으로 달려가 성을 쌓는 일에 전력투구하는 한편, 군사들의 훈련 또한 게을리하지 않았다. 당시 수나라를 무너뜨리고 새로 들어선 당나라가 고구려로 쳐들어올 기회를 엿보고 있었기 때문이다.

영류왕 25년(642), 마침내 연개소문은 장성을 완성했다. 만주 부여성에서 발해만(동해) 입구에 이르는, 길이가 무려 천 리나 되는 장성이었다.

| 당 태종의 원정을 좌절시킨 고구려의 거인

'날 인정하지 않는 주군은 모실 수 없다'

천리장성을 쌓으면서 연개소문은 백성들로부터 많은 존경을 받았다. 그는 언제나 앞장서서 일했고, 성을 쌓느라 고생하는 군사와 백성들을 따뜻하게 보살펴 주었기 때문이다. 연개소문을 따르는 사람들이 늘어나자 평양에 있는 귀족들은 다시 불안해지기 시작했다. 그들은 비밀리에 영류왕을 찾아가 연개소문을 비방하여 없앨 계획을 모의했다.

어느 날, 새로 쌓은 성을 둘러보고 있던 연개소문은 뜻밖의 소식을 들었다.

"장군, 큰일났습니다. 지금 평양성에서는 장군을 없앨 음모를 꾸미고 있다고 합니다."

"이런 죽일 놈들. 이 나라 귀족이란 놈들이 도성에 편안히 앉아 고작 하는 짓이 변방에서 나라를 지키기 위해 애쓰고 있는 나를 죽일 음모라니……."

연개소문은 분노로 온몸을 떨었다. 얼마 동안 서성이던 그는 곧 냉정을 되찾았다.

'그렇다면 내가 먼저 그 버러지 같은 놈들을…….'

연개소문은 아무것도 모르는 척 태연하게 군사를 이끌고 평양으로 돌아왔다. 그리고는 귀족 관료들에게 평양성 남쪽 성 밖에서 군사들의 열병식을 한다고 알렸다. 또한 열병식이 끝나고 풍성한 잔치가 있을 것이니 모두 참석해 달라는 말도 잊지 않았다.

연개소문의 초대를 받은 귀족들은 혹시 자신들의 계획이 탄로 난 것이 아닐까 하여 불안에 떨었다. 하지만 초대를 받고도 가지 않는다면 도리어 연개소문의 의심을 사게 될 것이 뻔했다.

불안한 마음으로 열병식에 참석하여 연개소문의 눈치를 살피던 귀족과 신하들은 아무 일 없다는 듯 태연한 연개소문을 보고는 조금씩 안심하기 시작했다.

열병식이 끝나고 풍성한 잔치가 벌어졌다. 귀족과 신하들은 웃고 떠들며 산더미 같은 음식과 향기로운 술을 마음껏 즐겼다. 한창 분위기가 무르익을 무렵, 연개소문이 우렁찬 목소리로 말했다.

"이 자리에 참석하신 모든 분들께 감사 드립니다. 차린 것은 없지만 맛있게 드시고 마음껏 취하십시오. 자, 모두들 건배합시다. 건배!"

단숨에 술을 들이킨 연개소문은 술잔을 장막 밖으로 힘껏 내던졌다. 그러자 "와아!" 하는 함성과 함께 칼을 빼 든 군사들이 잔치가 벌어지고 있는 장막 안으로 몰려 들어왔다. 장막 밖에는 이미 무장한 군사들이 연개소문의 신호가 떨어지기만을 기다리고 있었던 것이다.

군사들은 귀족과 권신들의 목에 칼을 들이댔다. 순식간에 일어난 상황에 잠시 넋을 잃었던 그들은 금세 새파랗게 질려 온몸을 바들바들 떨기 시작했다.

"천하에 쥐새끼 같은 놈들! 그래, 도성에 편히 앉아 고작 날 죽일 음모나 꾸며? 간사한 네 놈들을 용서할 수 없다. 여봐라, 한 놈도 남기지 말고 저들의 목을 쳐라."

연개소문의 명령이 떨어지기가 무섭게 칼날이 허공을 갈랐다. 흥겹던 잔치는 눈 깜짝할 사이에 피비린내 나는 지옥으로 변했다. 연개소문은 그 자리에 참석한 100여 명에 가까운 귀족과 권신들의 목을 모두 베어 버렸다.

이어서 연개소문은 군사를 이끌고 궁궐로 들어가 영류왕을 시해하였다. 당시 연개소문은 당나라에 태자를 사신으로 보내는 등 굴욕적인 저자세 외교를 견지하고 있던 영류왕에 대해 반감을 품고 있었으며, 아무리 임금이지만 귀족들의 말만 믿고 자신을 죽이려 한 행위를 도저히 용서할 수 없었던 것이다.

자신을 해치려 한 사람들을 모두 제거한 연개소문은 영류왕의 조카인 장(고구려 마지막 임금인 제28대 보장왕)을 추대하여 왕으로 세운 후, 스스로 최고 벼슬인 대막리지에 올랐다.

▌ 당나라에 당당히 맞서다

건국 초기의 당나라는 아직 체제가 제대로 정비되지 않은데다 수나라 대의 고구려 원정 실패의 영향으로 반전론(反戰論)마저 대두되어, 고구려의 독자성을 인정하지 않을 수 없었다. 그러나 '고구려가 천하의 중심'이라는 독자적인 세계관을 고수하는 고구려를 정복하지 않는 한, 자국을 중심으로 한 국제 질서를 유지할 수 없었던 당나라는 고구려를 눈엣가시처럼 여기고 있었다. 더군다나 고구려는 큰 세력을 형성하고 있었을 뿐만 아니라 신라처럼 고분고분하지도 않았다.

고조에 이어 왕위에 오른 후 고구려를 칠 구실을 찾던 당 태종에게 연개소문이 영류왕을 죽이고 보장왕을 세웠다는 소식은 좋은 빌미를 제공했다. 마침내 태종은 대국인 당나라의 허락도 받지 않고 자기 마음대로 임금을 죽이고 새 임금을 세운 연개소문을 벌해야 한다면서 군사를 일으킬 것을 명했다. 그러자 장손무기가 반대하고 나섰다.

"황제 폐하, 그렇지 않아도 연개소문은 우리 당나라가 벌할 것을 두려워하여 수비를 강화하고 있습니다. 그러니 지금은 일단 출병 명령을 거두시고 좀더 기다리십시오. 폐하께서 그냥 두고 보고 계시면 그는 안심하고 국정을 제 마음대로 하여 더 많은 잘못을 저지를 것입니다. 그때가 되면 고구려 백성들도 그를 싫어하게 될 것이고, 그렇게 되면 쉽게 연개소문을 잡아들일 수 있을 것입니다."

당 태종은 장손무기의 의견을 받아들여 고구려 정벌 계획을 포기했다. 그때 고구려에서 지원군을 얻는 데 실패한 신라의 김춘추가 태종을 찾아왔다.

"황제 폐하, 신라는 백제의 공격을 받아 40여 성을 빼앗기고 말았습니다. 그뿐 아니라 백제와 고구려가 함께 음모를 꾸며 당나라에 오는 길마저 막고 있습니다. 폐하, 신라가 그들을 막을 수 있도록 도와주십시오."

얼마 지나지 않아 당나라 사신 상리현장이 고구려에 온다는 소식이 전해졌다. 그 소식을 들은 보장왕은 신라를 공격하기 위해 국경 지역에 나가 있던 연개소문에게 급히 사람을 보냈다. 서둘러 평양으로 돌아온 연개소문은 상리현장이 가지고 온 태종의 서신을 읽어 보았다.

| 당 태종의 원정을 좌절시킨 고구려의 거인

신라는 당나라와 외교를 맺은 뒤로 지금까지 단 한 번도 빠지지 않고 조공을 바쳐 왔다. 그런데 고구려와 백제 두 나라가 서로 모의하여 신라를 공격한다 하니, 이는 도저히 용서할 수 없는 일이다. 두 나라가 잘못을 뉘우치고 다시는 신라를 공격하지 않는다면 지금까지의 일은 모두 용서하겠다. 하지만 이를 어기고 다시 신라를 친다면 군사를 일으켜 두 나라를 벌할 것이다.

연개소문은 치밀어오르는 분노를 억누르며 상리현장에게 말했다.

"예전에 수나라가 우리 고구려를 침범해 왔을 때, 신라가 그 틈을 타서 쳐들어와 우리 땅을 500여 리나 빼앗아 갔소. 그때부터 신라는 고구려의 원수가 되었고, 우리는 그 땅을 회복하기 위해 노력해 왔소. 그런데 신라의 말만 듣고 우리더러 신라를 치지 말라고 하니 그런 법이 어디 있소?"

연개소문의 반응을 살피던 상리현장은 "지나간 일을 생각하면 무엇합니까? 요동 땅을 고구려가 빼앗아 갔지만 우리는 한 번도 돌려 달라고 한 적이 없습니다." 하고 말하며 연개소문을 설득했다. 그러나 연개소문은 조금도 굴하지 않고 당당하게 맞섰다.

"사신은 뭔가 잘못 알고 있는 것이 아니오? 요동은 원래 옛 고조선 땅이었소. 그런데 한나라가 고조선을 멸망시킨 뒤 그 땅을 빼앗아 가 버렸소. 그래서 선왕들께서 그 땅을 되찾은 것뿐이오. 신라가 빼앗아 간 땅을 돌려주지 않는 한 우리는 계속해서 공격할 것이라고 사신의 황제께 전하시오."

뜻을 이루지 못하고 당나라로 돌아간 상리현장은 당 태종에게 말했다.

"연개소문은 임금과 대신들을 죽이고도 전혀 반성하지 않고 있으며, 지금은 황제 폐하의 명령까지 어기고 있습니다. 군사를 내어 고구려를 토벌하는 것이 좋을 듯합니다."

당 태종은 다시 장엄을 사신으로 보내 연개소문을 설득하려 했다. 그러나 연개소문은 장엄을 가두어 버렸고, 이 소식을 들은 당 태종은 크게 분노하여 전국에 다음과 같은 명을 내렸다.

"고구려의 연개소문이라는 자가 임금을 시해한 것도 모자라 백성들을 괴롭힐 뿐만 아니라 짐의 명령까지 어기고 있다. 이에 짐은 연개소문의 죄를 묻지 않을 수 없다. 모두들 고구려를 칠 준비를 하도록 하라."

645년, 마침내 당 태종은 직접 군사를 이끌고 고구려에 쳐들어왔다. 연개소문은 개모성 등 국경 지역의 여러 성을 돌며 군사들을 격려했다. 그러나 고구려 군사들이 온 힘을 다해 싸웠음에도 개모성·비사성·요동성·백암성 등이 당나라 군사들에게 차례로 함락되고 말았다.

당 태종은 계속해서 군사를 몰아 안시성 공격에 나섰다. 그 소식을 들은 연개소문은 고연수와 고혜진에게 군사 15만 명을 주어 안시성으로 보냈다. 안시성은 국경 지역의 요충지로 그곳이 무너지면 고구려가 망할 위기에 놓일 정도로 중요한 성이었다. 그러나 안시성으로 향하던 고연수와 고혜진은 당나라를 얕잡아 보고 서둘러 공격하다 그만 패하여 항복해 버렸다. 그리하여 많은 군사를 잃은 고구려는 큰 어려움에 처하게 되었다.

│ 당 태종의 원정을 좌절시킨 고구려의 거인

당시 안시성은 양만춘이라는 성주가 지키고 있었는데, 연개소문은 그를 굳게 믿고 있었다. 예전에 연개소문이 영류왕을 죽이고 보장왕을 세우자 많은 성이 반발했는데, 이를 진압하는 과정에서 양만춘만 유일하게 연개소문에게 굴복하지 않았다. 이에 연개소문은 양만춘에게 사람을 보내 함께 대화할 자리를 마련했다. 연개소문을 만난 양만춘은 대뜸 항의부터 했다.

"막리지는 나라를 망치는 귀족과 신하들만 죽일 것이지 어찌하여 임금까지 시해하셨습니까?"

"성주가 내게 대항한 이유가 그것 때문이었소? 그렇다면 내가 사과드리리다. 하지만 내가 임금을 시해한 것은 이 나라를 옛날처럼 부강한 나라로 만들기 위해서는 새 임금이 필요하다고 생각했기 때문이오. 그러니 성주께서는 이 연개소문을 좀 도와주시오."

"나더러 무얼 어떻게 도와달란 말씀이십니까?"

"성주도 알다시피 이 나라는 지금 아주 어려운 처지에 놓여 있소. 나라가 조금씩 안정을 찾고 있다고는 하지만 아직 안심할 때가 아니오. 북쪽에서 우리를 노리고 있는 당나라의 침입에도 대비해야 하오. 지금까지 그들은 조금만 비위에 거슬리면 곧 군대를 일으켜 쳐들어오곤 했소. 성주가 안시성만 잘 지켜 준다면 나는 안심하고 나라를 안정시키고 힘을 기르는 데 전력을 다하겠소."

그 일이 있고 난 후 양만춘은 당나라의 침입에 대비하여 군사를 훈련시켜 왔다.

안시성에서 두 나라가 치열하게 싸우고 있는 동안 어느덧 계절이 바뀌고 겨울이 다가왔다. 싸우는 족족 고구려에게 패할 뿐 아니라 식량이 떨어지고 추위가 닥쳐오면 더 이상 싸울 수 없다는 것을 깨달은 당태종은 군사를 이끌고 자기 나라로 돌아갈 수밖에 없었다.

이리하여 양만춘은 60여 일에 걸친 치열한 싸움 끝에 마침내 승리를 거둘 수 있었다. 양만춘의 용맹스러움과 충성심에 감동한 당 태종은 양만춘에게 비단 100필을 보냈다. 양만춘은 그에 대한 보답으로 성 꼭대기에 올라가 당나라로 돌아가는 태종에게, "잘 가시오."라는 말과 함께 활시위를 당겼다. 양만춘의 손을 떠난 화살은 그대로 태종의 왼쪽 눈에 꽂혔다. 이 일로 애꾸눈이 된 당 태종은 훗날 병들어 죽으면서, "다시는 고구려를 치지 말라."는 유언을 남겼다.

거인의 죽음이 망국을 부르다

고구려는 그 뒤 몇 차례 더 당나라의 공격을 받았으나 그때마다 모두 승리를 거두었다. 그러나 그 즈음 신라와 당나라의 연합군에 의하여 백제가 멸망하고 말았다. 662년, 당나라는 또다시 신라와 연합하여 고구려에 쳐들어왔다. 연개소문은 몸소 군사를 이끌고 나가 요하에서 당나라 군대를 크게 무찔렀다. 그 후 당나라는 연개소문을 몹시 두려워한 나머지 그가 살아 있는 동안에는 함부로 고구려에 쳐들어오지 못했다.

당나라의 침략을 막고 쓰러져 가는 고구려를 일으키려 안간힘을 다했던 연개소문. 그러나 그도 세월 앞에서는 어쩔 수 없었다. 665년, 사방으로 세력을 확대하며 승승장구하던 연개소문이 세상을 떠났다. 나라의 기둥을 잃어버린 고구려의 앞날은 바람 앞의 등불과 같았다. 연개소문이 죽은 후 그의 아들들은 서로 다투기만 하다가 결국 뿔뿔이 흩어지고 말았다.

  668년, 마침내 고구려는 신라와 당나라 연합군에게 맥없이 무너져 멸망하고 만다. 동명성왕이 기원전 37년에 나라를 세운 지 705년 만의 일이었다.

03

김·유·신

— 죽어서 왕으로 추존된 삼국통일의 최대 공신 —

*단신으로 적진에 뛰어들다

*김춘추와 인연을 맺다

*신라의 운명을 짊어지다

*김춘추의 원수를 갚다

*김춘추를 왕으로 세우다

*백제를 멸하고 삼국통일의 기틀을 닦다

*죽은 후에 왕으로 추존되다

|김유신| (595~673, 신라)

문무왕 17년(677), 마침내 신라는 당나라를 몰아내고 삼국통일의 대업을 완수한다. 그러나 그 이전에 태종 무열왕(김춘추)을 도와 삼국통일의 기반을 닦아 놓은 신라 최고의 명장, 김유신이 없었더라면 이러한 대업은 달성되기 어려웠을 것이다. 이인자의 위치에 있으면서도 사실상 일인자였던 김유신. 그는 역사의 또 다른 주인공임에 틀림없다.

단신으로 적진에 뛰어들다

진평왕 51년(629) 8월, 왕명을 받아 이찬 임영리 등이 군사를 거느리고 고구려 낭비성을 공격했다. 그 전투에는 김춘추의 아버지 파진찬 김용춘과 김유신의 아버지 소판 김서현도 참가하고 있었다. 그러나 1차 접전에서 고구려군에게 크게 패한 신라군은 사기가 꺾인 채 싸울 의지마저 잃고 있었다.

이때 중당당주로 출전한 김유신이 아버지 김서현을 찾아갔다.

"아버님, 지금 비록 군사들의 사기가 땅에 떨어져 있으나, 소자는 평생 나라에 충성을 다하기로 결심했으니 죽음을 각오하고 싸움에 임하지 않을 수 없습니다. 옛말에 옷깃을 들면 갖옷이 되고, 벼리를 당기면 그물이 펼쳐진다 했으니, 제가 벼리와 옷깃이 되어 고구려군을 무찌르겠습니다."

말을 마치고 나서 혈혈단신으로 적진에 뛰어든 김유신은 고구려 진영을 누비며 적을 교란시킨 후 순식간에 고구려 장수의 목을 베어 가지고 돌아왔다. 이 모습을 보고 기세가 오른 신라군은 앞으로 진격하여 고구려 군사 5천여 명을 죽이고 1천여 명을 사로잡는 대승을 거두었다. 그러자 성 안에 남아 있던 고구려군은 신라군을 두려한 나머지 더 이상 싸울 의지를 잃고 항복하고 말았다.

이것은 신라의 대표적 명장으로 불리는 김유신이 그의 나이 서른넷에 참가한 첫 전투에서 펼친 활약상이다. 김유신은 가야의 시조 김수로왕의 12대 손이며, 법흥왕 19년(532)에 신라에 투항한 금관가야 김구해왕의 증손으로, 할아버지는 관산성 전투에서 백제 성왕을 전사시킨 김무력이다. 김유신은 신라 제26대 진평왕 17년(595), 소판으로 대량주(합천) 도독을 지낸 김서현과 지증왕의 증손녀인 만명부인 사이에서 태어났다.

열다섯 살에 화랑이 된 김유신은 화랑도인 용화향도를 이끌고 산천을 주유하며 심신을 수련했다. 낭비성 전투를 시작으로 수많은 전쟁터를 누비며 혁혁한 전공을 세운 김유신은 선덕여왕·진덕여왕·태종무열왕·문무왕에 이르기까지 4대에 걸쳐 고구려와 백제의 공격을 막아 내고 신라가 삼국을 통일하는 데 최고의 공을 세운다.

▌김춘추와 인연을 맺다

선덕여왕 11년(642) 겨울, 어느 날 김춘추가 김유신을 찾아왔다.

"나는 공과 일심동체로 임금께서는 나를 믿고 중하게 여기고 계시오. 지금 내가 고구려에 사신으로 가려 하는데, 만일 60일이 지나도 내

| 죽어서 왕으로 추존된 삼국통일의 최대 공신

가 돌아오지 않으면 공은 다시는 나를 볼 수 없을 것이오. 그렇게 된다면 공은 어찌하겠소?"

"만일 그렇게 된다면 내가 탄 말의 말발굽이 반드시 고구려와 백제, 두 임금의 뜰을 짓밟을 것이오. 그렇게 하지 못한다면 내가 무슨 낯으로 이 나라 사람들을 대할 수 있겠소?"

그 말을 들은 김춘추는 크게 기뻐했다. 그리고 김유신과 함께 손가락을 깨물어 피로 맹세를 나누었다.

그해 7월, 신라는 백제 의자왕에게 미후성 등 40여 개의 성을 빼앗긴 데 이어, 8월에는 백제와 고구려 연합군에게 당나라와의 교통로인 당항성을 빼앗겼으며, 백제 장군 윤충에게 대야성마저 빼앗기고 말았다. 대야성 전투에서는 당시 도독으로 있던 이찬 김품석 내외가 전사했는데, 이들은 김춘추의 사위와 딸이었다. 이 소식을 듣고 슬픔에 가득찬 김춘추는 분노를 이기지 못하고 선덕여왕에게 나아가, 고구려에 가서 도움을 청한 뒤 백제를 쳐서 그들의 원수를 갚겠다는 청을 올렸다. 마침내 선덕여왕의 허락을 얻은 김춘추가 목숨을 걸고 고구려로 떠나기에 앞서 찾아와 피의 맹세를 나눈 김유신, 그는 김춘추와 어떤 관계였을까?

훗날 태종 무열왕이 된 김춘추의 비 문명부인이 바로 김유신의 누이동생 문희다. 당시 부인을 잃고 홀아비로 살고 있던 김춘추와 문희가 결혼하게 된 과정이 『삼국유사』 「태종 춘추공 편」에 자세히 기록되어 있다.

어느 날 문희의 언니 보희가 꿈에 서악에 올라 오줌을 누었는데, 그 오줌이 경성 안에 가득 차는 것이었다. 이튿날 아침 보희로부터 꿈 이야기를 들은 문희는 자신의 비단 치마를 주고 보희에게서 그 꿈을 샀다. 그로부터 열흘이 지난 정월 오기일에 김유신은 김춘추와 함께 집 앞에서 공을 찼다. 이때 김유신은 일부러 김춘추의 옷을 밟아 옷의 끈이 떨어지게 만든 뒤, "우리 집에 가서 옷끈을 달도록 합시다." 하고 말했다. 김유신은 먼저 보희를 불러 김춘추의 옷끈을 꿰매 드리라고 했으나, 보희는 "어찌 그런 사소한 일로 귀공자를 가까이 할 수 있단 말씀입니까?" 하고 이를 거절했다. 김유신은 이번에는 문희에게 부탁했다. 이 일로 인해 문희와 관계를 맺게 된 김춘추는 자주 김유신의 집에 드나들었다. 그러던 어느 날 문희가 아이를 뱄다는 사실을 알게 된 김유신은 문희를 불러, "너는 부모에게 알리지도 않고 아이를 뱄으니 어떻게 이런 일이 일어날 수 있느냐?"며 꾸짖고는 온 나라에 누이동생을 불태워 죽일 것이라는 소문을 퍼뜨렸다.

얼마 후 선덕여왕이 김춘추와 함께 남산에 올랐다는 말을 전해 들은 김유신은 마당 한가운데에 장작을 쌓아 놓고 불을 질렀다. 연기를 발견한 선덕여왕이 "갑자기 웬 연기냐?"고 묻자, 곁에 있던 신하가 "김유신이 누이동생을 불태워 죽이나 봅니다." 하고 대답했다. 선덕여왕이 그 까닭을 묻자, 신하는 "누이동생이 남편도 없이 임신했기 때문입니다." 하고 말했다. 선덕여왕이 "누구의 소행이냐?"며 신하를 다그치자 곁에 서 있던 김춘추의 얼굴이 창백하게 변했다. 이를 보고 사건의 전말을 눈치챈 선덕여왕은 김춘추에게 말했다.

"네가 한 짓이로구나. 어서 가서 구하도록 하라."

즉시 말을 달려 김유신의 집으로 간 김춘추는 문희의 목숨을 구한 뒤 혼례를 치렀다.

이것은 뒷날 신라의 국정을 좌우했던 김춘추와 김유신의 굳은 결속을 보여 주는 예다.

김춘추는 주색에 빠져 정사를 제대로 돌보지 않다가 폐위된 제25대 진지왕의 손자다. 진지왕이 폐위되지만 않았다면 그는 아무 문제 없이 아버지 김용춘의 뒤를 이어 왕위를 계승했을 것이다. 그러나 진지왕이 폐위되고 진평왕이 즉위함으로써 그 꿈은 사라지고 말았다.

금관가야의 왕손으로 신라의 귀족으로 편입된 김유신 또한 가슴속에 야망이 꿈틀대고 있었다. 비록 왕위에는 오를 수 없다 해도 그에게는 최고 관직에 오르고 싶은 꿈이 있었던 것이다. 그러나 세력 기반이 약하고 위치가 불안정한 신흥 귀족으로서는 그 꿈을 실현하는데 한계가 있었다.

김춘추는 자신을 지지해 줄 김유신 같은 장수가 필요했고, 김유신은 왕위를 계승할 수 있는 일말의 가능성을 지닌 김춘추가 필요했다. 그리하여 두 사람은 자연스럽게 가까워질 수 있었고, 혼인을 통해 결속을 다졌다. 뒷날 김춘추가 왕위에 오른 이듬해, 김유신은 김춘추의 셋째 딸 지소를 아내로 맞아들임으로써 자신의 위치를 더욱 공고히 하였다.

■ 신라의 운명을 짊어지다

고구려에 들어간 김춘추는 약속한 60일이 지났는데도 돌아오지 않았다. 김유신은 즉시 신라에서 가장 용감한 장졸 가운데 3천 명을 뽑아 결사대를 구성하였다.

　"내가 듣기로 위태로움에 처한 사람을 보면 기꺼이 목숨을 내놓고, 어려움에 처해서는 자신의 몸을 돌보지 않는 것이 열사의 뜻이라 했다. 한 사람이 죽기를 각오하고 나서면 백 사람을 당할 수 있고, 백 사람이 죽기로 나서면 천 사람을 당하며, 천 사람이 죽기로 나서면 만 사람을 당할 수 있으니, 그리하면 천하를 자유로이 활보할 수 있을 것이다. 지금 신라의 어진 재상이 다른 나라에 잡혀 있는데, 어찌 보고만 있을 수 있겠는가?"

　김유신은 선덕여왕의 허락을 얻어 결사대를 이끌고 고구려를 향해 출발하였다. 김유신이 고구려의 국경에 도착하자 때마침 김춘추가 국경을 넘어 돌아왔다. 김춘추는 김유신의 결사대가 쳐들어온다는 소식에 고구려가 다급해진 틈을 타 거짓으로 영토를 반환하겠다는 약속을 하고 가까스로 풀려날 수 있었다.

　김유신이 김춘추와 함께 서라벌로 돌아오자 선덕여왕은 김유신을 압량주(경산) 군주로 임명했다. 삼국이 치열하게 각축전을 벌이고 있던 당시, 주는 지방 행정단위보다는 군사 작전구역으로서의 성격을 띠고 있었다. 따라서 주에 파견된 군주는 그 지방의 주둔군을 지휘하는 사령관인 셈이었다.

　선덕여왕 13년(644), 소판이 된 김유신은 왕명을 받아 백제 공격에 나섰다. 이때 김유신은 최고 사령관인 상장군이 되어 전략적 요충지인 백제의 가혜성·성열성·동화성 등 7개의 성을 점령했고, 이어 가혜진에 나룻길을 열었다.

　　　　　ㅣ 죽어서 왕으로 추존된 삼국통일의 최대 공신

이듬해 정월, 서라벌로 돌아온 김유신이 개선 보고도 하기 전에 국경으로부터 급보가 날아들었다. 백제가 매리포성(거창)에 쳐들어 왔다는 것이었다. 선덕여왕은 김유신을 상주 장군으로 임명하여 이를 막게 했다. 김유신은 가족들도 만나보지 못한 채 곧바로 전선으로 달려나가 백제군 2천여 명의 목을 베는 대승을 거두었다.

그러나 백제의 공격은 그것으로 끝난 게 아니었다. 그해 3월, 싸움터에서 돌아온 김유신이 막 선덕여왕 앞에 나아가 결과를 보고하고 있을 때, 또다시 국경으로부터 급보가 날아들었다. 백제의 군사들이 국경 부근에 주둔한 채 신라를 공격하려 한다는 것이었다. 백제는 신라가 전열을 가다듬을 틈을 갖지 못하도록 계속해서 공격해 왔다.

선덕여왕은 이제 막 전쟁터에서 돌아온 김유신에게 다시 명령을 내렸다.

"신라의 존망이 오직 공에게 달렸으니, 공은 수고로움을 생각지 말고 서둘러 나가 적군을 물리치기 바란다."

김유신은 집에 들르지도 못한 채 밤낮으로 군사를 훈련시키고, 병기를 수리한 뒤 다시 싸움터로 향했다. 이때의 상황을 보여 주는 일화가 『삼국사기』「신라 본기」와 「김유신전」에 나와 있다.

군사들의 행렬이 김유신의 집 앞을 지나게 되었다. 그 소식을 듣고 김유신의 가족들은 모두 문 밖에 나와 김유신을 기다렸다. 그를 바라보며 가족들은 모두 눈물을 흘렸으나 김유신은 고개도 돌리지 않고 그냥 지나쳤다. 집에서 50보쯤 떨어지자 김유신은 갑자기 말을 멈추고는 병사를 시켜 집에 가서 물을 떠오게 했다. 물을 마시고 난 김유신은 이렇게 말했다.

"우리 집 물맛은 여전하구나."

김유신은 그 한마디만을 남긴 채 다시 출발을 명했다. 이에 군사들이 모두 말했다.

"대장군도 저렇게 하는데 우리가 어찌 불평할 수 있겠는가."

김유신이 이끄는 신라군이 국경에 도착하자 그 기세를 보고 겁을 먹은 백제군은 즉시 물러갔다.

선덕여왕 16년(647) 정월에는 상대등 비담이 염종과 짜고, "여왕은 나라를 제대로 다스릴 수 없다."며 반란을 일으켜 왕권을 찬탈하려 하였다. 당시 신라 왕실에 선덕여왕을 계승할 수 있는 성골은 오직 여왕의 사촌인 승만 공주밖에 없었다. 승만 공주를 제외한다면, 진골 출신의 상대등인 비담이 가장 유력한 왕위 계승자였다. 하지만 그에게 새롭게 떠오르는 경쟁자가 있었으니, 그가 바로 김춘추였다. 김춘추는 선덕여왕의 총애 속에 점차 조정의 핵심 인물로 떠올랐다. 더군다나 그의 곁에는 신라 최고의 무장 김유신이 버티고 있었다. 이에 불안을 느낀 비담이 쿠데타를 일으킨 것이다. 왕궁 진입에 실패한 반군은 명활성에 들어가 그곳에 주둔했는데, 이에 따라 반군 진압에 나선 김유신과 김춘추는 월성에 진영을 설치하고 반군과 대치했다. 양측의 치열한 공방전은 열흘이 넘도록 계속되었다.

그때였다. 한밤중에 큰 별 하나가 월성에 떨어졌다. 이것을 본 비담이 군사들에게 말했다.

"내가 듣기로 별이 떨어진 곳은 반드시 피를 흘린다고 했다. 이것은

| 죽어서 왕으로 추존된 삼국통일의 최대 공신

이 싸움에서 여왕이 패하고 우리가 승리한다는 하늘의 계시다."

이 말을 들은 반군은 사기가 오르기 시작했고, 반대로 관군의 사기는 저하되었고, 여왕은 두려워서 어쩔 줄을 몰랐다. 이에 김유신은 여왕을 찾아가 다음과 같은 말로 안심시켰다.

"길흉은 덧없어 오직 사람이 하기에 따라 달라지는 것입니다. 덕이 요사스러운 것을 눌러 이기는 것이 당연한 이치니, 별의 변화따위는 두려워할 것이 못 됩니다. 왕께서는 더 이상 근심하지 마십시오."

여왕을 안심시킨 후 진영으로 돌아온 김유신은 한 가지 꾀를 내었다. 먼저 군사들을 시켜 비밀리에 허수아비와 커다란 연을 만들게 했다. 그리고 밤이 되기를 기다려 허수아비에 불을 붙인 뒤 연에 실어 하늘로 띄워 보냈다. 그 모습은 마치 떨어졌던 별이 다시 하늘로 올라가는 것처럼 보였다. 이튿날 김유신은 군사들을 시켜 다음과 같은 소문을 퍼뜨렸다.

"어젯밤에 떨어진 별이 다시 하늘로 올라갔다."

소문은 삽시간에 퍼져 나가 반군에게 전해졌고, 반군의 사기는 뚝 떨어졌다. 이와 반대로 관군의 사기는 하늘을 찌를 듯이 치솟았다.

또 김유신은 별이 떨어진 지점으로 가서 흰말을 잡아 제사를 지내며 이렇게 빌었다.

"하늘의 도는 양이 강하고 음이 유하며, 인간의 도는 임금이 높고 신하가 낮습니다. 혹시라도 그것이 뒤바뀐다면 곧 큰 난리가 나게 되는 것입니다. 지금 신하인 비담이 임금을 거역하여 아래가 위를 범한 것이 되었으니, 이것은 사람과 신령이 함께 미워할 일이요, 천지간에 결코 용납될 수 없는 일입니다. 하늘의 위엄으로 사람의 소행에 따라 선을 선으로 하고 악을 악으로 하여 신령의 부끄럼이 없게 하소서."

김유신이 장졸들을 독려하며 쳐들어가 반군을 대파하자 비담 등은 도망치기 시작했다. 김유신은 이를 놓치지 않고 쫓아가 그들의 목을 베고 구족을 멸했다. 김유신이 반란을 무사히 진압하고 돌아오자 그의 위상은 한층 높아졌다. 그 사이 선덕여왕이 세상을 떠나고 그 뒤를 이어 여왕의 사촌인 승만 공주가 왕위를 계승하니, 그가 바로 제28대 진덕여왕이다.

김춘추의 원수를 갚다

김유신은 예전에 백제에게 빼앗긴 대량주(대야성)를 되찾을 계획을 세웠다. 그것은 백제의 침략 당시 대야성 도독으로 있던 사위와 딸을 잃은 김춘추를 대신한 복수이기도 했다. 진덕여왕은 출전 허락을 청하는 김유신에게 적은 군사로 백제의 대군과 맞서 싸우려면 어렵지 않겠느냐고 물었다. 그러자 김유신은 전혀 망설이지 않고 이렇게 대답했다.

"싸움에서의 승패는 군사의 많고 적음에 있는 것이 아니라 백성들의 인심이 어떠한지에 있습니다. 은나라 주왕은 많은 군사들을 거느리고 있었지만 그가 덕을 잃음에 따라 백성들의 인심이 떠나니, 주나라의 지혜롭고 현명한 신하들이 마음을 같이하고 덕을 쌓아 백성들의 인심을 얻자 이를 당해 낼 수 없었습니다. 지금 우리 백성들이 한마음 한 뜻이 되어 죽기를 각오하고 싸우고자 하니 백제를 두려워할 이유가 전혀 없습니다."

여왕의 허락을 얻은 김유신은 군사들을 뽑아 훈련을 시킨 뒤 대량주를 향해 떠났다. 김유신이 근처 계곡에 군사를 매복시킨 뒤 대량주 성밖에 이르자 백제군이 공격해 왔다. 백제군과 한동안 맞서 싸우던 김유신은 갑자기 군사를 돌려 후퇴하기 시작했다. 이것을 본 백제군은 성 밖으로 나와 신라군을 뒤쫓았다. 이때 계곡에 숨어 있던 군사들이 일어나 백제군의 후방을 공격하자, 후퇴하던 김유신도 즉시 군사를 돌려 협공을 가했다.

이 싸움에서 김유신은 백제 장군 여덟 명을 사로잡고, 백제 군사 1천여 명의 목을 베는 대승을 거두었다. 그러나 김유신은 싸움에 승리한 것으로 만족할 수 없었다. 그는 백제 진영에 사신을 보내 다음과 같이 제의했다.

"대야성 도독 김품석과 그의 아내 김씨의 유골이 너희 나라에 묻혀 있다. 지금 백제의 장수 여덟 명이 우리에게 사로잡혀 있는데, 그들은 꿇어 엎드려 살려 주기를 청하고 있다. 여우나 표범도 죽을 때 그 머리를 예전에 살던 곳으로 향한다는 것을 생각하면 차마 죽일 수가 없다. 그러니 두 사람의 유골을 가지고 와서 여덟 명의 산 사람과 바꾸어 가는 것이 어떻겠는가?"

곧이어 백제에서 죽은 두 사람의 유골을 보내 왔다. 김유신은, "나뭇잎 한 잎이 떨어진다고 해서 무성한 숲에 손실을 끼치지 않으며, 하나의 티끌이 모인다 하여 큰 산에 보탬이 되지는 않는 법이다."고 말하며 약속대로 백제 장수 여덟 명을 돌려보냈다.

　그 후 김유신은 승세를 몰아 백제를 쳐서 악성 등 12개의 성을 함락시켰으며, 2만여 명의 목을 베고 9천여 명을 사로잡았다. 그 공으로 김유신은 상주행군대총관에 올랐다. 이어 김유신은 백제의 진례 등 9개의 성을 쳐서 9천여 명의 목을 베고 600여 명을 사로잡았다.

　진덕여왕 3년(649) 8월, 백제 장군 은상의 공격으로 석토성 등 7개 성이 함락되었다. 이에 맞서기 위해 김유신은 또다시 군사를 이끌고 싸움터로 나갔다. 김유신은 군대를 셋으로 나누어 다섯 가지 경로로 백제군을 공격하는 작전을 세웠는데, 양측간에 치열한 공방전만 계속될 뿐 열흘이 지나도록 승부가 나지 않았다. 김유신은 도살성(천안) 아래 군사를 주둔시킨 후 병사들과 말을 쉬게 하고 잘 먹이며 다음 번 싸움을 준비했다. 그때 동쪽에서 물새 한 마리가 날아와 김유신의 막사를 지나 백제 진영으로 갔다. 그 모습을 본 장졸들이 불길한 징조라고 수군거리자, 김유신은 이렇게 말했다.

　"절대 불길한 일이 아니다. 오늘 저녁 백제의 첩자가 와서 우리 진영을 염탐할 것이니, 너희들은 다같이 모르는 체하고 절대 그에게 누구냐고 묻지 마라."

　그날 저녁, 김유신은 군사들을 모아 놓고 '구원군이 올 때까지 밖으로 나가 싸우지 말고 성만 굳게 지키라'는 지시를 내렸다. 숨어서 이를 엿들은 백제의 첩자는 돌아가서 이 사실을 알렸다.

　다음 날 김유신은 공격 명령을 내렸다. 신라군의 공격이 시작되자 구원군이 왔기 때문이라고 믿은 백제군의 사기가 떨어지기 시작했고,

그 틈을 타서 신라군이 물밀듯이 쳐들어가자 백제군은 맥없이 무너지고 말았다. 이 싸움에서 김유신은 백제의 장수 달솔 정중 등 100명을 사로잡고, 좌평 은상과 달솔 자견 등 장군 10명과 군사 8,980명을 전사시켰다. 그리고 말 1만 필, 투구와 갑옷 1,800벌을 노획하는 등 큰 승리를 거두었다. 서라벌로 돌아온 김유신은 진덕여왕이 직접 나와 맞아주는 영광을 누렸다.

김춘추를 왕으로 세우다

진덕여왕이 왕위에 오른 지 8년 만인 654년 3월, 자손을 남기지 못한 채 세상을 떠나자 귀족들의 추천을 받아 마침내 김춘추가 왕위에 오르니, 그가 바로 신라 제29대 태종 무열왕이다.

당시 화백회의에서는 상대등인 이찬 알천을 추대했으나 알천은, "나는 이미 늙었을 뿐 아니라 나라를 다스릴 만한 덕행도 쌓지 못했다. 지금 이 나라에 춘추공만큼 덕망이 높은 이가 없으니, 그는 실로 세상을 다스릴 만한 영웅이라 할 수 있다."고 말하며 자기 대신 김춘추를 추천했다.

신라는 성골(부모가 모두 왕족인 혈통) 출신의 왕위 계승자가 없으면 화백회의 의장인 상대등이 왕위를 계승했다. 따라서 알천이 왕위를 계승하는 것이 당연했다. 그럼에도 알천이 김춘추에게 왕위를 양보하게 된 까닭은 무엇일까? 이미 선덕여왕 때부터 정치적 · 군사적 실권을 쥐고 있던 신흥 귀족인 김유신과 김춘추 사이에 어떤 책략이 있었을 것으로 보이는데, 그것을 뒷받침하는 기록이 『삼국유사』 「진덕(여)왕 편」에 나와 있다.

왕의 대에 알천공·임종공·술종공·호림공·염장공·유신공이 있었다. 이들이 남산 우지암에 모여 나랏일을 의논하고 있는데, 갑자기 큰 범 한 마리가 뛰어들었다. 다른 사람들은 모두 놀라 일어났지만 알천공만은 그대로 앉아 태연히 이야기를 계속하다가 범의 꼬리를 잡아 땅에 메쳐 죽였다. 알천공의 완력이 이처럼 세었으므로 그를 수석에 앉혔다. 그러나 사람들은 모두 마음속으로는 유신공을 따랐다.

이것은 비록 상대등은 알천이었지만 사람들이 실제로 복종한 것은 김유신이었다는 사실을 보여 주는 대목이다. 이런 김유신이 김춘추를 추천하고 나서자 알천 역시 김유신의 뜻에 꼼짝없이 따를 수밖에 없었던 것이다.

이로써 두 사람은 젊은 날 꿈꾸었던 자신들의 야망을 이루게 되었다. 김춘추가 왕위에 오른 이듬해, 김유신은 대각간이 되었고 660년에는 가야 왕족 출신으로는 최초로 상대등에 올랐다.

백제를 멸하고 삼국통일의 기틀을 닦다

김유신은 군사를 조련하는 한편, 끊임없이 첩자를 보내 백제에 대한

죽어서 왕으로 추존된 삼국통일의 최대 공신

정보를 수집했다. 그러던 어느 날 그에게 반가운 손님이 찾아왔다. 바로 백제 조정을 좌지우지하는 내신좌평 임자의 종으로 있던 조미압이었다. 조미압은 원래 신라의 부산(진해 부근) 현령이었는데 백제에 사로잡힌 뒤 임자의 종으로 있다가 도망쳐 나온 것이었다. 조미압으로부터 백제의 내부 상황을 전해 들은 김유신은 그에게 이렇게 지시했다.

"내가 듣기로 임자가 백제의 조정 일을 전담한다 하니, 함께 의논하고 싶은 생각이 있었으나 그럴 기회가 없었다. 그대는 다시 돌아가 임자에게 나의 뜻을 전하라."

김유신은 조미압을 백제로 다시 돌려보내 한편으로 백제 귀족들을 회유하고, 다른 한편으로는 그들을 분열시키는 전술을 펼쳤다. 당시 백제 군신들의 사치는 극에 달해 있었고, 매일 음주와 가무를 즐기며 나랏일을 돌보지 않아 백성들의 원성은 날로 높아갔다. 또한 나라 곳곳에서 괴이한 일들이 일어나 민심이 흉흉해져 있었다. 백제는 서서히 큰 혼란에 빠지기 시작했다.

공격의 기회를 엿보던 김유신은 드디어 때가 되었다고 판단하고 무열왕을 찾았다.

"의자왕이 극악무도하여 그 죄가 걸왕과 주왕보다 더하니, 하늘의 뜻에 따라 그 죄를 묻고 억울하게 죽은 백성들을 조문할 때입니다."

이에 따라 무열왕은 둘째아들 김인문을 당나라에 보내 구원을 요청하는 한편, 대대적인 군사 정비에 나섰다. 곧이어 소정방과 유백영이 이끄는 당나라 13만 대군이 서해에 도착했다는 소식이 들려오자, 태자 김법민(문무왕)이 덕물도(덕적도)로 나가 소정방과 함께 백제의 도성인

사비성을 공략할 작전을 협의하고 돌아왔다.

마침내 김유신은 태자 김법민, 장군 품일 · 흠순 등과 함께 군사 5만 명을 거느리고 황산벌로 향했다. 그러나 신라군이 황산벌에 도착했을 때에는 이미 계백이 이끄는 5천 명의 백제 결사대가 유리한 지형을 차지하여 세 곳에 진을 치고 기다리고 있었다. 김유신은 군사를 셋으로 나누어 계백의 결사대를 공격했으나, 네 번 싸워 네 번 모두 패하고 말았다. 이때 계백은 출전하기에 앞서 자신의 가족 모두를 죽이고 나왔을 정도였으므로, 신라군은 죽기를 각오하고 싸우는 백제군을 도저히 당해 낼 수 없었다.

네 번의 패배로 사기가 떨어진 신라군은 싸울 의지마저 잃고 말았다. 김유신으로서는 실로 난감하지 않을 수 없었다. 이미 당나라 소정방과 기벌포에서 만나 사비성을 공격하기로 약속이 되어 있었기 때문이다. 이때 그의 아우 흠순이 아들 반굴을 불러, "신하 노릇에는 충성만 한 것이 없고, 자식 노릇에는 효도만 한 것이 없다. 위태로운 나라를 위하여 목숨을 바친다면 충효 모두를 할 수 있느니라."고 말했다. 이에 반굴은 단신으로 백제군 진영에 들어가서 용감히 싸우다 전사했다. 이어 좌장군 품일이 아들 관창을 불러, "네가 비록 나이는 어리지만 자못 용맹하다. 오늘은 이름을 빛낼 좋은 기회이니 싸움터에 나가 군신들의 모범이 될 수 있겠느냐?"고 말했다. 이에 관창 역시 창을 들고 단신으로 적진에 들어가 용감하게 싸우다가 끝내 전사하였다.

두 젊은이의 분전에 감동을 받아 사기가 오른 신라군은 김유신의 공격 명령에 따라 물밀듯이 쳐들어가 백제군을 물리치고 대승을 거두었

| 죽어서 왕으로 추존된 삼국통일의 최대 공신

다. 계백의 5천 결사대를 어렵게 물리친 김유신은 당나라 소정방과 함께 사비성을 함락시키고 의자왕의 항복을 받아냈다. 이로써 백제를 멸하고, 신라의 삼국통일 1단계 과업을 완수하였다.

죽은 후에 왕으로 추존되다

백제를 멸망시킴으로써 삼국통일의 첫 단추를 끼운 무열왕은 661년 6월, 그 완성을 보지 못한 채 재위 8년 만에 59세의 나이로 세상을 떠났다. 그 뒤를 이어 태자 김법민이 왕위에 오르니, 그가 바로 제30대 문무왕이다.

그해 김유신은 대장군으로 고구려 정벌에 나섰다. 왕의 죽음으로 나라 전체가 상(喪) 중이었지만 당나라의 출정 요구를 거부할 수 없었다. 이때 고구려 평양성을 공격 중이던 당나라는 신라에 군량 조달을 요청했는데, 이에 김유신은 김인문·양도 등 9명의 장군들과 함께 수레 2천 대에 쌀 4천 석과 벼 2만 2천 석을 싣고 평양까지 이동하는 힘겨운 수송작전을 펼친 끝에 곤경에 처한 당나라 군대를 지원할 수 있었다.

이듬해 당나라 군사들이 퇴각하자 고구려군의 추격을 물리치고 신라로 돌아온 김유신은 문무왕 3년(663), 백제의 부흥을 꿈꾸는 백제 유민과 그들을 지원하는 왜의 연합군을 물리쳤다. 그리고 이듬해에는 사비성에서 일어난 백제 유민의 봉기를 평정했다.

문무왕 8년(668), 신라는 다시 당나라와 연합하여 고구려 정벌에 나섰다. 이때 김유신은 총사령관인 대총관에 임명되었으나, 늙고 쇠약한 몸에 병까지 들어 직접 원정에 참가하지는 못하고 도성인 경주에 남아 국내 통치를 맡아보았다.

그해 신라는 고구려를 멸망시키고 삼국통일을 이룩했다. 태종 무열왕 대부터 시작한 대업을 마침내 문무왕과 김유신이 이루어 낸 것이다. 김유신은 그 공으로 태대각간에 올랐다. 그러나 김유신에게는 아직 할 일이 남아 있었다. 그것은 당나라를 한반도에서 몰아내고 자신이 바라는 완전한 의미의 삼국통일을 이룩하는 것이었다.

백제가 멸망한 후부터 호시탐탐 신라를 칠 기회를 노리고 있던 당나라는 옛 백제 땅에 웅진도독부를, 옛 고구려 땅에는 안동도호부를 설치하여 한반도를 지배하려 들었다. 비록 신라가 당나라의 힘을 빌려 백제와 고구려를 차례로 멸망시켰다고는 하지만, 당나라의 그러한 행동을 용납할 수는 없었다.

그리하여 한반도에서 당나라를 몰아내기 위한 전쟁이 시작되었다. 이때에도 역시 직접 전쟁에 참여하지 못한 김유신은 원로로서 군사작전의 자문을 맡았다. 문무왕 12년(672), 신라는 석문벌에서 당나라 군대를 맞아 싸웠으나 대패하고 말았다. 그 소식을 들은 문무왕은 김유신에게, "군사들이 크게 패했는데 어떻게 하면 좋겠는가?"라며 자문을 구했다. 이에 김유신은 이렇게 대답했다.

"당나라 군대의 계책을 알 수 없으니 일단 장졸들로 하여금 각자의 요새에 남아 지키게 하는 것이 좋겠습니다. 다만, 원술은 왕명을 욕되게 했으므로 목을 베는 것이 좋겠습니다."

원술은 김유신의 아들로 석문벌 싸움에 참가했다가 당나라에 패하고 도망쳐 왔다. 김유신은 이를 부끄럽게 여겨 자기 아들의 목숨을 거둘 것을 왕에게 진언한 것이다. 그러나 문무왕은 김유신의 뜻을 거절하고 원술의 목숨을 구해 주었다. 하지만 원술은 김유신이 죽을 때까지 숨어 지내야 했고, 김유신이 죽은 후 그의 어머니 또한 끝내 받아주지 않는 비참한 삶을 살아야 했다.

용장이자 지장으로 한 시대를 풍미했던 영웅 김유신도 흐르는 세월만큼은 어쩔 수 없었다. 병석에 누운 김유신은 병문안을 온 문무왕에게, "성공의 어려움을 아시고 선왕의 업을 지키는 것 또한 어렵다는 것을 잊지 마시어 소인을 멀리하고 군자를 가까이 하소서. 위로는 조정이 화목하고 아래로는 백성과 만물이 편안하여 환난이 일어나지 않고 나라가 무궁하게 된다면 신은 죽어도 여한이 없습니다."는 당부를 남기고 문무왕 13년(673) 7월, 79세를 일기로 세상을 떠났다.

문무왕은 김유신의 죽음을 크게 슬퍼하며 비단 1천 필과 조 2천 석을 내려 장례에 쓰게 했으며, 군악의 고취수 100명을 보내 주었다. 또한 금산원에 장사를 지내게 하고 신하들에게 명하여 비를 세워 공명을 기록하게 했으며, 그곳에 민호를 정착시켜 김유신의 무덤을 지키게 했다. 이렇듯 김유신은 죽어서도 왕에게 후한 대접을 받은 신라 역사상 가장 빛나는 신하였으며, 흥덕왕 10년(835)에는 흥무대왕으로 추존되는 영광을 누렸다.

04

왕 · 건

이인자로서 닦은 발판으로 최고의 자리에 오르다

| 왕건 | (877~943, 통일신라 말~고려 초)

통일신라 말기의 혼란 속에서 신라와 후백제를 차례로 평정하고 고려를 건국
한 태조 왕건. 약관의 나이에 한강 이남 지역을 무리없이 평정하는 뛰어난 지
략과 통솔력을 지니고 있었지만 궁예와 함께 있는 한 그는 언제까지나 이인자
일 수밖에 없었다. 그러나 왕건은 이인자의 역할을 충실히 수행함으로써 착실
히 세력 기반을 쌓아 나갔고, 마침내 후삼국 시대 최후의 승자가 되었다. 이인
자로서 닦은 발판을 딛고 최고의 자리에 오른 왕건. 그는 역사의 위대한 이인
자임에 틀림없다.

영웅 태어나다

신라가 삼국을 통일한 지 200여 년이 지나면서 귀족 관료들은 사치와 향락에 빠져들고, 왕실은 왕권 다툼으로 내분에 휩싸이기 시작했다. 그러다 보니 곳곳에서 반란이 일어났고, 지방의 호족들은 자신들의 세력 기반을 형성하고 중앙의 통제를 벗어나 독자적인 활동을 하기에 이르렀다.

이때 세 사람의 영웅이 역사의 전면에 등장하는데, 후백제의 견훤, 후고구려의 궁예, 그리고 왕건이 바로 그들이다.

왕건은 877년, 송악(개성)의 호족 왕융의 아들로 태어났다. 그의 출생에 관해 다음과 같은 이야기가 전해져 내려오고 있다.

왕융이 송악의 남쪽에 새로 집을 짓고 있었다. 그때 마침 그곳을 지나던 스님 한 사람이 문 밖에 서서 이것을 보고 탄식하는 것이었다.

"애석하다. 조금만 북쪽으로 옮겨 지으면 이곳에서 세상을 구할 성인이 날 터인데……."

그러고는 휭하니 떠나 버리는 것이었다. 왕융은 급한 나머지 신발을 거꾸로 신은 채 따라 나가 스님을 집 안으로 맞아들였다.

스님과 얼굴을 마주하고 보니, 다름 아닌 풍수지리의 대가로 알려진 도선이었다. 왕융은 곧 도선의 제안에 따라 그와 함께 송악산에 올랐다.

이곳 저곳 지세를 살피고 난 도선은 왕융에게 새 집터를 잡아 주면서 이렇게 말했다.

"내년에 반드시 세상을 구할 귀한 아들을 얻을 것이오."

도선은 왕융에게 그 사실을 비밀로 할 것을 당부한 뒤 송악을 떠났다. 도선의 예언대로 얼마 후 왕융의 부인 한씨에게 태기가 있더니 그 이듬해 사내아이가 태어났는데, 그가 바로 왕건이다. 왕건이 태어날 때 신비한 광채와 자줏빛 기운이 방 안 가득 빛나고 종일토록 뜰에 서려 있었는데, 그 형상이 마치 교룡(蛟龍)이 움직이는 것 같았다.

왕건이 열일곱 살이 되던 해에 도선이 송악으로 왕건을 찾아왔다.

"공자는 어지러운 때에 하늘이 정한 명당에서 태어났으니, 말세의 백성들은 공이 구제해 주기만을 기다릴 것이오."

그 후 도선은 왕건에게 군사를 쓰고 진을 설치하는 데 필요한 지리와 천시를 헤아리는 법, 산천에 제사지내는 법 등을 가르쳐 주었다.

이 이야기의 사실 여부는 확인할 수 없지만, 동시대를 살았던 도선과 왕건의 만남을 통해 '제세안민'(濟世安民)의 영웅 왕건의 탄생을 상징하고 있다.

　　　　　| 이인자로서 닦은 발판으로 최고의 자리에 오르다

송악을 들어 궁예에게 바치다

신라는 날로 쇠퇴하여 마침내 전국 곳곳에서 자신의 세력 기반을 중심으로 다양한 인물들이 들고일어나기 시작했다. 그 가운데 지방 군진의 비장 출신인 견훤은 진성여왕 3년(889)에 무진주(광주)를 점령한 데 이어, 892년에는 완산주(전주)에 입성하는 등 점점 세력을 키워 나갔다.

당시 송악군 사찬으로 있던 왕융은 왕건과 함께 진성여왕 10년(896), 중부 지방의 강자로서 세력을 떨치던 궁예에게 송악을 바쳤다. 송악을 중심으로 인근 해상을 아우르며 막강한 세력을 유지하고 있던 왕융·왕건 부자의 송악 귀부는 궁예의 세력을 한층 강화시켜 주었다.

궁예는 크게 기뻐하며, 왕융을 금성태수로 삼았다. 그러자 왕융은 궁예에게 한 가지 건의를 했다.

"대왕께서 만약 조선·숙신·변한의 왕이 되고자 하신다면 먼저 송악에 성을 쌓고, 저의 맏아들 왕건을 성주로 삼는 것이 좋겠습니다."

이 말을 듣고 궁예는 송악을 찬찬히 둘러본 뒤 왕융에게 이렇게 대답했다.

"송악은 한수 이북에 자리한 이름난 고을로서 산수가 수려하고 기이하여 도읍할 만하다."

궁예는 왕건으로 하여금 송악에 발어참성을 쌓게 하고 성주로 삼았다. 그때 왕건의 나이 스무 살로, 약관의 나이에 역사의 전면에 등장하게 된 것이다. 이어서 정기대감에 오른 왕건은 궁예의 명령을 받아 군사를 이끌고 양주와 견주(양주군 구읍내)를 공략하는 등 큰 공을 세웠다.

900년에 왕건은 문무백관을 거느리고 송악으로 천도(899)한 궁예로 부터 한강 이남 지역을 공략하라는 첫 출정 명령을 받았는데, 이것은 그의 운명을 좌우할 중대한 고비였다. 원정에 성공한다면 궁예의 신임을 받아 승승장구할 수 있는 기회가 주어지지만, 만약 실패한다면 한낱 이름 없는 무사로 살다가 생을 마감할 수도 있었다.

그러나 운명은 왕건이 착실하게 자신의 세력 기반을 닦아 나갈 수 있도록 길을 열어 주었다. 왕건의 군사가 이르는 곳마다 호족과 성주들이 순순히 투항해 와 별다른 어려움 없이 쉽게 성을 얻을 수 있었다. 그리하여 왕건은 광주·충주·청주의 3주와 당성(남양)과 괴양(괴산) 등을 모두 평정했다. 그 공으로 왕건은 아찬에 올랐다. 지난날 양길이 관할했던 지역까지 모두 차지하여 명실상부한 중부 이북의 최고 강자가 된 궁예는 견훤이 후백제를 건국(900)한 이듬해 901년, 스스로 옛 고구려의 계승자임을 내세우며 고려(후고구려) 왕에 즉위했다.

"옛날에 신라가 당나라 군사들을 끌어들여 고구려를 멸망시켰기 때문에 지금 평양에는 풀만 무성하다. 내 반드시 그 원수를 갚으리라."

궁예는 신라의 경주를 멸도(滅都)라 부르며, 투항해 온 신라인들을 모두 죽이는 등 철저한 반(反)신라 정책을 표명했다. 궁예의 반신라 정책은 왕건에 의해 권좌에서 물러나는 순간까지 계속되었다.

빛나는 전공으로 기반을 닦다

왕건은 궁예의 신하로서 명령에 복종하고 임무를 충실히 이행하며 수많은 싸움에서 빛나는 전공을 세웠다. 그리하여 궁예의 두터운 신임을 받았을 뿐만 아니라 많은 장졸들의 존경을 한 몸에 받았다.

궁예가 스스로 왕이라 부른 지 2년이 지난 903년 3월, 왕건은 수군 함대를 이끌고 후백제의 서남해 지역을 치기 위한 원정에 나섰다. 왕건으로서는 몹시 불리한 싸움이었다. 왕건의 군사들은 뭍에서는 용감했지만 해전에는 능하지 않았고, 더군다나 후백제 땅인 서남해 지역에는 왕건이 교두보로 삼을 만한 자투리땅조차 없었기 때문이다. 게다가 바닷길을 통한 먼 원정길이었고, 그곳 지리에도 익숙하지 않았다. 모든 면에서 불리할 수밖에 없었던 것이다.

그러나 왕건은 우려와는 달리 광주 지경을 치고, 금성을 공격하여 함락시킨 데 이어 10여 개의 군·현을 빼앗는 대승을 거두었는데, 이것은 지난날 해상무역을 할 때 알고 지냈던 그 지역 호족들이 왕건에게 호응해 주었기에 가능한 것이었다.

왕건은 새로 얻은 금성을 나주라 고치고 일부 군사를 주둔시켜 방어하게 한 뒤 송악으로 돌아왔다. 그 후 얼마 지나지 않아 왕건은 후백제의 내습으로 위급한 처지에 놓인 양주를 구하라는 궁예의 명령을 받고 양주로 출병하여 임무를 성공적으로 완수하였다.

904년, 궁예는 국호를 '마진'(摩震)으로 고치고 연호를 '무태'(武泰)로 정한 뒤, 광평성과 병부 등의 관청을 새로 설치하고 광치내(시중)와서사(시랑)를 임명하는 등 대대적으로 관청과 관직을 정비했다. 그리고 다음 해 궁예는 패서(황해·평안도) 지역 13진을 평정했으며, 이때 평양성주 금용 등 많은 호족들이 투항해 왔다.

906년, 왕건은 궁예의 명령을 받아 정기장군 금식 등과 함께 군사 3천 명을 거느리고 상주 공략에 나섰다. 상주 사화진에서 후백제 견훤과 대치한 왕건은 여러 차례에 걸친 싸움에서 모두 승리하여 상주 관내 30여 성을 점령하고, 공주장군 홍기의 항복을 받아냈다.

궁예는 계속된 싸움에서 모두 승리함으로써 차츰 영토가 넓어지고 군사력 또한 점점 강성해지자 신라를 병합할 계획을 세웠다. 그는 신라를 멸도라 부르는 한편, 신라에서 귀순해 온 사람들을 모두 죽여 버렸다. 궁예는 세력이 커져감에 따라 초기에 선정을 베풀던 마음이 변해 교만해졌을 뿐만 아니라 군신들을 까닭 없이 의심하여 죽이는 등 차츰 폭정을 하기 시작했다.

당시 왕건은 아지태의 모함으로 인해 불안한 나날을 보내고 있었다. 아지태는 싸움마다 승리하는 왕건의 공적과 그에 대한 궁예의 신임을 시기하여 왕건의 행동을 감시하며 모함할 기회를 엿보고 있었다. 따라서 왕건은 언제 궁예의 의심을 사서 목숨을 잃게 될지 모르는 처지였다. 그때 마침 나주에서 소요가 일어났고, 그 지역을 지키던 장수가 구원을 요청해 왔다. 이에 궁예는 왕건으로 하여금 나주에 나가 이를 진정시키도록 했다. 이 나주 출전으로 인해 왕건은 위기에서 잠시 벗어날 수 있었다.

나주에 도착한 왕건은 위엄을 지키면서도 성의를 다해 군사들을 위

| 이인자로서 닦은 발판으로 최고의 자리에 오르다

로하고 은혜를 베풀었다. 군사들이 왕건의 위엄에 감복하여 용맹을 떨치자 반란군은 이를 두려워하며 굴복했다. 이에 궁예는 크게 기뻐하며 왕건에게 큰 상을 내렸다.

태봉국의 최고직에 오르다

나주에서 돌아와 정주로 간 왕건은 견훤과의 해전에 대비하여 전함을 대대적으로 수리하는 한편 군사들을 재정비했다. 전함 수리와 군사 재정비가 끝난 909년, 철원에 있는 궁예로부터 명령이 내려왔다.

"알찬 종희와 김언을 부장으로 삼아 군사 2,500명을 거느리고 견훤을 치도록 하라."

궁예의 명령을 받은 왕건은 즉시 장졸들을 거느리고 광주로 쳐들어가 진도를 함락시켰다. 이어 고이도성으로 진격한 왕건군의 질서정연한 기세에 싸울 의욕을 잃은 후백제군은 대항하지 않고 곧바로 항복해왔다.

왕건은 그 여세를 몰아 군사를 거느리고 나주 포구에 이르렀다. 그러자 견훤이 친히 군사를 거느리고 나와 전함을 늘여 세우니 그 길이가 목포에서 덕진포까지 이를 정도였다. 전함과 전함이 서로 맞닿고 수군과 육군이 서로 합세한 후백제군의 군세는 매우 강성했다. 이것을 본 군사들이 두려움에 기가 죽자 왕건은 장졸들을 향하여 이렇게 말했다.

"모든 장졸들은 조금도 두려워하지 말라. 싸움에 승리하는 것은 오로지 단결과 화합에 있는 것이지 군사가 많은 데 있는 것이 아니다."

군사들의 사기를 북돋아 준 왕건은 곧바로 진격하여 후백제의 전함을 공격했다. 후백제군은 용기백배해 공격하는 왕건군의 기세에 눌려 후퇴하기 시작했다. 때마침 불어온 바람을 이용하여 왕건은 후백제군 전함에 불을 지르고 그 여세를 몰아 공격을 계속했다. 이 공격으로 후백제군 대부분이 불에 타 죽고 물에 빠져 죽었다. 싸움에서 대패한 견훤은 조그마한 배를 타고 도망쳤다. 왕건이 견훤에게 대승을 거둠으로써 궁예는 삼한 땅의 대부분을 차지하게 되었다.

그 후 왕건은 나주에 머물며 전함을 수리하는 한편, 군량미를 비축하여 만일에 있을 싸움에 대비했다. 이때, 후백제와의 싸움에서 큰 공을 세웠는데도 궁예가 상을 주지 않은 것에 대해 부장인 김언 등이 불만을 터뜨리자 왕건은 다음과 같은 말로 부하 장수들을 달랬다.

"그럴수록 태만한 마음을 삼가고 오직 힘을 다하여 두 마음을 먹지 않으면, 어찌 복을 얻지 못하겠는가. 지금 대왕께서는 무고한 사람들을 죽이고 있으며, 또한 조정에는 모함과 참소로 자신의 뜻을 펴려는 간사한 무리들이 많다. 그러므로 차라리 밖에 나와 전쟁터에 있으면서 힘을 다해 임금을 돕는 것이 몸을 보전하기에는 더 나을 것이다."

장수들은 왕건의 말을 듣고 모두 고개를 끄덕였다. 이렇듯 왕건은 싸움터에서는 뛰어난 전략과 용병술로 승리를 거두었고, 안에서는 장졸들의 불만을 들어 주고 용기를 북돋아 줄 뿐만 아니라 따뜻하게 감싸줌으로써 자신의 입지를 세워 나갔다. 이와 같은 왕건의 세심한 배려는 장졸들로부터 진심에서 우러나온 존경심과 복종을 이끌어 낼 수 있었다. 이것은 뒷날 장졸들의 추대로 폭정을 일삼는 궁예를 몰아내고 고려를 건국할 수 있는 밑바탕이 된다.

나주에 머물며 전함을 수리하고 군사들을 재정비한 왕건은 910년, 압해현에서 망명한 무리들을 모아 큰 세력을 형성하고 있던 해적 능창을 사로잡아 철원에 있는 궁예에게 보냈다. 능창을 죽인 궁예는 왕건의 공을 인정하여 대아찬 장군에 임명했다.

911년, 국호를 '태봉'(泰封)으로 고친 궁예는 그로부터 2년 뒤, 변방에서의 공로가 크다며 왕건을 파진찬 시중에 임명하여 내직으로 불러들이고, 수군의 일은 모두 부장 김언 등에게 맡겼다. 그러나 외정을 할 때에는 반드시 왕건에게 물어서 시행하도록 했다.

왕건은 비로소 백관의 으뜸인 시중으로 임명됨으로써 태봉국의 명실상부한 이인자가 되었다. 왕건은 평소 시중 자리를 원하지 않았을 뿐 아니라 역신들의 참소를 두려워하여 그 자리에 있기를 꺼렸지만, 그렇다고 해서 정무를 게을리하지는 않았다. 그는 늘 공문 출입과 국가의 정책을 공평하게 시행하는 데 힘썼으며, 감정을 억제하고 조심하여 백성들의 마음을 얻는 데 힘쓰고, 어진 사람을 가까이 하고 모진 사람을 멀리했다. 또한 참소를 당한 신료가 있으면 앞장서서 이를 구명해 주었다.

이때 조정에는 청주 출신인 아지태라는 사람이 있었는데, 그는 본래 아첨하기 좋아하는 간사한 사람으로 참소를 좋아하는 궁예의 비위를 맞추기에 급급했다. 한번은 아지태가 같은 청주 출신인 입전신과 방관서 등을 궁예에게 참소한 일이 있었다. 관리들이 그들을 취조했으나 여러 해가 지나도록 결론을 내리지 못하던 차에 시중으로서 그 일을 맡은 왕건은 올바른 논리를 세워 참되고 거짓됨을 판별하여 아지태를 처형했다. 이로써 무고하게 의심받았던 입전신과 방관서 등은 무사히 풀려 날 수 있었다.

이렇듯 왕건은 태봉국의 이인자로서 자신의 소임을 다했다. 그러다 보니 모든 시위장교와 종실·제후·고관·유현들이 모두 왕건에게 마음을 의지했다.

▌위기를 기회로 반전시키다

궁예의 횡포는 점점 도를 넘어서고 있었다. 왕건의 활약으로 영토가 늘어나고 국력이 강해지자 그는 자신을 스스로 '미륵불'이라 칭하며 금색 모자를 쓰고 승복을 입었고, 자신의 두 아들을 각각 '청광보살'과 '신광보살'이라 불렀다. 또한 외출할 때에는 항상 백마를 타고 채색 비단으로 말갈기와 꼬리를 장식했으며, 소년 소녀들로 하여금 일산(日傘)과 향화(香花)를 받들고 앞장서게 하고 200여 명의 승려로 하여금 노래를 부르면서 뒤따르게 했다. 게다가 스스로 20여 권의 경문을 지었는데, 그 내용이 모두 요망하고 정도에 맞지 않았다.

이때 고승인 석총이 "이것은 사람들의 마음을 흐리게 하는 괴이한 말이므로 사람들에게 가르쳐서는 안 된다."며 궁예가 지은 경문을 비

난하고 나섰다. 이에 크게 화가 난 궁예는 석총을 철퇴로 때려죽이게
했다. 그 후 누구 하나 궁예에게 반대하거나 그의 잘못을 지적하는 사
람이 없었다.

갈수록 흉포해진 궁예는 관심법(觀心法)을 내세워 사람들을 공포에
떨게 하기도 하였다.

"나는 미륵의 관심법을 터득했으므로 능히 사람들의 음란하고 사악
한 마음을 알 수 있다. 만약 내 관심법을 거스르는 자가 있으면 곧 준
법을 행하리라."

하루는 그런 궁예의 횡포를 보다 못한 왕후 강씨가 정사를 바로 하
고 더 이상 죄 없는 사람들을 죽이지 말 것을 간했다. 그러자 크게 화
가 난 궁예는 쇠몽둥이를 불에 달궈 강씨의 음부를 쳐서 죽게 했으며,
이를 말리는 두 아들까지 죽이는 등 흉포함이 극에 달했다. 그 후로 궁
예는 더욱 사람을 의심하고 화를 내는 일이 빈번해졌으며, 보좌관과
장수, 관리들로부터 평민에 이르기까지 죄 없이 죽은 사람의 수를 헤
아릴 수 없었다. 이에 부양(평강)과 철원 일대에 사는 백성들은 날마다
불안에 떨며 지냈다.

그러던 어느 날 왕건에게도 위기가 닥쳐왔다. 궁예는 부름을 받고
급히 입궐한 왕건을 성난 눈초리로 노려보며 물었다.

"경이 어젯밤 무리를 모아 모반을 꾀한 이유는 무엇인가?"

궁예의 사람을 의심하는 병이 끝내 왕건에게도 미친 것이다. 목숨이
경각에 달리게 된 왕건은 그러나 태연하게 웃으면서 대답했다.

"소신이 어찌 그런 마음을 품을 수 있겠습니까?"

이에 궁예는 크게 노하여 소리쳤다.

"경은 나를 속이지 말라. 나는 남의 마음을 꿰뚫어 보기 때문에 다 알 수 있다. 내 지금 즉시 관심법으로 그대의 마음을 알아보겠다."

궁예는 말을 마친 뒤 눈을 감고 두 손을 모은 채 한참 동안 가만히 앉아 있었다. 왕건으로서는 일촉즉발의 위기였다. 궁예가 눈을 뜨면 왕건은 영락없이 목숨을 잃게 될 판이었다. 그때 그 자리에 있던 장주 최응이 일부러 붓을 떨구었다. 그러고는 붓을 줍고자 뜰 아래로 내려왔다. 최응은 붓을 집어 들고 왕건의 옆을 지나면서 속삭였다.

"장군, 잘못을 인정하지 않으면 위험합니다."

왕건은 곧 최응의 말뜻을 깨달았다. 최응이 누구인가? 그는 오경과 문장에 능한 신동으로 겨우 열 살 가량의 어린 나이에 출사하여 궁예가 "이른바 성인을 얻는다 함은 바로 이 사람을 가리키는 말이 아닌가!" 하고 말할 정도로 두터운 신임을 받고 있는 인물이었다. 최응은 그 누구보다도 궁예의 마음을 잘 알고 있었다.

왕건은 재빨리 무릎을 꿇으면서 말했다.

"사실은 소신이 모반을 꾀했으며, 그 죄는 죽어 마땅합니다."

왕건은 스스로 자신의 죄를 인정했다. 그것은 역모로 곧 죽음을 의미했다. 그러나 모두들 숨을 죽인 가운데 뜻밖의 결과가 벌어졌다. 궁예는 큰소리로 껄껄껄 웃으면서 왕건에게 말했다.

"경은 과연 정직하도다. 다시는 나를 속이지 말라."

이와 함께 궁예는 금은으로 장식된 안장과 말고삐를 왕건에게 내려 주었다. 그러자 왕건은 물론 그곳에 있던 모든 신료들은 안도의 한숨을 내쉬며 가슴을 쓸어 내렸다.

이어 왕건은 궁예로부터 보기장군 강선힐과 흑상, 김재원 등을 부장으로 삼아 후백제를 치라는 명령을 받았다. 왕건은 전함 100여 척을 더 만들고, 그 중 10여 척에는 갑판 위에 말을 다룰 수 있는 누로(樓櫓)를 만들게 했다. 전투 준비가 끝나자 왕건은 군사 3천여 명을 거느리고 나주로 향했다.

왕건이 나주로 향하는 동안 남쪽 지방에는 심한 기근이 들어 도적들이 벌떼처럼 일어났다. 이에 왕건은 군사들의 식량에 절반쯤은 콩을 섞어 먹으며, 남은 군량미를 백성들에게 나누어주었다. 그리하여 백성들을 굶주림으로부터 구할 수 있었고, 그 일로 더욱 백성들의 존경을 받았다.

▌장수들의 추대로 왕위에 오르다

궁예의 폭정을 견디다 못한 신료들과 장졸들 사이에 궁예를 내쫓고 새로운 왕을 추대하려는 움직임이 나타나기 시작했다. 새 왕의 후보로 제일 먼저 입에 오른 사람은 왕건이었다. 왕건은 전쟁터에서는 뛰어난 전략과 용병술을 가진 용맹한 장수로서 언제나 승리를 이끌었고, 안에서는 깔끔하고 엄정한 일처리로 사람들의 두터운 신망을 얻고 있었다. 그러한 그를 새 왕의 후보로 내세운 건 당연한 일이었다.

918년 6월 을묘일 밤, 태봉국의 기장 홍유·배현경·신숭겸·복지

겸 등이 왕건의 집으로 찾아왔다. 그들은 이미 궁예를 내쫓고 왕건을 추대하기로 결정한 뒤였다.

"궁예의 정치가 어긋나고 형벌이 지나쳐 아들을 죽이고 아내를 죽이며 신하들을 함부로 죽이므로 백성들이 도탄에 빠져 왕을 원수처럼 미워하니, 그 옛날 걸왕과 주왕의 악도 이보다 더하지는 않았을 것입니다. 어두운 왕을 폐하고 밝은 왕을 세우는 것은 천하의 큰 의리이니, 청컨대 공께서는 은나라와 주나라의 일을 행하소서."

이에 왕건은 정색을 하며 장수들의 청을 거절했다.

"나는 지금까지 충의를 다해 왔고, 지금도 그 뜻에는 변함이 없소. 지금 대왕께서 비록 포악하다고 하지만 어찌 감히 탕왕과 무왕이 한 일을 본받을 수 있겠소. 연릉계자(춘추시대 때 오나라 왕 수몽의 동생인 계찰)는 '나라를 차지함은 나의 일이 아니라.' 하며 뿌리치고 가서 밭을 갈았으니, 계자보다 못한 내가 어찌 그리할 수 있겠소."

그러나 이미 결심을 굳힌 장수들은 그대로 물러날 수 없었다.

"때는 만나기는 어려워도 잃기는 쉽습니다. 하늘이 주는 기회를 취하지 않으면 도리어 그 재앙을 받을 것입니다. 나라 안에 궁예에게 해를 입은 백성들은 밤낮으로 보복을 생각하고 있으며, 권세와 지위가 높은 사람은 모두 죽임을 당했습니다. 지금 덕망이 공보다 위에 있는 사람이 없으므로 여러 사람의 마음이 공에게 바라는 것입니다. 공께서 만약 저희들의 뜻에 따르지 않는다면 우리는 이미 죽은 목숨입니다. 왕창근의 거울에 쓰인 글(철원의 저잣거리에 살고 있던 당나라 상인 왕창근이 한 거사에게서 쌀 두 말을 주고 산 거울에 장차 왕건이 나라의 군주가

　　　| 이인자로서 닦은 발판으로 최고의 자리에 오르다

될 것이라는 내용의 글자가 나타남)도 그와 같은데, 어찌 하늘의 계시를 어겨서 독부의 손에 죽겠습니까?"

이때, 문 밖에서 조용히 이를 엿듣고 있던 왕건의 부인 유씨가 안으로 들어섰다.

"의병을 일으켜 포악한 임금을 치는 것은 예로부터 있어 온 일입니다. 지금 여러 장군들의 말을 듣고 있으니 소첩도 궁예에 대한 분노가 일어나는데, 하물며 대장부들의 마음은 어떻겠습니까?"

말을 마친 유씨는 손수 갑옷을 가져다가 왕건에게 입혀 주었다. 그러자 모든 장수들이 왕건을 호위하며 밖으로 나왔다. 장수들은 곡식 더미 위에 왕건을 앉히고서 군신의 예를 행한 뒤 사람들을 시켜 그 사실을 알렸다.

"왕 시중께서 의기를 들고 일어서셨다."

그러자 사방에서 헤아릴 수 없이 많은 사람들이 기다렸다는 듯이 모여들기 시작했고, 궁문으로 달려가 북을 울리고 고함을 치며 기다리는 사람도 1만여 명이나 되었다. 이러한 사실을 보고받은 궁예는 크게 놀라 어찌할 줄을 모르다가 좌우를 돌아보며 한탄했다.

"왕공이 일어섰다면 내 일은 이미 끝났구나."

궁예는 사복으로 갈아 입고 북문으로 도망쳤다. 궁에서 도망친 궁예는 산과 계곡에서 이틀 밤을 보낸 뒤 부양의 백성들에게 발각되어 죽임을 당하였다.

이로써 왕건은 이인자로서 쌓은 공덕과 신망을 바탕으로 마침내 모든 신료와 백성들의 추대를 받아 왕위에 올랐다(918). 왕건은 옛 고구려를 부흥한다는 뜻에서 국호를 '고려'(高麗)라 하고, 연호를 '천수'(天授)라 정했다. 이듬해 왕건은 수도를 송악으로 옮기고, 융화정책·북진정책·숭불정책을 건국 이념으로 삼아 새 왕조를 이끌어 나갔다.

후삼국을 통일하다

고려를 세운 왕건의 앞날이 결코 순탄한 것만은 아니었다. 그의 앞에는 아직 해결하지 못한 수많은 난제들이 놓여 있었다. 왕건은 먼저 왕권에 도전하는 적대 세력에 대처해야만 했다.

그 첫 번째로 마군 장군 환선길이 역모를 일으켰다. 환선길은 동생 환향식과 더불어 왕건을 추대한 사람 중 한 명으로, 왕건은 그를 신임하여 무예가 뛰어난 장졸들을 거느리고 왕궁을 지키도록 했다. 그러나 "당신의 재주와 능력이 남들보다 훨씬 뛰어나니 사졸들이 모두 당신을 따르고 복종하는 것이 아닙니까? 또한 지금까지 큰 공을 세워 왔는데도 권좌를 다른 사람에게 빼앗기고 말았으니 사내 대장부로서 부끄럽지도 않습니까?" 하는 아내의 충동에 마음이 움직인 환선길은 환향식과 함께 비밀리에 군사들과 결탁하여 역모를 꾀하였다.

그러던 어느 날, 왕건이 신하들과 더불어 나랏일을 논하고 있는 자리에 무기를 소지한 환선길이 50여 명의 무리를 이끌고 갑자기 뛰어들었다. 이에 왕건은 큰 소리로 환선길을 꾸짖었다.

"짐이 비록 너희들의 힘으로 임금이 되었지만 이것이 어찌 천명이

　　　　| 이인자로서 닦은 발판으로 최고의 자리에 오르다

아니겠느냐? 천명이 이미 정해져 있는데 네가 감히 나를 해하려 드느냐?"

환선길은 왕건의 태연한 모습을 보고 복병이 있지 않나 의심하여 감히 접근하지 못하고 무리를 이끌고 달아나 버렸다. 이에 군사들이 즉시 쫓아가 그의 목을 베었다. 뒤따라오던 환향식 또한 거사가 실패한 것을 눈치채고 도망쳤으나, 곧 군사들에게 붙잡혀 죽었다. 이로써 환선길의 역모는 평정되었다.

하지만 이것으로 반대파들이 모두 제거된 것은 아니었다. 이어서 마군 대장군 이흔암이 역모를 꾀했으나, 다행히 이때에도 사전에 정보를 입수하여 큰 말썽 없이 막을 수 있었다. 난관은 내부의 적대 세력에만 있는 것이 아니었다. 왕건은 하루빨리 민심을 수습하고 각 지역마다 큰 세력을 이루고 있는 지방 호족들을 회유하고 포섭할 수 있는 대책을 세워야 했다. 또한 밖으로는 강력한 세력을 가진 견훤과 맞서 싸워야만 했다.

왕건은 이와 같은 어려운 과제에 신속하고 유연하게 대처함으로써 문제들을 하나하나 극복해 나갔다. 즉위 초 왕건이 가장 역점을 둔 국내 정책은 무엇보다도 백성들의 생활을 안정시키는 것이었는데, 신라 말에 이르러 크게 문란해진 토지 제도를 바로잡는 한편, 궁예 때의 가혹한 세금을 줄여 주는 정책을 취함으로써 민심을 수습할 수 있었다.

이어 각 지방 호족들을 효율적으로 견제하기 위해 그들의 딸을 후궁으로 맞아들이는 동시에 그들의 자제들을 우대하는 정책을 펴 나갔다. 이로써 국내 정치를 안정시킨 왕건은 신라와는 화친 정책을, 후백제 견훤과는 화전 양면책을 취하였다.

왕건의 정책이 성공을 거두어 나라가 안정되고 국력은 크게 신장되었으나, 그렇다고 그 후 왕건에게 위기가 전혀 없지는 않았다. 927년에 견훤이 신라의 수도 경주에 침입해 경애왕을 죽이고 경순왕을 새 왕으로 세운 사건이 일어났다. 이에 왕건이 직접 정예 기병 5천 명을 이끌고 나갔는데, 공산성(대구 팔공산 부근)에서 후백제군에게 포위되는 위기 상황을 맞게 되었다. 이때 왕건은 신숭겸과 김락이 목숨을 걸고 싸우는 틈을 타서 겨우 그곳을 빠져나올 수 있었지만, 대신 두 맹장을 잃는 아픔을 겪어야 했다.

그 후 계속해서 후백제에게 밀리던 고려는 930년, 고창(안동) 전투에서 대승을 거둠으로써 우위를 점하게 되었다. 그로부터 5년 후인 935년에는 왕건에게 후삼국을 통일할 절호의 기회가 찾아왔으니, 내분으로 왕위에서 쫓겨나 금산사에 감금되어 있던 견훤이 탈출하여 나주에 머물던 중 고려에 귀부할 뜻을 전해 왔던 것이다. 왕건은 유금필을 비롯한 장수들에게 전함 40여 척을 이끌고 바다로 나가 견훤을 맞이하게 했다. 그리하여 그해 6월, 견훤이 송악에 도착하자 왕건은 그를 '상부'라 부르며 남궁에 기거하게 했다.

이어 10월에는 신라 경순왕 김부가 항복해 왔다. 왕건은 문무백관을 모아 예의를 갖추어 그를 맞아들인 뒤, 장녀 낙랑공주를 그에게 시집보냈다. 그러자 경순왕은 태조에게 글을 올려 이렇게 청했다.

"신라는 오랫동안 안팎으로 많은 난리를 겪어 나라의 운세가 이미 다하였습니다. 이제 더는 왕업의 보전을 바랄 수 없으니, 원컨대 신하

| 이인자로서 닦은 발판으로 최고의 자리에 오르다

의 예로써 뵙기를 청합니다. 허락해 주십시오."

그러나 왕건은 한사코 경순왕의 청을 허락하지 않았다. 그러자 신하들이 다음과 같이 아뢰었다.

"하늘에 두 해가 없고 땅에 두 임금이 없으며, 한 나라에 두 임금과 두 백성이 있지 아니한 법인데 어찌하여 신라왕의 청을 듣지 않으십니까?"

마침내 이를 허락한 왕건에게 경순왕이 뜰 아래에 서서 신하의 예를 올림으로써 신라는 고려에 귀속되었다. 이제 남은 세력은 아버지 견훤을 내쫓고 왕위에 오른 후백제의 신검뿐이었다. 그러나 대세는 이미 고려로 기울어져 있었다.

이듬해인 936년 2월에는 견훤의 사위인 장군 박영규가 고려에 귀부해 왔다. 같은 해 6월 어느 날, 견훤이 왕건을 찾아와 다음과 같이 말했다.

"노신이 멀리 바다를 건너 투항해 와서 성왕의 교화를 입었으니, 원컨대 태조의 위엄을 빌려 반역한 도적 자식(신검)을 쳐서 죽이고자 합니다."

견훤의 청을 들은 왕건은 "아직은 때가 이르니 상부께서는 조금만 더 기다립시오. 마땅한 때를 보아 반드시 신검을 쳐서 상부의 원한을 갚아 드리겠습니다." 하고 만류하였다. 그러나 견훤이 물러서지 않고 계속해서 청하자 왕건은 태자 무와 장군 박술희에게 보병과 기병 1만 명을 주어 천안부로 향하게 했다.

그해 9월, 왕건은 견훤과 함께 3군을 거느리고 일선군(선산)으로 나갔다. 이에 맞서 후백제왕 신검 또한 군사를 이끌고 나오니, 마침내 일리천(성주 가리현)을 사이에 두고 양군이 대치하게 되었다.

왕건은 견훤과 함께 군사들을 정비한 뒤 드디어 공격 명령을 내렸다. 고려군이 물밀듯이 쳐들어가자 그 기세에 눌린 후백제군은 금세 전의를 상실했고, 후백제의 좌장군 효봉을 비롯해 덕술·애술·명길이 항복해 왔다. 이 싸움으로 고려군은 흔강·견술·은술·금식·우봉 등 적장을 비롯해 3,200명을 사로잡고 5,700명을 참살했다. 왕건은 달아나는 후백제군을 쫓아 황산(연기)군을 지나 탄성(탄현)을 넘어 마성(옥천)에 군사를 주둔시켰다.

얼마 안 있어 신검은 두 동생 양검·용검과 함께 문무관료들을 거느리고 항복해 왔다. 이로써 왕건은 왕위에 오른 지 18년 만인 936년, 후백제를 멸망시킴으로써 마침내 후삼국을 통일하는 위업을 달성하였다.

혼란스러운 통일신라 말에 태어나 후삼국이라는 난세를 극복하고 마침내 통일을 이룩한 왕건에게도 최후의 순간은 찾아왔다. 죽음이 멀지 않았음을 깨달은 왕건은 대광 박술희에게 후대의 왕들이 나라를 다스리는 데 귀감으로 삼도록 『훈요십조』(訓要十條)를 남겼으며 재신 염상·왕규·박수문 등에게는 다음과 같은 말을 남겼다.

"한나라 문제(文帝)가 말하기를, '천하 만물 중에 생명이 있는 것으로 죽지 않는 것이 없다. 죽는 것은 천지가 만물을 다스리는 법칙이니 이를 어찌 슬퍼하랴.' 고 했으니, 옛날 슬기로운 임금의 마음이 이와 같았다. 짐이 병들어 20일이 지났는데, 이제 죽음을 본집으로 돌아가는

　｜　이인자로서 닦은 발판으로 최고의 자리에 오르다

것 같이 생각하거늘 어찌 근심하랴. 한나라 문제의 말은 곧 짐의 뜻이니라. 나라 안팎으로 남아 있는 기밀한 정무 중에 오래도록 해결하지 않은 것은 경들이 태자 무와 더불어 결재하고 뒤에 보고하도록 하라."

그 후 왕건의 병세는 점점 더 악화되었다. 그는 학사 김악에게 유언을 완성하게 한 뒤 눈을 감고 한동안 말이 없었다. 곁에서 그 모습을 지켜보던 신하들이 슬픔을 참지 못하고 모두 목놓아 통곡했다. 그때 왕건이 눈을 뜨더니 좌우를 돌아보며, "이것이 무슨 소린가?" 하고 물었다. 이에 곁에 있던 신하가 "성상께서는 백성들의 부모이신데 지금 저희들을 버리고자 하시니 신들은 그 슬픔을 이기지 못하겠나이다." 하고 아뢰자, 왕건은 "덧없는 인생은 예로부터 그렇다." 하고 말을 마친 후 곧 숨을 거두었다. 이때가 943년으로 왕건의 나이 57세였으며, 고려를 세운 지 26년, 후삼국을 통일한 지 7년째 되는 해였다.

05

최·승·로

─ 고려의 기틀을 다지다 ─

| 최승로 | (927~989, 고려)

왕건이 고려를 세운 후, 한동안 고려는 건국 초의 혼란로 인해 좀처럼 나라가 안정되지 못했다. 이때 「시무 28조」를 올려 고려의 기틀을 닦는 데 이바지한 사람이 바로 최승로다. 어렸을 때부터 타고난 신동이었던 그는 역대 여러 왕들의 선례와 국정에 필요한 사항들을 조목별로 빠짐없이 건의한 「시무 28조」를 올려 나라의 기강을 바로 잡도록 보필하여 성종을 명군의 반열에 올려 놓은 뛰어난 이인자였다.

고려판 『정관정요』를 짓다

중국 당나라 현종 때, 사관 오긍이 『정관정요』(貞觀政要)를 지어 현종에게 권하여 당 태종의 정치를 본받도록 했는데, 일이 되어 가는 형편이 서로 비슷하여 모범이 될 만했기 때문입니다. 신 또한 태조가 건국한 때로부터 신이 아는 것은 모두 마음속에 기억하고 있으므로, 이제 역대 다섯 왕의 치적 중에서 잘되고 잘못된 것과 경계로 삼을 만한 것을 기록하여 조목별로 아뢰어 드리겠습니다……

이 글은 성종 원년인 982년 6월, 최승로가 올린 상소문의 서두 부분으로, 이것이 이른바 고려 초 흔들리는 나라를 안정시키고 나라의 기틀을 마련하는 데 결정적인 역할을 한 「시무 28조」다. 그렇다면 최승로가 이와 같은 상소문을 올리게 된 계기는 무엇일까?

981년 6월, 세상을 떠난 경종의 유언에 따라 개령군 치가 고려 제6대 왕으로 즉위하니, 그가 바로 고려 최고의 임금으로 꼽는 성종이다. 성종은 즉위 이듬해인 원년(982) 3월, 내의성을 내사문하성, 광평성을 어사도성으로 하는 등 관리들의 호칭을 고친 데 이어, 6월에는 중앙 관료들에게 다음과 같은 명령을 내렸다.

"예나 지금이나 임금의 덕은 오직 신하들의 보필에 달려 있다. 짐이 새로 나라의 정무를 맡아봄에 있어 혹여 잘못을 저지를까 두렵도다. 따라서 5품 이상의 관리들은 각기 정치의 잘된 점과 잘못된 점을 논하여 상소문을 올리도록 하라."

그리하여 성종의 즉위와 함께 종2품 정광 행선관어사 상주국에 오른 최승로는 자신의 능력을 인정하고 관직에 등용해 준 성종에게 보답이라도 하듯 광범위한 시정 개혁에 대한 내용을 담은 상소문, 즉 「시무 28조」를 올린 것이다.

송악에 나타난 신동

최승로는 후백제 견훤이 포석정에서 신라 경애왕을 죽이고 경순왕을 세운 927년, 경주에서 신라 귀족이었던 최은함의 아들로 태어났다. 그는 935년에 경순왕이 왕건에게 투항함에 따라 아버지와 함께 개경으로 이주했다.

최승로는 어릴 적부터 성품이 총명하고 민첩하며, 학문을 좋아하고 글짓기를 잘하여 신동으로 이름을 날렸다. 그에 대한 소문은 도성 안에 널리 퍼졌고, 곧 왕건의 귀에도 들어가게 되었다. 왕건은 즉시 최승로를 불러 오게 했다.

"네가 어린 나이에도 학문과 글짓기에 매우 뛰어나다는 이야기를 들었다. 그렇다면 이것이 무슨 책인지 알 수 있겠느냐?"

"예, 논어이옵니다."

"그렇다면 내 앞에서 한번 외어 보겠느냐?"

어린 최승로는 왕 앞에서 조금도 주눅들지 않고 『논어』를 막힘 없이 줄줄 외웠다. 그 모습을 본 왕건은 최승로의 재주에 놀라는 한편 매우 흡족해 했다. 왕건은 그 자리에서 최승로에게 안장을 얹은 말과 곡식 20석을 상으로 주었다.

최승로에 대한 왕건의 사랑은 그뿐만이 아니었다. 왕건은 직접 최승로를 원봉성 학생으로 추천했는데, 원봉성이란 당시 고려의 각종 외교 문서와 왕명을 작성하고 인재를 양성하는 관청이었다. 즉, 왕건은 그를 장래 고려 조정에 요긴하게 쓰일 인재로 생각하고 미리부터 영재 교육을 시킨 것이다. 이때 최승로의 나이 겨우 열두 살이었으며, 이때 부터 그는 줄곧 궁중에서 학문 연구와 관련된 사무를 보며 관직 생활을 했다.

그러나 왕건의 각별한 사랑 속에 일찍부터 영재 교육을 받았음에도 최승로는 이후 오랫동안 뚜렷한 두각을 나타내지 못했다. 건국 초 정치적 혼란기였던 혜종과 정종 대뿐만 아니라 노비안검법과 과거제도를 실시하여 호족을 누르고 새로운 인재를 등용했던 광종, 그 뒤를 이은 경종을 거치는 동안 이렇다 할 활동을 보이지 않은 것이다.

다만, 그의 뛰어난 학문적 소양으로 보아 원봉성에서 학문에 매진했던 것으로 보인다. 그러나 당나라에서 유학하고 돌아온 학자들을 우대하고 당나라의 풍습과 문화에 빠져 지냈던 광종 대에는 별로 빛을 보지 못했다. 최승로가 「시무 28조」 서두 부분에서 밝힌 광종의 정치에 대한 평가에서 당시 그의 처지를 짐작할 수 있다.

"……만약 광종께서 항상 공손하며 아껴씀과 부지런함이 처음과 같았더라면 어찌 그 수명이 짧아 겨우 50세만 누렸겠습니까? 게다가 경신년 (960)에서 을해년(975)에 이르는 16년 동안은 간흉이 앞다투어 조정에 진출하여 참소가 크게 일어나더니, 군자는 몸둘 곳이 없고 소인만이 제뜻대로인 세상이 되었습니다. 심지어 자식이 부모를 거역하고 종이 주인을 고소하기까지 하여 위아래가 마음을 합치지 못하고 옛 신하들과 이름난 장수들이 차례로 죽음을 당하니……. 아, 어째서 임금이 처음에는 나라를 잘 다스려 명예를 드높이더니, 후대에 들어서는 나라가 이 지경이 되었는지 참으로 통탄할 일입니다."

광종의 뒤를 이어 경종이 즉위하면서 최승로는 도약의 기회를 맞게 된다. 그것은 광종 대에 귀양을 갔던 최지몽이 정치 일선에 복귀함에 따라 경주 출신 유학자들이 정계에 대거 진출하게 되었기 때문이다. 그러나 이때에도 최승로는 뚜렷한 활동을 나타내지 않는다.

이렇듯 최승로는 경종 대까지 빛을 보지 못하다가 55세 되던 해인 981년, 성종의 즉위와 함께 종2품 정광 행선관어사 상주국으로 화려하게 역사의 전면에 등장한 것이다.

중앙집권적 귀족정치를 꿈꾸다

최승로는 상소문을 올린 이유를 밝힌 다음, 태조에서 경종에 이르는 왕들의 치적평과 함께 중앙집권적 귀족정치를 염두에 두고 작성한 「시무 28조」를 성종에게 바쳤다.

그는 먼저 다섯 임금의 정치적 취약점과 장단점을 분석한 후, 이에 따른 이상적인 군주상을 제시했다. 후삼국을 통일하는 과정에서 태조가 보여 준 포용력, 이복동생 요(정종)와 소(광종)가 역심을 품고 있다는 참소에도 더욱 그들을 따뜻하게 대한 혜종의 우애, 왕규 등의 역모에 맞서 왕식렴과 함께 이를 막아 낸 정종의 사직을 위하는 마음, 즉위 후 8년 동안 아랫사람을 예로써 대하고 항상 호족과 부자들을 억제하며 백성들에게 많은 혜택을 베푼 광종의 공평무사함, 즉위 초 참소와 중상모략으로 가득 찬 문서를 모두 태워 버리고 죄 없는 사람들을 석방하여 광종의 공포 정치로부터 벗어나려 노력했던 경종의 현명한 판단력 등을 군주가 가져야 할 기본 덕목이라며 성종에게 건의한 것이다.

이어 최승로는 국정을 운영하는 데 있어서 반드시 개혁해야 할 28가지 항목을 열거했다. 그 가운데 6개 조항은 분실되고 현재 22조가 전해 오고 있다.

먼저 그는 국토 방위의 중요성을 강조했는데, 특히 서북 지역의 국경을 확정하고 수비에 만전을 기할 것을 주장했다. 다음으로 불교에 대해 비판하고 나섰는데, 대규모 불교 행사를 폐지하고, 승려들에 대한 지나친 우대를 줄이며, 불교 재단을 엄격히 관리할 것 등을 건의했다. 한편 나라를 다스리는 데 있어서는 유교 사상에 입각해야 한다고 주장했다. 그러나 '불교를 믿는 것은 자신의 몸과 마음을 닦는 근본이요, 유교를 행하는 것은 나라를 다스리는 근원'이라고 말하여 불교의 필요성을 부분적으로 인정하기도 했다.

이어 최승로는 왕실과 군주의 도리에 대한 문제점을 열거했다. 이에 따라 광종 대에 지나치게 늘어난 시위대와 궁중의 노비·가마의 수를 줄일 것, 왕실의 번잡한 제사를 줄이고, 군주는 신하를 예우하며, 언제나 바른 몸가짐을 가질 것 등을 주장했다.

또 그는 외교와 경제 문제의 해결책으로, 사소한 적선행위를 금지하고, 상벌을 공평하게 내리며, 중국에 보내는 사신의 숫자를 줄이고, 불상 제작과 경문 필사에 물질과 인력이 낭비되는 것을 막아야 한다고 제안했다.

지방 정책에 대해서는 좀더 구체적인 대안을 제시했는데, 즉 주요 지방에 관리들을 파견하고 섬 주민들에 대해 부역을 균등하게 부과할 것 등을 건의했다.

마지막으로 최승로는 사회·문화에 대한 문제점들을 다루었다. 그는 의복 제도를 정비하여 신분 질서를 확립하고, 양인과 천민에 관한 법령을 확립하여 엄격한 신분 제도를 유지하며, 고려 고유의 풍속을 지켜 민족의 전통을 지켜야 한다고 주장했다.

이와 같은 최승로의 「시무 28조」는 지나친 왕권의 강화보다는 안정된 사회 질서를 바탕으로 한 중앙집권적 귀족정치를 표방한 것이었다.

| 고려의 기틀을 다지다

이러한 그의 주장은 성종을 크게 공감시켜 새로운 국가 체제를 정비하는 데 많은 영향을 끼쳤다. 또한 고려 초의 정치 사상과 역사적 상황이 포함되어 있어 귀중한 자료가 되고 있기도 한데, 나머지 6조가 현종 원년(1010) 거란의 2차 침입 때 분실되어 그 내용을 볼 수 없음은 매우 안타까운 일이 아닐 수 없다.

성종을 명군의 반열에 올려 놓다

성종 2년(983), 「시무 28조」에 대한 공로를 인정받아 문화시랑평장사에 오른 최승로는 유학자 이양·김심언 등과 함께 성종의 정치를 보좌하며 유교 사상에 의한 국가 건설이라는 대업을 구체화시키기 시작했다. 그는 언제나 성종의 개혁에 앞장섰고, 고려를 누구나 마음놓고 생업에 종사할 수 있는 나라로 만들고자 노력했다. 2년 뒤인 985년, 최승로는 이몽유 등과 함께 과거시험을 주관하여 강감찬 등을 발탁하는 등 인재 양성에도 많은 공을 세웠다.

성종의 정치적 연륜이 쌓여감에 따라 차츰 나라가 안정되기 시작하자, 최승로는 여러 차례 글을 올려 사직을 청했다. 그러나 지속적인 개혁과 함께 나라의 기틀을 확립하고자 했던 성종으로서는 자신에게 꼭 필요한 인재인 최승로의 사직을 허락할 수 없었다. 988년, 성종은 최승로를 문하수시중으로 임명하여 청하후(清河候)에 봉하고 식읍 700호를 하사했다. 이후에도 최승로는 여러 번 사임을 청했으나 모두 허락

받지 못하였으며, 세상을 떠날 때까지 성종의 곁에서 국정을 맡아 보았다.

최승로는 성종이 즉위한 지 8년 만인 989년에 죽음을 맞이했는데, 그때 그의 나이 63세였다. 성종은 그의 죽음을 몹시 슬퍼하며 '문정'(文貞)이라는 시호와 함께 그의 공훈과 덕행을 표창하고 태사직을 내렸다. 또한 그의 가족들에게 베 1천 필, 밀가루 300석, 쌀 500석 등을 내려 주었다. 성종의 뒤를 이어 왕위에 오른 목종은 최승로를 성종의 묘정에 배향했으며, 덕종 2년(1033)에는 대광 내사령을 추증하여 그의 공적을 기렸다.

│ 고려의 기틀을 다지다

06

최·충·헌

*칼을 휘둘러 권세를 잡다

*반대 세력을 철저히 제거하다

*임금을 갈아 치우다

*권력 앞에서는 핏줄도 없다

*끊임없는 반란

*천하를 호령한 권세도 죽음 앞에서는 무용지물

| 최충헌 | (1149~1219, 고려)

고려왕조 475년 가운데 3대에 걸쳐 60여 년 동안 최씨들이 나랏일을 좌지우지 하던 시기가 있었던바, 최충헌이 바로 이 '60년 최씨 무신정권' 의 문을 연 장 본인이다. 그는 왕을 두 번 폐위시키고 네 명의 왕을 옹립하는 등 자신의 권력 유지에 방해가 되면 왕조차도 밥먹듯 갈아 치우며 일인자인 왕보다 더한 권세 를 누렸던 이인자였다. 그뿐 아니라 자신의 혈족들까지도 죽음으로 내몰거나 유배를 보내는 등 권력을 지키기 위해서는 무슨 짓이든 서슴지 않았다. 결국 이러한 사회 분위기로 인해 그가 집권하는 기간 동안 반란이 끊이지 않았고, 이것은 곧 고려 말의 혼란으로 이어져 원의 지배를 초래하였다.

칼을 휘둘러 권세를 잡다

최충헌은 고려 제18대 왕 의종 3년(1149), 상장군 최원호의 아들로 태어났다. 그는 음관(蔭官)으로 관직에 발을 들여놓았으나, 처음에는 뚜렷한 활동을 보이지 않았다. 그러던 중 명종 4년(1174)에 일어난 서경유수 조위총의 난에 이르러 두각을 나타내기 시작했다.

조위총이 난을 일으킨 것은 당시 권력을 쥐고 있던 정중부를 비롯한 무신들에 대한 반발에서 비롯되었다. 의종 24년(1170), 문무 차별과 문신들의 학대에 반발해 무신 정중부·이고·이의방 등이 중심이 되어 난을 일으켜 권력을 장악했다. 그들은 권력을 잡은 후 수많은 문신들을 죽이고 의종을 폐한 뒤 시해하기까지 했다. 그뿐 아니라 백성들의 재물을 함부로 빼앗는 등 점점 그 폐해가 심해지자 이를 보다 못한 조위총이 정중부 등 무신들을 제거하고 나라를 바로잡는다는 명분으로 난을 일으킨 것이다.

이때 최충헌의 용맹을 인정한 토벌군 원수 기탁성이 그를 발탁하여 정8품 별초도령으로 삼았고, 최충헌은 싸움에서의 공로로 섭장군에 올랐다. 그러나 정중부 등을 제거하고 권력을 잡은 경대승이 병으로 죽고 난 후 이의민이 권력을 쥐게 되자, 최충헌은 또다시 별다른 활약도, 출세도 못한 채 한직에 머무르며 허송세월을 해야만 했다.

최충헌에게는 최충수라는 아우가 있었는데, 그는 용맹스러웠으나 성격이 사납고 음험할 뿐 아니라 시기심이 많은 인물로 하급무관인 동부녹사로 있었다. 그런데 장군인 이지영이 최충수가 집에서 기르던 비둘기를 빼앗아 간 사건이 발생했다. 평소 성격이 거칠기로 소문난 최충수가 이것을 보고 그냥 넘어갈 리 없었다. 최충수는 이지영의 집으로 달려가 자신의 비둘기를 돌려 달라고 했다.

이지영은 당시 최고 실력자로 군림하고 있던 이의민의 아들이었다. 그러다 보니 사람들은 이지영에게 값진 물건을 빼앗겨도 항의는커녕 군소리 한마디 못하던 때였다. 그런데 하급무관인 최충수가 비둘기를 빼앗겼다고 이지영을 찾아와 거친 말투로 항의한 것이다. 머리 끝까지 화가 난 이지영은 곁에 있던 종복들에게 큰소리로 지시했다.

"여봐라! 당장 저자를 꽁꽁 묶어 버려라."

이에 최충수는 조금도 위축되지 않고 꿋꿋하게 "장군 외에는 아무도 나를 감히 묶을 수 없습니다." 하고 대답했다. 그러자 최충수의 용기와 배짱을 가상하게 여긴 이지영은 그를 놓아 주었다. 무사히 이지영의 집에서 풀려 나오기는 했지만 그에 대한 최충수의 마음이 풀린 것은 아니었다. 오히려 이지영에게 원한을 품은 그는 이의민 등을 제거하기로 결심했다.

최충수는 곧 형 최충헌을 찾았다. 형과 마주 앉은 그는 자못 심각한

│ 권력 앞에서는 왕도 없고 핏줄도 없다

목소리로 자신의 결심을 밝혔다.

"형님, 이의민은 사실 역적이 아닙니까? 제가 나서서 그들의 목을 베고자 하는데 형님 생각은 어떻습니까? 제 뜻은 이미 정해졌고, 이제 와서 그것을 포기할 마음은 전혀 없습니다."

최충수의 결심을 꺾을 수 없다고 판단한 최충헌은 마침내 이의민 일파를 제거하기로 결정했다.

최충헌 형제가 이토록 위험을 무릅쓰고 죽이기로 마음먹은 이의민은 어떤 사람일까? 그는 경주 사람으로 원래는 천민 출신이었으나, 기골이 장대하여 안찰사 김자양에게 발탁되었다. 당시 유행하던 무술 경기인 수박(手搏)에 뛰어난 솜씨를 보인 이의민은 의종의 총애를 받아 별장이 되었다. 의종 24년(1170)에는 무신의 난에 가담하여 공을 세워 중랑장에 올랐고, 1173년에 일어난 김보당의 난을 계기로 경극에서 의종을 시해하고 장군으로 승진했다.

명종 9년(1179), 청년 장군 경대승이 폭정과 전횡을 일삼던 정중부를 죽이고 권력을 장악했으나 얼마 지나지 않은 명종 13년(1183)에 그만 병에 걸려 죽고 말았다. 이때 공부상서·중서문화평장사를 거쳐 판병부사에 오른 이의민은 차츰 정적들을 제거하고 권력을 장악하면서 조정을 좌지우지하기 시작했으며, 세 아들과 함께 힘없는 백성들의 재물을 빼앗는 등 전횡을 일삼았다.

그러나 누구 하나 그들의 잘못을 지적하고 나서는 사람이 없었다. 이의민의 뜻에 거슬리는 것은 물론이고, 그의 눈 밖에만 나도 목숨을 부지하기 어려웠기 때문이다. 따라서 이날 최충헌 형제가 나눈 이야기는 당시로서는 입에 담을 수도, 생각해 볼 수도 없는 위험천만한 일이었다.

다행히 최충헌 형제의 계획은 밖으로 새어 나가지 않았다. 그뿐 아니라 기회는 의외로 빨리 다가왔다. 석가 탄신일에 명종이 보제사로 행차를 했는데 이의민이 병에 걸렸다는 핑계를 대고 따라가지 않았던 것이다. 게다가 이의민은 한술 더 떠서 미타산에 있는 자신의 별장으로 놀러 갔다.

최충헌 형제가 이의민을 죽일 수 있는 이 절호의 기회를 놓칠 리 없었다. 최충헌 형제는 조카 박진재와 친척인 노석숭 등과 함께 옷소매 속에 칼을 감춘 채 비밀리에 미타산으로 향했다. 그러고는 이의민의 별장 앞 숲속에 몸을 숨긴 채 그가 나오기를 기다렸다.

얼마나 기다렸을까? 마침내 밖으로 나온 이의민이 개경으로 돌아가기 위해 말에 오르려 할 때였다. 최충수가 이때를 놓치지 않고 이의민 앞으로 뛰어들며 칼을 휘둘렀으나, 서두른 나머지 칼이 그만 빗나가고 말았다. 최충수를 비롯해 거사에 참여한 사람들은 순간적으로 몹시 당황했다. 만약 이의민을 제거하는 데 실패한다면 자신은 물론 가족들까지 역적으로 몰려 목이 달아날 상황이었기 때문이다.

그러나 재빨리 앞으로 나간 최충헌이 갑작스러운 상황에 어리둥절해 있는 이의민의 목을 단칼에 베어 버렸다. 그러자 이의민을 따르던 수십 명의 종복들은 무서워 벌벌 떨며 도망쳐 버렸다. 이로써 최고의 권력을 누려 왔던 이의민은 변변한 저항 한 번 못 해 보고 너무도 허망한 최후를 맞았다.

| 권력 앞에서는 왕도 없고 핏줄도 없다

계획대로 무사히 이의민을 죽이는 데 성공한 최충헌은 곧 노석숭에게 이의민의 머리를 내어 주며 개경으로 달려가 길거리에 효수하도록 지시했다. 노석숭이 최충헌의 지시대로 하자 놀라 떠드는 백성들의 소리로 온 개경 안이 떠들썩했다. 명종을 따라 보제사에 가 있다가 이 소식을 들은 사람들은 겁을 잔뜩 집어먹고 도망치기에 바빴다. 지난날 무신의 난 때 수많은 사람들이 죽어 나갔던 사실을 똑똑히 기억하고 있었기 때문이다. 명종은 서둘러 궁궐로 돌아왔다.

도성으로 돌아온 최충헌 형제는 장군 백존유를 만나 이의민의 목을 베어 효수한 까닭을 보고했다. 백존유는 크게 기뻐하며 장졸들을 소집해 그들 형제에게 호응했다.

이때 명종과 함께 보제사에 갔던 이의민의 아들 이지순과 이지광은 아버지가 죽었다는 소식을 듣고 급히 돌아와 종복들을 거느리고 길에 나와 최충헌 형제와 맞섰다. 그러나 최충헌 형제를 따르는 무리가 많은 것을 보고는 멀리 달아나 버렸다.

이어 최충헌 형제는 군사들을 이끌고 궁문 앞에 나아가 명종에게 사건의 자초지종을 아뢰었다.

"역신 이의민은 일찍이 왕을 시해하는 죄를 범했고, 백성들에게 갖은 횡포를 부리고 잔학을 일삼았습니다. 그뿐 아니라 왕위까지 넘보고 있으므로 신들이 이를 경계한 지가 이미 오래 되었습니다. 이제 이 나라의 종묘사직을 위하여 그들 무리를 토벌했사오나, 미리 왕께 아뢰어 허락을 구하지 못한 까닭은 혹시라도 계획이 누설될까 봐 두려웠기 때문입니다. 그러나 이 죄는 분명 죽어 마땅한 죄이옵니다."

명종은 곧 최충헌 형제를 안으로 불러들인 뒤 그들의 공로를 치하하였다. 유약한 명종으로서는 어쩔 수 없는 일이었다. 그도 그럴 것이 최고 권력자 이의민을 단칼에 죽였을 뿐만 아니라 군사들까지 이끌고 나타난 최충헌 형제는 두려움의 대상일 수밖에 없었다.

반대 세력을 철저히 제거하다

명종의 인정으로 명분을 얻은 최충헌 형제는 본격적으로 이의민의 아들들을 비롯한 잔당과 반대파 제거에 나섰다. 최충헌 형제는 이의민 한 사람을 죽인 것으로는 안심할 수 없었던 것이다. 그의 세 아들을 비롯해 그를 따르는 무리들이 언제 또다시 들고일어나 자신들을 제거할지 알 수 없었기 때문이다.

최충헌 형제는 권력을 장악하기 위해 서로 죽이는 과정을 이미 숱하게 보아 왔다. 무신의 난에 성공한 정중부 등은 권력을 차지하기 위해 끝없이 다툼을 벌였다. 먼저 이의방이 함께 난을 일으켰던 이고 등을 죽였고, 정중부가 다시 이의방을 죽이고 권력을 독점했다. 그리고 정중부 또한 경대승에게 제거되었던 것이다.

최충헌 형제는 먼저 이경유·최문청 등과 더불어 명종에게 잔당을 토벌할 수 있도록 허락해 달라고 청했다.

"이 나라에는 아직 이의민을 따르는 수많은 무리들이 있습니다. 그들을 제거하지 않으면 언제 또다시 이 나라 종묘사직에 위해를 가할지 모릅니다. 부디 그들의 죄를 물을 수 있도록 허락해 주십시오.”

명종은 그들의 청을 허락했고, 최충헌 등이 거리에 군사를 주둔한 채 장졸을 모집하자 많은 사람들이 모여들었다. 이에 최충헌 등은 즉시 성문을 닫고 군사를 나누어 이의민 잔당 소탕에 나섰다. 그리하여 이의민의 세 아들을 비롯한 심복들을 모두 잡아들일 수 있었다.

그 뒤 최충헌 형제가 이경유 · 최문청과 더불어 앞으로의 대책을 의논하고 있을 때였다. 한 사람이 찾아와 최충헌에게 다음과 같이 보고했다.

“평장사 권절평과 손석, 상장군 길인 등이 군사를 일으킬 준비를 서두르고 있습니다.”

그는 이어 최충헌에게 가까이 다가가, ‘이경유 등도 딴마음을 품고 있다.’고 속삭였다. 최충헌은 곧 자신을 따르는 무리들에게 비밀리에 지시를 내려 좌우에 세워 둔 뒤, 사람을 시켜 권절평의 아들 권준과 손석의 아들 손홍윤을 불러들이게 하였다. 두 사람이 오자 최충헌은 그들과 더불어 술을 마시면서 웃고 떠들다가 좌우를 돌아보며 눈짓을 했다. 그러자 좌우에 서 있던 사람들이 기다렸다는 듯이 두 사람의 목을 베었다. 함께 있던 이경유 역시 앉은자리에서 죽임을 당했다.

이어 최충헌은 군사를 풀어 권절평과 손석을 비롯하여 장군 권윤과 유삼백, 어사중승 최혁윤 등을 잡아들인 뒤 모두 목을 베었다. 이때 수창궁에 있다가 이 소식을 들은 길인은 곧 장군 유광 · 박공습 등과 더불어 의논한 뒤 궐 안의 군사들과 환관, 노예 등을 끌어들여 1천여 명의 무리들을 모았다. 그러고는 무기고를 열어 그들을 무장시킨 뒤 이렇게 설득했다.

"지금 최충헌이 난을 일으켜 죄 없는 사람들을 죽이니, 장차 화가 너희들에게도 미칠 것이 불을 보듯 뻔하다. 마땅히 힘을 합쳐 그들을 몰아내도록 하자."

궁문을 나선 길인 등은 최충헌의 진영으로 향했다. 이 소식은 곧 최충헌 형제에게 전해졌고, 그들은 즉시 길인 무리의 진압에 나섰다. 최충헌 형제는 먼저 결사대 10여 명을 선봉으로 삼아 크게 함성을 지르며 공격했다. 그 기세에 놀란 길인의 무리들은 두려워하며 사방으로 흩어져 버렸다.

최충헌 형제에게 기선을 제압당한 길인·박공습·유광은 수창궁으로 들어가 문을 굳게 닫고 나오지 않았다. 최충헌 형제는 즉시 수창궁을 포위했다. 이어 백존유가 불을 지르려 하자 길인은 몰래 성 밖으로 나가 도망쳤다. 명종은 사람을 시켜 궁문을 열고 최충헌·최충수 형제를 맞아들이게 했다. 그러나 최충헌 형제는 길인의 무리들이 잠복하고 있을 것을 염려하여 먼저 최윤광을 안으로 들여보내 명종에게 아뢰게 했다.

"이의민이 제멋대로 날뛰었기 때문에 신들이 군사를 일으켜 목을 베었습니다. 그런데 그 무리들이 신을 꺼려하여 도리어 해치고자 했으나 하늘이 돕지 않아 저절로 무너졌습니다. 남은 무리들이 궁궐 안에 몰래 숨어 있사오니, 궁 안으로 들어가 수색하여 그들을 잡기를 청하옵니다."

명종이 최충헌 형제의 요구를 받아들이자 그들은 군사들에게 길인 무리를 찾아 내어 죽일 것을 지시했다. 군사들은 닥치는 대로 사람을 죽였고, 궁 안 곳곳에 시체가 즐비했다. 이것을 본 유광과 박공습은 목을 찔러 자살해 버렸다. 명종의 곁에 있던 신하들은 모두 놀라 달아나고 오직 후궁 두서너 명만이 왕 곁에 남아 울고 있을 뿐이었다.

최충헌 등은 참지정사 이인성, 상장군 강제, 문득려 등 36명을 잡아 인은관에 가두었다. 길인은 북산에 이르러 머리를 깎고 승복으로 갈아입은 뒤 바위에서 떨어져 죽었다. 이어 최충헌은 상장군 주광미, 대장군 김유신과 권연 등을 죽이고, 판위위사 최광원, 소경 권신, 장군 권식, 두응용, 낭장 최비를 변방으로 귀양보냈다.

이의민의 아들 이지순과 이지광이 스스로 인은관으로 나오자 최충헌은, "이들은 화란의 근본이니 용서할 수 없다."며 목을 베었다.

임금을 갈아 치우다

이렇듯 수많은 정적들을 제거하는 한편, 최충헌 형제는 그해 5월에 「봉사 10조」를 올려 다음과 같이 건의했다.

"역신 이의민은 성품이 사납고 잔인하여 위로는 임금을 두렵게 하고, 아래로는 신하를 업신여겨 왕위를 위협하니 이와 같은 일은 우리 조정이 생긴 이후로 아직 한 번도 없었습니다. 어찌 한두 가지로 그 죄를 논할 수 있겠습니까? 신들이 폐하의 명령을 받들어 이들 무리를 모두 제거했사오니, 원컨대 폐하께서는 옛 정치를 개혁하고 새로운 정치를 도모하시어 나라를 중흥하옵소서.”

이때 최충헌 형제가 올린 「봉사 10조」는 신축한 궁궐을 사용할 것, 관원들을 감축할 것, 권신들의 토지를 환원할 것 등에 관한 것이었다. 이에 명종은 최충헌 형제의 상소를 받아들였다.

「봉사 10조」를 올린 후, 최충헌은 본격적으로 국정 개혁작업에 나섰다. 최충헌은 곧 좌승선에 임명되었고, 얼마 지나지 않아 지어사대사가 되었다. 명종은 교서를 내려 최충헌 형제를 치하하기도 했다.

“좌승선 최충헌과 대장군 최충수는 악인을 미워하기를 원수같이 하고 손수 이의민을 베어 나라의 사직을 편안하게 했다. 최충헌에게는 충성좌리공신을, 최충수에게는 수충찬화공신을 하사하고, 전각에 그들의 형상을 그리도록 하여라.”

최충헌 형제는 명종으로부터 최고 공신으로 인정받고 아울러 아버지까지 관직을 추증받는 영광을 누렸다. 또한 초상화를 그려 전각에 붙이는 것은 나라에 큰 공을 세운 사람에게 죽은 뒤에나 주어지는 것이었다.

그러나 어느 정도 정적을 제거하고 자신들의 기반이 닦이자 최충헌 형제는 명종을 폐위할 뜻을 품었다. 그것은 명종이 자신들이 올린 「봉사 10조」를 받아들이기는 했으나, 제대로 시행하지 않았기 때문이다.

최충헌 형제는 먼저 제사를 지내 새 왕을 내려 주기를 하늘에 고했다. 그러나 그들의 잘못을 깨우쳐 주기라도 하려는 듯 상서롭지 못한 일이 여기저기서 일어났다. 그날 저녁, 천둥 번개와 함께 우박이 내리고 회오리바람이 갑자기 일어나더니 길가의 나무가 안으로 쓰러져 흥국사의 담이 모두 무너지고 새로 지은 건물이 한꺼번에 넘어졌다. 또 바람으로 인해 길거리의 많은 나무들이 쓰러졌다.

그러나 최충헌 형제는 한번 먹은 마음을 바꾸려 하지 않았다. 얼마 후 최충수가 박진재와 함께 최충헌을 찾아왔다.

"지금 임금은 제위에 오른 지 이미 28년이나 되다 보니 나이가 들어 정사를 제대로 돌보지 못하고 있습니다. 이러한 틈을 타서 여러 간신들이 권세를 마음대로 휘둘러 국정을 문란하게 하고 있습니다. 임금이 또한 소인배들을 총애하여 황금과 비단을 많이 내리다 보니 나라의 창고가 텅 비어 버렸습니다. 이런데도 어찌 임금을 폐하지 않을 수 있겠습니까? 태자 또한 성품이 우매하고 유약하여 왕위를 계승하기에 마땅치 않습니다. 종친들 중에서 사공 왕진이 유교 경전과 역사서에 통달하고 총명하며 도량이 있으니, 만약 그를 임금으로 세운다면 나라가 중흥할 것입니다."

그러나 최충수가 왕진을 새 임금으로 추대한 데에는 다른 이유가 있었다. 그것은 왕진의 여종을 사랑했기 때문이었다. 그러한 사실을 잘 알고 있던 최충헌이 그 말에 동의할 리 없었다.

"평양공 왕민은 임금의 동복아우로서 제왕의 도량이 있을 뿐 아니라 그의 아들 연은 총명하고 학문을 좋아하니 마땅히 태자가 될 만하다."

최충헌 형제는 서로 다른 사람을 새 임금으로 내세울 것을 주장했고, 두 사람의 논쟁은 쉽게 결론이 나지 않았다. 그러자 박진재가 이를 중재하고 나섰다.

"왕진과 왕민 두 사람 모두 임금이 될 만한 자질을 갖추고 있습니다. 그러나 금나라(여진족이 세운 나라)에서는 왕진의 존재를 모르고 있으니, 만약 왕진을 임금으로 세운다면 저들은 반드시 제위를 찬탈했다고 의심할 것입니다. 하지만 그들이 잘 알고 있는 왕민을 임금으로 세우고, 예전에 의종 때의 일처럼 아우에게 양위했다고 금나라에 알린다면 별다른 후환이 없을 것입니다."

박진재의 말이 옳다고 생각한 최충헌 형제는 명종의 동복아우인 왕민을 새 임금으로 세우기로 결정했다. 하지만 이날의 의견 대립은 이들 형제의 권력을 향한 골육상쟁을 예고하는 것이었다.

그리하여 최충헌 형제는 박진재와 더불어 명종을 폐위하기 위한 사전작업에 들어갔다. 그들은 먼저 자신들의 일족인 김약진·노석숭 등을 시켜 거리에 군사를 배치하고 성문을 닫았다. 이어 자신들의 의견에 반대할 만한 인물들의 제거에 나섰는데, 그들은 두경승·유득의 등 12명과 정치에 관여하던 승려들 20여 명에게 죄를 씌워 모두 귀양보냈다.

다음으로 그들은 명종을 창락궁에 감금하고, 태자와 태자비는 강화도로 귀양보냈다. 그리고 나서 평양공 왕민을 맞아들여 왕위에 올리니 그가 바로 고려 제20대 왕 신종이다. 이때가 명종 27년(1197) 9월이었다.

그러나 이것은 왕도 자신들의 마음에 들지 않거나 뜻에 따르지 않으면 바꿀 수 있다는 것을 보여 준 첫 번째 예에 불과했다. 그로부터 14년 후, 최충헌은 또 한 번 희종을 폐위시키고 강종을 옹립했다. 이것은 그를 죽이려고 한 내시낭중 왕준명 등의 음모에서 비롯되었다.

어느 날 최충헌은 조정 관료들의 인사에 관한 일로 수창궁에 있는 희종을 찾았다. 그러나 희종은 조금 뒤 내실로 들어가 버렸다. 얼마 지나지 않아 환관이 나오더니 최충헌의 종자들에게 말했다.

"왕명으로 음식을 내리려 하니 저를 따라 오시지요."

환관이 종자들을 안내해 궐 안 깊숙한 곳으로 들어가자 갑자기 무기를 든 승려와 시종 10여 명이 달려들더니 종자들을 쳐죽였다. 크게 당황한 최충헌은 희종에게 달려가 사정했다.

"부디 신의 목숨을 구해 주십시오."

하지만 희종은 이미 그들과 뜻을 같이 하기로 약속되어 있었는지 문을 굳게 닫은 채 아무 말이 없었다. 최충헌은 어쩔 수 없이 지주사(중추원 소속 승지방의 정3품 관직)의 집무실 문지방 사이에 몸을 숨겼다. 최고 권력자로서의 체면보다는 우선 목숨이 중요했던 것이다.

이때 소식을 들은 김약진과 정숙첨이 수창궁으로 달려왔다. 그들은 함께 간 신선주와 기윤위 등이 승려들과 싸움을 벌이고 있는 사이에 최충헌을 찾아 부축하여 밖으로 빠져 나왔다.

한편 최충헌이 신변을 보호하기 위해 항상 거느리고 다니던 도방의 군사들은 최충헌의 생사를 모른 채 발만 동동 구르고 있었는데, 그때 누군가 대궐 지붕 위에 올라가 큰소리로 외쳤다.

"우리 주공께서는 아무 탈 없이 무사하시다."

이에 도방의 군사들이 안으로 들어가 최충헌을 구해 내니 승려 무리들은 멀리 달아나 버렸다.

그러자 김약진이 최충헌에게 청하였다.

"제가 군사를 거느리고 궁궐로 들어가 궁 안에 있는 모든 사람들을 죽인 후, 희종을 폐위시키고 새로 임금을 세우겠습니다."

그러나 최충헌은 김약진의 행동을 제지했다.

"그와 같이 경솔히 행동하면 앞으로 이 나라가 어떻게 되겠는가? 후세에 잘못된 본보기가 될까 두렵다. 내가 마땅히 국문을 할 것이니 너는 나서지 말아라."

그렇다고 자신의 목숨을 노린 자들을 용서해 줄 최충헌이 아니었다. 그는 곧 환관들을 잡아 인은관에 가두게 했다. 이어 그들을 심문하자 그들은 곧 모든 사실을 털어놓았다.

이번 일은 내시낭중 왕준명이 꾸민 일이며 우승경·사홍적·왕익 등도 그 음모를 알고 있었다는 사실이 밝혀졌다. 최충헌은 이들을 모두 멀리 귀양보낸 후, 희종 또한 이 일과 무관하지 않다고 생각하여 폐위하고 강화로 내쫓아 버렸다.

이어 최충헌은 아들 최우와 평장사 임유를 보내 한남공 왕정을 맞아들여 왕으로 세웠다. 그가 바로 고려 제22대 왕 강종으로 때는 1211년 12월이었다. 이로써 최충헌은 명종 26년(1196), 이의민을 죽이고 권력을 잡은 이후 죽을 때까지 신종·희종·강종·고종 등 네 사람의 왕을 옹립하고 명종과 희종 두 사람의 왕을 폐위시키는 등 무소불위의 권력을 누렸다.

권력 앞에서는 핏줄도 없다

최충헌 형제와 박진재는 일을 처리함에 있어서 그런 대로 손발이 척척 맞았다. 그러나 시간이 흐르면서 그들 사이에도 틈이 벌어지기 시작했다. 먼저 최충헌 형제의 사이가 벌어지기 시작했는데, 최충수가 그의 딸을 태자비로 삼으려고 욕심을 부린 것이 발단이 되었다.

최충수는 자신의 권세를 공고히 하기 위해 자신의 딸을 태자비로 들여보낼 결심을 하고 신종에게 청했다. 신종은 이를 기뻐하지 않았을 뿐만 아니라 매우 난처한 처지에 놓였다. 이미 있는 태자비를 내보내고 최충수의 딸을 새 태자비로 맞아들일 수도 없었고, 그렇다고 권력을 움켜쥐고 있는 그의 뜻을 거스를 수도 없는 처지였다. 신종이 이러지도 저러지도 못해 망설이고 있자 최충수는 궁중 나인에게 다음과 같이 물었다.

"임금께서 태자비를 내보냈느냐?"

나인이 그 사실을 고하자 신종과 황후는 눈물을 흘리며 태자비를 궐 밖으로 내보냈다. 최충수는 모든 일이 자신의 뜻대로 돌아가자 기쁜 마음으로 서둘러 혼례를 준비했다.

그 소식을 전해 들은 최충헌은 귀한 술을 들고 최충수를 찾아가 조용히 타일렀다.

"지금 우리 형제의 권세가 한 나라를 움직이고 있다고는 하지만 본래 가문이 낮고 미천하니, 만약 아우의 딸을 동궁에 시집보낸다면 사람들의 비난이 쏟아지지 않겠는가? 또한 부부 사이의 의리는 하늘에 정해져 있는 법인데, 수년 동안 태자비와 부부로 지내온 태자가 하루 아침에 서로 헤어지게 되면 그 마음이 어떻겠는가? 옛 사람이 말하기를, '앞수레가 넘어지면 그것을 보고 뒷수레를 경계한다.' 고 했네. 지난날 이의방이 그의 딸을 태자에게 시집보냈다가 결국은 남의 손에 죽었지 않은가? 그런데도 아우는 앞사람이 실패한 자취를 그대로 따르려 하는가?"

그러자 한참 동안 하늘을 보고 있던 최충수가 길게 한숨을 내쉬며 대답했다.

"형님의 말씀이 이치에 맞는데, 제가 어찌 따르지 않겠습니까?"

그러나 최충헌이 돌아간 뒤 최충수는 곧 마음을 바꾸었다.

"대장부가 일을 행함에 있어서 마땅히 스스로 결정해야지 어찌 남의 뜻에 따르겠는가?"

최충수가 다시 혼례 준비를 서두르자 이번에는 그의 어머니가 나서서 이를 말렸다.

"네가 형의 말을 따르기에 나는 참으로 기뻐하며 다행으로 여겼다. 그런데 왜 다시 이러느냐?"

"사내들이 하는 일에 여자들이 나서는 것이 아닙니다."

최충수가 화를 내며 손으로 밀치는 바람에 그만 그의 어머니는 땅바닥에 넘어지고 말았다. 이 소식은 곧 최충헌에게 알려졌다.

"불효보다 더 큰 죄가 없는데 어머니를 욕보임이 이와 같으니 하물며 형인 내게는 어떻게 대하겠는가? 말로는 그를 타이를 수 없으니 내일 아침 일찍 무리들을 시켜 광화문에서 기다리고 있다가 그의 딸이

오면 길을 막아 궐 안으로 들여보내지 못하게 하리라.”

최충수 또한 자신을 따르는 무리들을 모아 이에 대비했다.

“다른 사람은 내 행동에 대해 감히 반대하지 못하는데, 형이 나를 막으려고 하는 것은 그를 따르는 무리들이 많다는 뜻이다. 내일 아침 내가 그 무리들을 없애 버릴 것이니 너희들도 마땅히 힘을 보태도록 하라.”

그 사실은 다시 최충헌에게 알려졌다. 그러자 최충헌은 자신의 심복들에게 다음과 같이 말했다.

“충수가 자신의 딸을 태자에게 시집보내고자 하는 것은 다름 아닌 반역을 도모하려는 것이다. 내일 아침에 우리 무리들을 제거하고자 한다 하니 일이 다급한데 어떻게 하면 좋겠는가?”

그러자 그를 따르는 사람들이 하나같이 박진재를 불러 그와 의논하는 것이 좋겠다고 대답했다. 최충헌은 곧 박진재를 비롯한 김약진·노석숭을 불러들여 최충수를 막을 대책을 의논했다. 그러자 박진재가 먼저 입을 열었다.

“두 분 다 저에게는 외숙이 되시니, 누구에게 정의가 더 있고 덜함이 있겠습니까? 다만, 나라의 편안하고 위태로움이 이번 일에 달렸으니 아우를 도와 역적이 되기보다는 형에게 가담하여 순리를 따르는 것이 옳겠습니다. 제가 마땅히 무리를 이끌고 돕겠습니다.”

최충헌은 크게 기뻐하며 그날 밤 곧바로 행동에 들어갔다. 1천여 명의 무리를 이끌고 광화문에 도착한 최충헌은 수문장에게 말했다.

“내일 아침 최충수가 난리를 일으키려 한다 하여 내가 사직을 지키고자 하니, 어서 이 사실을 임금께 알려라."

수문장으로부터 보고를 받은 신종은 크게 놀라 즉시 명을 내려 최충헌을 맞아들이게 한 뒤 대궐 뜰에 진을 치게 했다. 또한 무기고를 열어 궐 안의 군사들을 무장시켜 대비하자, 곧 이어 장수들이 군사를 거느리고 달려왔다.

최충헌의 발빠른 행동을 전해 들은 최충수는 깜짝 놀랐다. 그는 이미 대세가 기울었음을 알고 크게 두려워하며 자신을 따르는 무리들에게 말했다.

"아우가 형을 공격하는 것을 패덕이라 했다. 나는 어머니를 모시고 대궐 뜰로 들어가 형에게 용서를 빌 것이니 너희들은 어서 도망가도록 하라."

그러자 최충수의 심복인 오숙비 · 준존심 · 박정부 등이 최충수에게 맞서 싸울 것을 청했다.

"저희들이 공에게 몸을 의탁한 것은 공에게 세상을 뒤엎을 만한 기개가 있었기 때문입니다. 이제 도리어 비겁하게 항복하려 하니, 이것은 분명 저희들을 저버리는 행동입니다. 청컨대 저들과 싸워 승패를 가리도록 해 주십시오."

이에 최충수는 마음을 바꿔 자신을 따르는 무리들에게 다음과 같이 약속했다.

"마땅히 온 힘을 다해 싸워야 할 것이며, 저들 무리를 죽이는 사람에게는 그들의 관직을 주겠다."

싸움은 최충헌 쪽에 유리하게 전개되었다. 최충수를 따르는 무리들은 자신들의 숫자가 적다는 것을 깨닫고 도망치기 시작했다. 마침내 군사를 이끌고 광화문을 나온 최충헌과 무리를 이끌고 광화문을 향해 올라가던 최충수는 흥국사 남쪽에서 서로 맞붙게 되었다. 이때 최충헌을 따르는 박진재·김약진·노석숭은 각기 무리를 이끌고 측면공격을 펼쳤다. 최충헌은 궁궐 무기고에서 꺼내 온 큰 활로 최충수 무리를 향해 마구 쏘아댔다. 최충수 무리는 보랑의 문짝을 떼어 내어 방패로 삼았으나 빗발처럼 쏟아지는 화살을 막지 못하고 크게 무너지고 말았다.

최충수는 자신을 따르는 오숙비·준존심 등과 함께 그 자리를 피해 도망쳤으나, 얼마 가지 못해 뒤를 추격하던 무리에게 붙잡혀 죽임을 당하였다. 이때가 신종이 즉위하던 해인 1197년 10월이었다.

그로부터 9년 후인 희종 2년(1206) 5월, '장군 박진재가 외숙인 최충헌을 제거하려고 한다.'는 익명의 방(榜)이 도성에 나붙은 사건이 발생했다. 이에 최충헌은 쿠데타 동지이자 그동안 심복처럼 자신을 도와 온 조카 박진재를 붙잡아 다리의 힘줄을 끊은 뒤 백령도로 귀양을 보냈다.

자신의 뜻을 거역하면 왕도 갈아 치우고 마는 최충헌이었다. 그런 그의 권력에 도전하는 사람은 비록 피붙이라 해도 용서할 수 없었던 것이다.

▌끊임없는 반란

최충헌은 권력을 잡고 있는 동안 끊임없는 반란과 암살 음모에 시달려야 했다. 최충헌이 최충수를 제거한 이듬해인 신종 1년(1198) 5월 어느 날, 율학박사 한충유가 최충헌을 찾아와 놀라운 사실을 전해 주었다. 개경에서 반란 모의가 진행되고 있으며, 그 주모자가 바로 최충헌의 사노비인 만적이라는 것이었다.

최충헌은 곧 군사를 풀어 거사에 가담한 노비들을 모두 잡아들였다. 그는 만적을 비롯하여 반란에 적극적으로 참여한 100여 명의 노비들을 강물에 던져 죽이고, 단순 가담자들은 그 죄를 묻지 않고 모두 풀어 주었다. 또한 만적의 난을 쉽게 진압할 수 있도록 사전에 알린 한충유와 처음 그 사실을 밀고한 한충유의 사노비 순정에게는 큰 상을 내렸다.

만적의 난은 최충헌의 권력에 맞서려는 사람들이 무수히 많았음을 보여 주는 일례에 불과하다. 이듬해인 신종 2년(1199) 2월, 명주(강릉)에 도적이 일어나 삼척과 울진 두 현을 함락시켰고, 또 동경(경주)에서 일어난 도적은 명주의 도적과 연합하여 여러 주와 군을 침범하며 약탈을 일삼았다.

그해 8월에는 황주목사 김준거 등이 반란을 일으켜 최충헌을 제거할 음모를 꾸미다 사전에 발각되었다. 최충헌은 곧 장졸들을 풀어 김준거를 잡아 목을 베고, 사건에 가담한 자들을 잡아들여 죽이거나 멀리 귀양을 보냈다.

이어 신종 3년(1200) 4월, 진주에서 노비들이 관리들의 집을 불태우는 난리가 일어난 데 이어 그곳의 관리로 있던 정방의가 불량배들을 이끌고 관청을 장악하기도 했다.

그 후 탐라(제주도)에서 반란이 일어났으며, 영주에서는 승려들이 반

| 권력 앞에서는 왕도 없고 핏줄도 없다

란을 일으키려다 붙잡혔다. 흥왕사 · 홍원사 · 경복사 · 왕륜사 · 안양사 · 수리사 등 여러 사찰의 승려들이 함께 모의하여 최충헌을 죽이려다 실패한 적도 있었다.

이렇듯 자신을 죽이려는 음모와 반란이 끊이지 않자, 최충헌은 도방을 설치하고 용맹한 사람들을 선발하여 6개의 번(番)으로 나누어 교대로 자신의 집에 숙식하며 신변을 보호하게 했다. 그리고 외부에 나갈 때에는 6개 번 모두 그를 따르며 지키게 했다.

이러한 끊임없는 반란은 무신들의 집권 이후 고려 조정이 얼마나 혼란했는지를 보여 준다. 그뿐 아니라 신분에 관계없이 누구든지 공만 세우면 부귀영화를 누릴 수 있다는 생각이 팽배해 있었다는 사실을 반증하기도 한다.

천하를 호령한 권세도 죽음 앞에서는 무용지물

신종 2년(1199), 병부상서 지이부사에 오른 최충헌은 문무 관리의 인사권을 장악했다. 3년 후인 신종 5년(1202)부터는 자신의 집에서 관리들의 인사행정을 처리했다. 이때 왕은 그가 결정한 내용을 아뢰면 그저 고개만 끄덕일 뿐이었고, 인사행정을 담당하는 이부와 병부의 판사들은 관청에 앉아 검열만 할 뿐이었다.

희종은 그를 특별한 예로써 대했고, 항상 은문상국이라 불렀으며, 고려 최고 관직인 문하시중에 임명했다. 희종 2년(1206), 진강후에 봉해진 최충헌은 이때부터 궁궐에 출입할 때에도 평상시 복장을 하고, 볕을 가리기 위한 의장의 일종인 일산을 받치고 다닐 수 있게 되었으며, 그를 따르는 문객이 무려 3천 명이나 되었다. 이것은 왕과 다름없는 예우였다.

그러나 그러한 최충헌도 흐르는 세월 앞에서는 두 손을 들 수밖에 없었다. 최충헌은 자신의 죽음을 예감했던지 병이 들자마자 사직을 청하고 궤장(나이든 신하를 위해 임금이 내리는 지팡이와 방석)을 반납했다. 또한 고종이 그해 자신에게 하사한 왕씨 성을 반납했을 뿐 아니라 죄수들을 풀어 주는 등 선행을 베풀기도 했다.

그 즈음 달이 화성을 범하는 현상이 나타나자 그것을 본 일관(日官)이 최충헌에게 말했다.

"곧 귀인이 죽겠습니다."

그것은 곧 최충헌의 죽음을 의미했다. 최충헌은 악공 수십 명을 집으로 불러 쉬지 않고 연주를 하게 했다. 그날 밤 삼경(밤11시~새벽1시), 악공들이 풍악을 울리는 가운데 최충헌은 숨을 거두었다. 그때가 고종 6년인 1219년 9월로 그의 나이 71세였다.

07

최·영

─ 고구려의 부활을 꿈꾸다 ─

| 최영 | (1316~1388, 고려)

고려 말, 혼란기에 외적의 침략을 맞아 수많은 전투를 승리로 이끌며 나라를 안정시키는 데 큰 공을 세운 당대 최고의 이인자 최영. 이후 철령 이북 땅을 요구하는 명나라와의 일전을 결심한 최영은, 이에 한걸음 더 나아가 과거 고구려 땅이었던 요동을 되찾고자 우왕과 함께 요동 정벌을 강행하였으나 위화도 회군으로 정권을 잡은 이성계에 의해 유배된 후 사사되는 비운을 맞게 되었다. 최영은 임금에게 충성을 다하면서도 자신이 옳다고 믿는 것은 끝까지 주장하여 관철시켰는데, 이러한 강직한 성품이 결국 그를 죽음으로 내몰았다.

난세의 영웅

　건국 후 400여 년이 지나면서 내우외환에 시달려 온 고려왕조의 운명은 서서히 저물고 있었다. 거란과 여진의 침략을 견뎌 낸 고려는 외척의 발호와 100여 년에 걸친 무신 집권기를 거쳐 또다시 원의 침략을 맞아 마침내 그들의 지배를 받기에 이르렀다. 고려의 무능한 왕들은 독립에 대한 의지마저 상실한 채 사사건건 원의 간섭을 받았다. 그러자 무력한 고려 조정을 업신여긴 왜구들이 서해와 남해에 침략하여 방화와 약탈을 일삼기 시작했다.

　이때 원의 간섭에서 벗어나 고려의 자주권을 회복하고 중흥을 꾀한 왕이 등장하는데, 그가 바로 공민왕이다. 1352년, 원나라에서 귀국하여 고려 제31대 왕으로 등극한 공민왕은 원의 풍속과 제도를 없애는 한편, 쌍성총관부를 쳐서 원을 몰아내는 등 적극적인 개혁정치를 펼치면서 자주국의 면모를 갖추어 나가기 시작했다.

　그러나 기울어져 가는 나라를 바로 잡기에는 이러한 노력도 별 소용이 없었다. 안으로는 원에 줄을 대고 있는 권신들이 끊임없이 공민왕의 정책을 비판하고 나섰으며, 밖으로는 홍건적과 왜구들의 침입으로 나라 전체가 혼란스러웠기 때문이다.

이와 같은 어려운 시기에 혜성처럼 나타나 곳곳에서 외적들을 무찌름으로써 백성들의 신망을 받으며 화려하게 역사의 전면에 등장한 영웅이 있다. 그가 바로 최영이다. 이때 함께 등장한 이성계는 이미 고려의 멸망을 예감하고 새 왕조 건설을 계획한 데 비해, 최영은 끝까지 고려왕조를 고수하며 요동 정벌을 꿈꾸다가 결국 역사의 뒤안길로 사라지고 말았다.

기울어져 가는 고려를 끝까지 일으켜 세우고자 했던 최영. 그는 수많은 전쟁터를 누비며 가는 곳마다 혁혁한 공을 세운 뛰어난 무장이었고, 요동 정벌이라는 원대한 꿈으로 약소국의 아픔을 극복하려 한 명재상이었다.

최영은 의종과 명종 대에 중서시랑평장사를 지낸 최유청의 5대 손으로 사헌규정 최원직의 아들이다. 그는 어려서부터 풍채가 괴걸하고 힘이 셌다. 당시 고려는 원종 11년(1270)에 원에 굴복한 이후 40년 이상 그들의 지배를 받고 있었다. 처음 양광도 도순문사의 휘하에 들어간 최영은 왜적을 물리친 공으로 임금을 호위하는 업무를 담당하는 우달치에 임명되었다. 공민왕 원년(1352)에 조일신이 난을 일으키자 최영은 안우·최원 등과 힘을 합하여 반란군을 모두 토벌하고 호군으로 임명되었다. 이어 공민왕 3년(1354)에는 대호군으로 승진했다.

이때 장사성이 홍건적을 이끌고 반란을 일으키자 원에서 구원군을

| 고구려의 부활을 꿈꾸다

요청해 왔다. 그해 6월, 최영은 유탁·염제신 등 40여 명의 장수들과 군사 2천 명을 이끌고 원나라 승상 탈탈 등과 함께 홍건적과 스물일곱 번을 싸워 성을 함락시키기 직전까지 갔지만, 탈탈이 참소를 입어 관직에서 물러나는 바람에 어쩔 수 없이 군대를 해산시켜야만 했다.

다음 해 다시 군사들을 불러모아 반란군 토벌에 나선 최영은 회안로(淮安路)와 팔리장(八里庄)에서 적과 싸워 용맹을 떨쳤다. 또한 홍건적 8천여 명이 회안성을 포위하자 밤낮을 가리지 않고 싸워 이를 물리쳤다.

그러나 적은 포기하지 않고 다시 공격해 왔다. 이때 최영은 여러 번 창에 찔리는 부상에도 아랑곳하지 않고 용감하게 싸워 적을 섬멸했다. 최영의 몸을 아끼지 않는 저돌성은 적을 두려움에 떨게 했고, 이후 왜구를 토벌할 때에도 마찬가지였다.

최영이 원나라에서 용맹을 떨치고 귀국한 이듬해인 1356년, 공민왕은 마침내 원을 향해 칼을 빼 들었다. 공민왕은 먼저 친원파인 기철·권겸·노책 등 권신들을 죽이고, 원이 고려의 내정을 간섭하기 위해 설치한 정동행중서성 이문소를 폐지했다. 그 후 공민왕은 원에 속해 있던 압록강 서쪽 8참과 원이 동북면을 관할하기 위해 그 지역에 설치한 쌍성총관부 공략에 나섰다. 이때 최영은 서북면병마부사로 인당·신순 등과 함께 8참을 공격하여 파사부 등 3참을 빼앗는 전과를 올렸다.

공민왕 7년(1358) 3월, 동북면체복사를 거쳐 양광·전라도 왜적체복사에 오른 최영은 오예포에 쳐들어 온 왜선 400여 척을 격파하는 등 서

남해에서 노략을 일삼던 왜구를 여러 차례 섬멸했다. 이때부터 최영은 백성들 사이에 영웅으로 떠오르기 시작했다.

안팎으로 적을 물리치다

왜구를 물리친 공으로 최영은 서북면병마사에 올랐다. 이때 홍건적 4만 명이 압록강을 넘어 고려로 쳐들어 와 서경(평양)을 함락시킨 사건 이 일어났다. 최영은 여러 장수들과 함께 생양·철화·서경·함종 등 지에서 홍건적과 싸워 이들을 물리쳤다. 그리하여 공민왕 9년(1360)에 는 평양윤 겸 서북면순문사로 임명되었다.

이 싸움으로 백성들은 극심한 피해를 입었으며 질병과 굶주림에 시 달려야만 했다. 최영은 구휼소를 설치하고 백성들에게 종자를 나누어 주며 파종을 권하는 한편, 싸움에서 전사한 군사들의 뼈를 거두어 묻 어 주었다.

그러나 외침은 그것으로 끝나지 않았다. 최영이 서북면도순찰사에 오른 1361년, 홍건적이 10만 대군을 앞세워 또다시 고려에 쳐들어 온 것이다. 고려군은 몇 차례의 싸움에서 승리를 거두며 분전했으나, 수 적 열세를 이기지 못하고 밀리게 되었다. 이때 홍건적의 선봉이 개경 (개성) 가까이에 이르렀다는 보고를 받은 공민왕은 남쪽으로 피난하기 로 결심했다. 그러자 최영은 공민왕에게 눈물로 호소했다.

"원하옵건대 대왕께서는 조금 더 도성에 머무르시면서 군사를 모아

| 고구려의 부활을 꿈꾸다

종사를 지키소서."

그러나 이미 피난을 결심한 공민왕의 뜻을 꺾을 수는 없었다. 이튿날 홍건적이 가까이에 이르렀다는 보고를 받은 공민왕은 임진강을 건너 남쪽을 향한 피난길에 올랐다. 이때 공민왕은 이천 등을 거쳐 복주(안동)까지 피난을 가야 했고, 고려 조정은 도성 개경이 홍건적에게 함락되는 치욕을 겪어야만 했다.

이듬해가 되자 군사를 재정비한 고려군은 대대적인 반격에 나섰다. 최영은 정세운·안우·이방실·이성계 등과 개경을 포위하고 홍건적을 대파하여 도성을 되찾았고, 이어 남은 무리들을 압록강 밖으로 몰아냈다. 이때 세운 공으로 최영은 일등공신에 책봉되었고, 벽 위에 초상화가 그려지는 영광과 함께 임금으로부터 많은 토지와 노비를 하사받았으며, 전리판서에 임명되었다.

공민왕 12년(1363) 3월, 공민왕이 원나라에 있을 당시 곁에서 보좌한 공으로 공민왕이 왕위에 오른 후 나라의 요직을 지내고 있던 김용이 김수·조련 등과 짜고 일당 50여 명을 흥왕사에 보내 그곳에 머무르고 있던 공민왕을 공격한 사건이 일어났다.

김용은 정세운이 공민왕의 총애를 받고 있는데다 안우·이방실·김득배마저 홍건적을 물리치고 큰 공을 세우자 임금의 신임이 그들에게 돌아갈까 봐 전전긍긍했다. 결국 이들을 없애기로 결심한 김용은 안우 등에게 다음과 같이 말했다.

"정세운이 본래 경들을 꺼려하고 있으니 이제 곧 경들에게 화가 미칠 터인데, 어째서 먼저 그들을 죽이지 않습니까?"

안우 · 이방실 등은 김용의 의도대로 그의 말을 믿고 정세운을 죽였다. 그러자 김용은 안우 등이 마음대로 상관을 죽였다고 참소하여 안우 · 이방실 · 김득배를 차례로 죽였다. 그러나 시간이 지남에 따라 공민왕이 사건의 내막을 눈치채자 김용은 공민왕마저 죽임으로써 자신의 죄를 완전히 은폐하려 했던 것이다.

홍왕사에 도착한 김용 일당은 문을 지키고 있던 군사들을 죽이고 안으로 들어가며 외쳤다.

"우리는 황제의 명을 받고 달려왔다."

곧바로 공민왕의 침전으로 간 그들은 문 밖에 서 있던 환관 강원길을 죽였다. 그러자 이에 놀란 숙위병들이 모두 달아나 버려 공민왕은 절체절명의 위기에 빠지고 말았다. 이때 환관 이강달이 공민왕을 업고 샛문으로 빠져 나가 대비의 밀실로 달려갔다. 그러고는 이불을 뒤집어 씌워 공민왕을 숨겨 놓은 후, 왕비인 노국공주를 시켜 문 앞을 가로막고 앉아 지키도록 했다.

이 사실을 모르는 김용 일당은 침전으로 들어가 잠자리에 누워 있는 임금을 찌르고는 만세를 부르며 좋아했다. 그러나 잠자리에 있던 사람은 공민왕과 비슷하게 생긴 안도적이라는 환관이었다. 김용 일당은 계속해서 홍언박 · 왕재 · 김한룡 등의 중신들을 죽였다.

그때 개경에 있다가 그 소식을 들은 최영은 우제 · 안우경 · 김장수 등과 더불어 군사를 거느리고 홍왕사로 달려갔다. 홍왕사 앞에 이르자 장수들이 말했다.

"먼저 적들의 상황을 파악한 후 들어가는 것이 좋지 않겠습니까?"

"폐하가 지금 위험에 처해 있고 아직 적의 무리가 이 안에 있는데, 무엇을 더 살펴본단 말이오?"

상호군 김장수가 큰 소리로 외치며 문을 부수고 들어가 반란군 세 명의 목을 베자, 곧이어 최영이 군사를 이끌고 뒤따라 들어갔다. 드디어 반란군은 진압되고 공민왕은 밀실에서 나왔다. 최영 등은 공민왕을 호위하며 개경으로 돌아왔다. 이때 세운 공로로 최영은 진충분의좌명공신이 되었고, 뒤이어 판밀직사사 평리를 거쳐 찬성사에 올랐다.

그러나 고려의 위기는 그것으로 끝나지 않았다. 김용의 역모 사건이 있은 이듬해, 이번에는 공민왕의 반원정책에 반기를 든 최유가 덕흥군을 왕으로 받들어 원나라 군사 1만여 명을 이끌고 압록강을 건너와 의주를 포위했다.

이에 안우경이 그들을 맞아 일곱 번 싸워 일곱 번 모두 물리쳤다. 그러나 고려군의 수가 적을 뿐 아니라 구원군이 아직 오지 않았다는 사실을 알게 된 최유는 군사를 일곱 부대로 나누어 엄청난 기세로 공격해 왔다. 갑작스런 기습에 깜짝 놀란 고려군은 황급히 성문 안으로 도망칠 수밖에 없었다. 얼마 후 최유는 군사를 몰아 성을 함락시킨 후 군대를 이끌고 선주로 옮겨 그곳에 자리잡았다.

공민왕은 최영을 도순위사에 임명하면서 급히 정예병을 이끌고 안주로 가서 군사들을 지휘하라고 지시했다. 최영은 명령을 들은 즉시 싸움터로 나가며 반드시 적을 섬멸하고 돌아오겠다고 맹세했다. 그 말을 듣고 고려 조정은 비로소 안심할 수 있었다. 그때까지 싸움에서 한 번도 패한 적이 없는 최영의 용맹을 믿었기 때문이다.

최영이 싸움터에서 도망쳐 온 군사를 만나면 곧 목을 베어 군중에 돌리니 비로소 군령이 바로 섰다. 이때 최영은 동북면에서 군사를 이끌고 온 이성계를 비롯한 여러 장군들과 더불어 달천에서 크게 적을 물리쳤다. 최유는 진영을 불사른 뒤 압록강을 건너 달아났다. 그리하여 최영은 다시 한 번 나라를 위기에서 구해 냈다.

■ 한번 정한 마음은 변치 않는다

그러나 수많은 전쟁터를 누비며 승승장구하던 최영에게도 시련이 찾아왔다. 공민왕 14년(1365), 당시 공민왕의 총애를 받고 있던 요승 신돈의 참소로 인해 계림윤으로 좌천된 것이다.

지난날 신돈이 밀직부사 김란의 집에 머무르고 있을 때, 김란은 두 처녀를 들여보내 신돈의 잠자리를 돌보게 했다. 그러자 이것을 본 최영이 김란을 크게 꾸짖었고, 이때부터 신돈은 최영을 미워하며 호시탐탐 복수할 기회를 노렸다. 그러던 중 최영이 경복흥과 더불어 고봉현에서 사냥으로 소일하자 신돈은 그것을 구실 삼아 공민왕에게 참소했다. 그러자 공민왕은 판개성부사 이순을 보내 최영을 꾸짖었다.

"경은 동서강도지휘사이면서 왜구가 창릉에 들어와 선조의 초상화를 가져갔는데도 모르고 있었다. 그래서 김속명으로 하여금 경의 자리를 대신하게 했음에도 경은 속히 군사를 김속명에게 넘겨주지 않고 시도 때도 없이 사냥만 하고 있음은 무슨 까닭인가? 비록 과인은 그것을 탓하지 않는다 해도 대간들이 경을 용서하겠는가? 지금 경을 계림윤으로 임명하니 속히 임지로 떠나도록 하라."

왕명을 들은 최영은 탄식하며 말했다.

"오늘날 죄 지은 자로서 몸을 보전하는 사람이 적은데, 나는 계림윤이 되어 가니 이것 역시 전하의 은혜로다."

최영은 곧 임지로 떠났다. 그러나 신돈의 모함은 거기서 끝나지 않았다. 그는 다시 최영이 이구수 · 양백익 · 석문성 · 박춘과 함께 내신 김수만과 결탁하여 상하를 이간하고, 어진 관리를 배척하고 내쫓는 큰 불충을 저질렀다고 거짓으로 고했다. 이때에도 공민왕은 신돈의 손을 들어 주었다. 당시 노국공주를 잃고 모든 의욕을 상실한 채 나랏일을 신돈 일파에게 맡겨 버린 공민왕에게서는 즉위 초 적극적으로 개혁정치를 펼치던 모습은 더 이상 찾아볼 수 없었다.

신돈은 자신의 일파인 이득림을 보내 최영을 국문하게 했다. 최영은 거짓으로 자백하고, "빨리 형을 집행하라."면서 다그쳤다. 이때 최영은 3품 이상의 관직을 삭탈당하고 가산을 몰수당한 채 귀양갔다.

공민왕 20년(1371), 신돈이 공민왕의 총애를 잃고 반역을 꾀하다가 사전에 발각되어 참수된 후에야 비로소 최영은 문하찬성사로 관직에 복귀할 수 있었다. 이어 1373년, 육도도순찰사에 임명된 최영은 장수와 수령의 승진과 퇴직은 물론 군적을 작성하고 전함을 건조하며 죄인을 즉결 처분할 수 있는 권한을 부여받았다. 이때 최영은 70세 이상된 사람에게 품계에 따라 쌀을 거두어 군수에 보충하게 했다. 그러자 백성들의 원망이 크게 일어났다.

"최영은 본래 조정의 일을 잘 알지 못하므로 그에게 그러한 권한을 부여하는 것은 옳지 않다."

이듬해 최영이 경상·전라·양광도 도순문사에 임명되자 사헌부가 이를 반대하고 나섰다.

"최영이 도순찰사로 있었을 때 잘못된 정치를 펼쳐 백성들의 원망이 높았으니, 그를 다시 순문사로 삼을 수는 없습니다."

이에 최영은 공민왕에게 다음과 같은 상소를 올렸다.

"소신은 성심을 다해 나라를 위하여 몸을 바쳐 왔는데, 이제 이와 같은 비방을 듣게 되었습니다. 청컨대 신의 관직을 거두어 주십시오."

공민왕은 최영을 정직하게 여겼으나 대간과 신하들의 성화에 못 이겨 최영의 자리를 대신할 사람을 천거하라는 명을 내렸다. 그러나 곧 마음을 바꾸어 최영을 논박한 대사헌 김속명을 파면하고 지평 최원유를 연안부사로 좌천시켰으며, 최영에게는 '진충분의선위좌명정란'이라는 공신호를 내렸다.

그 후 최영은 양광·전라·경상도 도통사가 되어 왕명을 거역하는 탐라(제주)를 진압하고 10월에 돌아왔으나, 그 사이에 공민왕이 세상을 떠나고 말았다. 환관 최만생·권진 등이 김흥경과 함께 공민왕의 총애를 투기하여 원한을 품고 독살한 것이다. 한때 반원 정책과 개혁 정치를 표방하며 고려를 중흥의 길로 이끌었던 제31대 공민왕은 재위 23년 만인 1374년, 45세의 나이로 세상을 떠났다. 공민왕의 뒤를 이어 강녕부원대군 우가 즉위하니, 그가 바로 제32대 우왕이다.

몸은 늙었어도 뜻은 쇠하지 않다

우왕이 즉위한 뒤에도 왜구의 노략질은 그치지 않았다. 이듬해 부여에 침범한 왜구들이 공주에 이르자, 공주목사 김사혁이 정현으로 나가 이에 맞서 싸웠으나 패배하고 말았다. 이어 석성에 침범한 왜구들과 싸우다가 원수 박인계가 전사하는 사건이 발생했다.

그 소식을 들은 최영은 친히 군사를 이끌고 나가 왜구를 치겠다고 청했다. 그러자 우왕은 싸움터에 나가기에는 너무 늙었다며 최영을 만류했다. 하지만 최영은 이렇게 대답했다.

"지금 시기를 잃고 막지 못한다면 뒷날 그들을 물리치기가 더욱 어려워질 것입니다. 다른 사람을 장수로 삼아 왜적을 막는 것은 승산이 적을 뿐 아니라 충분히 훈련을 한 군사들이 아니어서 쓸 수가 없습니다. 신이 비록 몸은 늙었지만 뜻은 쇠하지 않았습니다. 다만, 사직을 보전하고 왕실을 지키고자 할 따름입니다. 원컨대 부하들을 거느리고 나가 치게 하여 주옵소서."

최영이 두세 차례에 걸쳐 계속 청하자 우왕은 결국 이를 허락했다. 최영은 잠도 자지 않은 채 그날로 즉시 싸움터를 향해 달려갔다.

최영은 최공철·강영·박수년 등과 함께 홍산에 이르렀다. 먼저 도착한 왜적들은 험하고 좁은 곳에 의지하여 진을 치고 있었는데, 삼면이 모두 높은 절벽으로 둘러싸여 있어 오직 한 길을 통해서만 그곳에 이를 수 있었다. 그러자 여러 장수들이 두려워하여 더 이상 나아가지 못했다.

이에 최영이 몸소 선봉이 되어 돌진해 나가자 왜적들이 바람에 초목 쓰러지듯 했다. 이때 최영은 왜구 한 명이 숲 속에 숨어서 쏜 화살에 입술을 맞아 피가 낭자했지만, 얼굴색 하나 변하지 않고 적을 쏘아 거꾸러뜨린 후, 그제야 화살을 빼냈다. 드디어 적을 크게 물리친 최영이 판사 박승길을 보내 승전 소식을 알리니 우왕은 크게 기뻐하며 최영에게 옷과 술, 안장을 얹은 말을 하사했다. 또한 의원을 보내 약을 싸 가지고 가서 최영의 상처를 정성껏 치료하게 했다.

우왕은 최영을 시중에 임명하려 했으나, 최영은 완강히 사양했다.

"중책을 맡게 되면 전투에 임하여 몸을 아끼지 않고 싸우기가 어려우니 왜구가 평정되기를 기다린 후에 그리하십시오."

그러자 우왕은 대신 최영을 철원부원군에 봉했다.

이듬해 왜구가 다시 밤을 틈타 착량에 들어와 민가를 약탈하고 전함 50여 척을 불태우니, 바다가 대낮같이 밝고 죽은 사람이 1천여 명이나 되었다. 이때 적의 화살에 맞은 만호 손광유는 작은 배를 타고 도망하여 겨우 목숨을 구할 수 있었는데, 그는 최영의 지시사항을 무시하고 착량을 떠나자마자 술에 취해 깊은 잠에 빠짐으로써 적에게 기습할 틈을 내 주고 말아 대패하고 만 것이다.

개경은 크게 술렁거리기 시작했다. 그 여세를 몰아 왜구가 다시 강화에 침입했기 때문이다. 그곳을 지키고 있던 김지서와 곽언룡은 황급히 마니산으로 도망쳤고, 이에 왜적들은 마음 놓고 노략질을 할 수 있었다. 고려 조정은 싸움에서 패한 손광유·김지서·곽언룡을 옥에 가두고, 최영을 도통사로 삼아 왜구를 막게 했다.

| 고구려의 부활을 꿈꾸다

그러자 강화에서 도망친 왜구들은 수안·통진·동성 등의 현을 누비며 노략질을 일삼았다. 왜구들은, "금하고 막는 사람이 하나도 없으니 이곳이야말로 참으로 낙원이다." 하고 말할 정도였다.

그때 한 아이가 적진으로부터 도망쳐 왔다. 여러 장수들이 그 아이를 불러 적진의 상황을 묻자, 그 아이는 이렇게 대답했다.

"적들이 항상 말하기를, '두려워할 사람은 오직 백발의 최 만호(최영)뿐이다. 지난날 홍산 싸움에서 최 만호가 나타나자 그 군사들이 앞을 다투어 말을 달려 우리 군사들을 짓밟으니 매우 두렵더라.' 고 했습니다."

이처럼 자신의 몸을 돌보지 않고 언제나 앞장서서 적을 물리치는 최영은 왜구들에게 유일한 두려움의 대상이었던 것이다.

이때 경상도 원수 우인렬이 다음과 같은 상소를 올렸다.

"왜선의 돛과 돛대가 서로 맞닿아 바다를 덮을 정도이므로 이미 군사를 보내 요새를 나누어 지키도록 했으나, 적의 군세가 워낙 커서 한 도의 군사로는 막아 내기가 어렵습니다. 하루빨리 구원군을 보내 주십시오."

강화에 머물고 있는 왜적이 도성인 개경과 가까이 있어서 조정에서 이를 방비하기도 힘든 상황에 올라온 이 상소로, 조정은 또 한 번 걱정에 휩싸였다. 그러자 최영이 나섰다.

"강화는 적을 막는 요새인데, 권신들이 앞다투어 그 지역의 전답을 차지함으로써 군량을 제대로 충당하지 못하고 있습니다. 그러니 강화에 있는 개인 소유의 논밭을 나라에 귀속시켜 그곳에서 나오는 소출로써 군량을 충당하는 것이 좋겠습니다."

우왕의 허락을 얻은 최영은 늙은이와 어린아이들을 육지로 옮기고 젊은이들로 하여금 농사를 짓게 했다. 또한 각각의 원수들로부터 종복 10명과 말을 징발하고, 궁궐과 창고를 지키는 사람들을 강화로 보내 변방을 지키게 함으로써 왜적의 침입에 대비했다.

우왕 4년(1378), 또다시 착량을 거쳐 승천부에 들어온 왜적들이 다음과 같은 소문을 퍼뜨렸다.

"장차 개경을 칠 것이다."

이에 크게 놀란 고려 조정은 계엄령을 내리는 한편, 군사를 나누어 동서강에 나가 주둔하게 하고, 호위병들을 궐문에 세워 적의 침입에 대비했다. 이때 최영은 군사들을 독려하여 해풍에 진을 치고, 찬성사 양백연을 부원수로 삼았다. 이 사실을 안 왜적은, '최영의 군사만 깨뜨리면 개경은 저절로 무너질 것'이라면서, 다른 진은 공격하지 않고 곧바로 해풍으로 진격했다.

"나라의 존망이 이 한 번의 싸움으로 결정된다."

최영은 양백연과 함께 싸웠으나 왜적은 오직 최영을 목표로 공격해 왔다. 이때 이성계가 정예 기병을 거느리고 합세하여 적을 크게 무찌를 수 있었다. 이어 최영은 휘하 군사들을 이끌고 도망치는 왜적들을 쫓아가 끝까지 토벌하고 돌아왔다. 피난 준비를 하고 있던 우왕은 사자가 와서 승전보를 올리자 안심하고 계엄령을 해제했다.

| 고구려의 부활을 꿈꾸다

비록 왕의 뜻이라 해도

　최영은 잘못된 일은 언제나 바로잡는 강직한 성격의 소유자였다. 정기가 순천·조양 등지에서 왜적과 싸우다 패한 뒤, 경복흥·황상·우인열이 최영을 찾아왔다. 최영은 경복흥 등에게 다음과 같이 말했다.

　"왜적의 침략이 이토록 심한데, 재상들은 어찌하여 근심하지 않는가? 왜구가 마구 날뛰어 이 지경에 이르렀으니 정기가 아무리 용맹한들 혼자서 그 많은 적을 어찌 당하겠는가?"

　그러자 그 자리에 있던 재상들은 부끄러워 얼굴을 들지 못했다.

　또한 우왕이 다른 장수들을 보내 왜구를 치게 하자 최영이 말했다.

　"왜구의 횡포가 이와 같으니 신은 차마 백성들이 짓밟히는 모습을 앉아서 보고 있을 수가 없습니다. 나라의 안위가 신의 출전에 달려 있습니다. 청컨대 군사를 거느리고 나가 치게 해 주십시오."

　또 한번은 허완과 윤방안이라는 관리가 아내를 시켜 우왕의 유모 장씨를 이용하여 임견미와 도길부를 밀어내기 위해 참소한 일이 있었다. 우왕은 장씨의 말만 듣고 임견미 등을 집으로 돌려보내고, 궁중 출입을 금지시켜 버렸다. 이에 임견미 등이 최영·경복흥·이인임에게 달려와 말했다.

　"허완 등이 우리 두 사람을 죽이려고 하니 공에게도 화가 미칠 것입니다."

　그로부터 얼마 후 허완이 거짓 왕명으로 최영을 불렀다. 최영은 만일의 사태에 대비하여 경복흥·이인임 등과 흥국사에 모여 병사들을 주위에 배치하고, 관료들을 불러 모은 후 장씨를 국문하자고 청했다. 우왕이 최영을 부르자 그는 이렇게 아뢰었다.

"전하께서 저희들의 청을 허락하신다면 신이 들어가 뵙겠습니다."

최영이 궁궐로 들어가 우왕을 뵈려 하자 재상들이 말렸다.

"간신이 궁궐 안에 있으니 경솔하게 들어가서는 안 되오. 공이 가면 군사들이 반드시 소란을 피울 것이고, 그리하면 나라 또한 편안하지 못할 것이오."

최영은 재상들의 말에 따라 궁궐에 들어가지 않았다. 대신 대간들이 궁궐에 들어가 장씨를 하옥하고 심문하기를 청했다. 그러나 우왕은 이를 허락하지 않았다. 그러자 최영 등은 장씨의 족당인 강유 · 권원순 · 권원보 등을 가둔 뒤 심문했다. 우왕은 그 일을 누설한 환관 정난봉을 가두고 경복흥과 목인길을 불러 말했다.

"과인이 임금으로서 어찌 유모를 구하지 못하겠는가. 어서 그들을 석방하고 더 이상 죄를 묻지 말라."

그러나 최영 등은 지지 않고 계속해서 장씨의 죄를 묻기를 청했다. 우왕은 허완과 윤방안을 하옥하고 최영에게는 군대를 해산하라는 명령을 내렸다.

"경은 도대체 어떤 도적을 막으려고 계속 군사를 거느리고 있으며, 어찌하여 과인이 부르는데도 오지 않고 있는 것인가? 경은 지난날 스스로 말하기를 여러 대의 충신이라 하더니 그 충심은 대체 어디에 있는 것이오?"

"신이 만일 부름에 응하여 들어간다면 군사들이 반드시 신을 따를

　　　　　| 고구려의 부활을 꿈꾸다

것입니다. 신이 군사를 이끌고 대궐에 들어간다면 그 죄는 죽어 마땅한 것입니다. 신이 어찌 죽음을 두려워하겠습니까마는 전하의 뜻이 아닌 것 같아 감히 그렇게 하지 못하고 있는 것입니다. 신의 몸이 비록 작사오나 관계되는 바는 심히 크오니 만일 간신의 손에 죽는다면 나라가 위태로울 것입니다."

최영은 계속해서 대간들을 거느리고 장씨를 내치기를 청했다. 그러자 우왕은 장씨를 이인임의 집으로 보내면서 죽이지는 말고 국대부인의 작위만 삭탈하라고 했다. 그리하여 마침내 장씨를 귀양보내고 허완·윤방안을 죽인 후, 이 일에 관계된 사람들도 모두 죽이거나 매를 쳐 귀양보냈다. 그러고 나서 얼마 지나지 않아 장씨마저 죽였다.

이처럼 최영은 옳은 일에는 비록 왕 앞이라 해도 끝까지 맞서며 자신의 뜻을 굽히지 않았다.

우왕 6년(1380), 해도도통사를 겸한 최영은 장수들과 함께 출전하여 동서강에 진을 치고 왜구의 침입에 대비했다. 그러던 중 최영이 병에 걸리자 장수들이, "공의 병이 심하다."며 걱정하기 시작했다. 이에 최영은 이렇게 대답했다.

"장수가 군사를 거느리고 밖에 나왔는데 어찌 사사로운 병 따위를 염려하겠는가?"

그리고 의원이 올린 약을 물리치면서 이렇게 말했다.

"내가 늙었으니 죽고 사는 것은 하늘의 명이다. 어찌 약을 먹어 살기를 구하겠는가?"

이듬해 경상·강원·전라 세 지역의 백성들이 왜구로 인하여 생업을 잃고 굶주려 죽어 갔다. 최영은 구휼소를 설치하고 승려 자량으로 하여금 이를 관리하게 했으며, 관청의 곡식을 내어 싸라기죽을 만들어서 백성들에게 나누어주었다.

이어 최영은 사직을 청했으나 우왕은 그를 영삼사사에 임명했다. 이때 우왕이 도성을 철원으로 옮기려고 하자 최영이 이를 말렸다.

"도성을 옮김은 백성들을 편하게 하고자 함입니다. 원컨대 전하께서는 이를 가볍게 시행하지 말고 밤낮으로 염려하여 선왕의 업을 떨어뜨리는 일이 없게 하소서."

우왕 13년(1388), 문하수시중에 오른 최영은 우왕의 밀령을 받아 부정부패를 일삼던 염흥방과 임견미 일당을 숙청했다. 또한 우왕이 최영의 딸을 비로 맞아들이고자 하여 사람을 보내자 최영은 이에 반대하며 이렇게 말했다.

"신의 딸이 품성이 바르지 못하고 또한 본처의 소생이 아니니 마땅히 측실에 둘 것이지, 지존의 배필로 삼지는 못할 것입니다. 전하께서 반드시 들이라 하시면 노신은 머리를 깎고 산으로 들어갈 것입니다."

그러나 우왕이 계속해서 사람을 보내 설득하자 마침내 최영은 이를 허락했다. 이튿날 우왕이 최영의 집에 이르러 곡식과 재화를 내리자 최영도 말과 의복을 바쳐 이에 답했다. 그리고 최영의 딸은 영비가 되었다. 이로써 최영은 우왕의 장인이자 시중으로서 이인자의 위치를 확고히 굳혔다.

실패한 요동 정벌의 꿈

1388년에 접어들면서 고려 조정은 한 가지 문제로 골머리를 앓기 시작했다. 그것은 원을 물리치고 새롭게 중국 대륙의 주인으로 들어선 명나라 때문이었다. 명은 옛날 원이 지배했던 철령 이북을 공공연히 자신들의 땅이라고 우겼다.

명은 그 첫 번째 조치로 요동도사 이사경 등을 보내 압록강 건너에 다음과 같은 방을 붙였다.

"철령 이북과 이동 및 이서는 본래 원나라에 속해 있었으니 그 지역 안의 군인은 한인·여진·타타르·고려인을 막론하고 모두 명나라에 소속시킨다."

이에 최영이 관료들을 불러모아 철령 이북을 명나라에 바칠 것인가에 대한 의견을 묻자 모두 반대했다. 이에 최영은 우왕과 비밀리에 옛 고구려 땅인 요동을 되찾기 위한 정벌 계획을 세우고, 군사를 징발하여 한양에 중흥성을 쌓았다.

드디어 우왕은 전국의 정예 군사들을 불러모으는 등 요동 정벌을 본격적으로 준비하기 시작했다. 이때 명나라 후군도독부에서 요동백호 왕득명을 보내 철령위를 세웠다고 통고했다. 최영은 이 사실을 우왕에게 알리고 나서 방문을 가지고 온 명나라 군사 21명을 죽여 버렸다. 그리고 이사경 등 5명은 그대로 머물게 한 후 군사를 시켜 거처를 감시하게 했다.

요동 정벌을 떠나기에 앞서 우왕은 사냥을 한다며 영비 및 최영과 함께 해주로 떠났다. 그러는 한편 우현보에게 도성을 지키게 하고 장정들을 징발하여 함께 데리고 갔으니, 명목은 사냥이었지만 실은 요동정벌을 위한 군사 훈련에 목적이 있었던 것이다. 우왕은 최영과 이성계를 불러 다음과 같이 말했다.

"요동을 정벌하고자 하니 경들은 마땅히 힘을 다하라."

그러자 이성계는 네 가지 이유를 들어 이에 반대했다.

"지금 군사를 내면 안 되는 네 가지 이유가 있으니, 그 첫째는 작은 나라로서 큰 나라를 거스르는 것이 옳지 않기 때문이요, 둘째는 여름철에 군사를 내는 것은 시기적으로 부적절하기 때문입니다. 셋째는 온 나라가 멀리 정벌을 떠나면 그 틈을 타서 왜적이 쳐들어올 염려가 있기 때문이요, 넷째는 때가 무덥고 비가 많이 오는 시기라 활의 아교가 녹고 군사들이 전염병에 걸릴 염려가 있기 때문입니다."

우왕은 이성계의 의견을 그럴 듯하다 여겼다. 그러나 그날 밤 최영은 우왕을 찾아가 이렇게 말했다.

"원컨대 다른 의견은 받아들이지 마십시오."

우왕이 다음 날 이성계를 불러 '이미 군사를 일으켰으니 여기서 그만둘 수는 없다'고 말하자 이성계는 물러서지 않고 이렇게 대답했다.

"반드시 그 계획을 이루고자 하시면, 지금은 일단 서경에 머물러 가을을 기다렸다가 그 후에 군사를 낸다면 들판에 곡식이 널려 있어 군량을 충당할 수 있을 것입니다. 하지만 지금처럼 때가 아닌 때에 군사를 낸다면 비록 요동의 성 하나를 함락시킨다 하더라도 얼마 지나지 않아 비가 내리고 물이 불어서 더 이상 군사를 진격시킬 수 없으며, 그

｜ 고구려의 부활을 꿈꾸다

로 인해 군사가 태만해지고 양식이 떨어지기라도 하면 오히려 큰 화만 초래할 것입니다."

그러나 이러한 이성계의 강력한 반대에도 우왕과 최영은 계속해서 요동 정벌을 추진했다. 우왕은 최영을 팔도도통사에 임명하고 조민수를 좌군도통사, 이성계를 우군도통사로 삼아 정벌길에 올랐다. 이때 정벌군의 규모는 좌·우군이 3만 8,830명이고, 겸속이 1만 1,634명, 말이 2만 1,681필이었다.

정벌군이 드디어 평양을 출발하자 최영이 우왕에게 말했다.

"지금 대군이 길에서 열흘 동안이나 지체한다면 큰일을 그르칠 염려가 있으니 소신이 앞으로 나아가 군사들을 독려하겠나이다."

"경이 가면 나는 누구와 함께 정사를 논하겠는가?"

우왕은 최영과 함께 나가 군사들을 독려했다. 그러자 최영은 다시 한 번 우왕에게 청했다.

"전하께서는 그만 도성으로 돌아가십시오. 소신은 이곳에 남아 장수들을 지휘하겠나이다."

"선왕께서 해를 당한 것은 경이 곁에 없었기 때문인데 과인이 어찌 하루라도 경과 떨어져 있을 수 있겠는가?"

이렇듯 우왕에게 있어서 장인이자 한시도 떨어질 수 없는 가장 믿을 만한 신하였고, 요동 정벌의 동반자였던 최영이었으나 그의 운명은 그리 오래가지 못했다. 처음부터 요동 정벌에 반대했던 이성계의 움직임이 심상치 않았던 것이다.

이때 이성계와 조민수는 위화도에 머물고 있었는데, 그들은 다시 상소를 올려 군사를 돌릴 것을 청했다. 그러자 최영은 단호히 거절했다.

"두 도통사가 직접 와서 왕께 아뢰어야 할 것이다. 군사를 물리치자는 말은 나는 결코 하지 못하겠다."

우왕 역시 이를 듣지 않고 군사를 독촉하여 계속 나아가게 했다. 이성계와 조민수가 다시 사람을 보내 최영에게 속히 군사를 돌리기를 청했지만 최영은 전혀 듣지 않았다. 결국 조민수를 비롯한 장졸들의 호응을 얻은 이성계가 위화도에서 군사를 돌림으로써 최영과 우왕이 이루고자 한 요동 정벌의 꿈은 물거품이 되고 말았다.

우왕과 최영이 개경으로 돌아오자, 군사들이 개경 주위에 진을 치고 글을 올려 최영을 제거할 것을 청했다. 그러나 우왕은 듣지 않고 오히려 조민수 등의 관직을 삭탈하고 최영을 좌시중으로 삼았다. 그러자 이성계는 모든 군사들을 이끌고 궁궐을 공격하기 시작했다. 최영은 숙위군과 환관들을 무장시켜 직접 지휘하며 끝까지 저항했으나 이성계가 이끄는 정벌군을 막기에는 역부족이었다. 고려의 주력 부대가 대부분 정벌군에 편성되어 있었고, 도성에는 군사들이 거의 남아 있지 않았던 것이다. 얼마 지나지 않아 최영의 수비군은 무너지고 말았다. 이미 대세를 돌이킬 수 없음을 깨달은 최영은 우왕에게 작별을 고했다. 그러자 우왕은 최영의 손을 잡고 울었다. 최영은 우왕에게 마지막으로 작별 인사를 올리고 난 뒤 곽충보를 따라 이성계의 진영으로 갔다.

이성계는 최영을 그의 고향인 고봉현으로 귀양보냈다. 이것은 고려 말, 고려왕조를 수호하려는 구파 군벌과 고려왕조를 부정하는 신흥 군벌의 대립에서 구파 군벌이 패배했음을 의미한다. 결국 고려왕조는 이성계가 이끄는 신흥 군벌에 의해 몰락하고 만다.

왕조와 운명을 같이하다

최영은 다시 합포(마산)로 옮겨졌다가 창왕이 즉위한 뒤 개경으로 압송되었다. 전법판서 조인옥과 이제 등이 상소를 올려 최영의 죄를 물을 것을 청했다.

"최영이 공민왕을 섬겨 흥왕사의 난을 평정하고 승려들을 북쪽 변방으로 내몰았으며, 우왕을 섬길 때에는 왜구를 승천부에서 물리쳐 사직을 보전했고, 여러 흉도들을 소탕하여 백성들을 구제했으니 그 공이 큽니다. 그러나 형세에 어두워 여러 신하들의 의견을 무시하고 요동 정벌을 결행하여 천자에게 죄를 얻어 나라가 멸망할 지경까지 이르게 했습니다. 원컨대 전하께서는 하늘의 뜻을 생각하여 그 죄를 다스림으로써 역대의 임금들께 고하고 천자의 화를 풀어 태평성대를 여소서."

창왕이 이를 좇아 그해 12월 드디어 최영을 처형하니, 이때 그의 나이 73세였다. 최영은 수많은 싸움터를 누빈 용장답게 죽음을 앞에 두고서도 얼굴색과 목소리 하나 변하지 않았다고 한다. 최영이 죽은 날에 개경 사람들은 그의 죽음을 슬퍼하며 시장을 파했고, 아이들과 여인네들까지 모두 눈물을 흘렸다.

최영은 죽을 때, "내 무덤에는 결코 풀이 돋지 않으리라."는 말을 남겼다고 한다. 개풍군 덕물산에 있는 적분(赤墳)이 바로 그의 무덤으로,

그의 말대로 무덤에 풀이 나지 않는다고 전해 온다. 왕조를 지켜 내지 못한 한과 요동 정벌의 꿈을 이루어 내지 못한 한이 적분으로 나타난 게 아닐까?

08

정·도·전

— 재상의 나라를 꿈꾸었던 조선판 내각주의자 —

*스스로 주군을 찾다

*개혁의 꿈을 펼칠 기초를 닦다

*위기를 기회로

*새 왕조의 핵심 실세가 되다

*왕권과 신권의 충돌

| 정도전 | (1342~1398, 고려 말~조선 초)

이성계를 도와 조선을 건국하고, 그 후 명실상부한 이인자의 자리에 올라 새 왕조의 기틀을 착실하게 닦아 나간 정도전. 그러나 그가 꿈꾸었던 '신권주의'(臣權主義)는 당시 강력한 왕권을 지향했던 이방원과 대립하게 되는 계기가 되었고, 결국 그에게 목숨을 잃음으로써 그의 신권주의는 역사 속으로 사라지게 된다. 조선조 내내 '역적'으로 취급받은 정도전. 그러나 그의 보좌가 없었다면 과연 이성계가 조선을 건국할 수 있었을까?

스스로 주군을 찾다

우왕 9년(1383), 긴 유배와 유랑 생활을 청산한 정도전은 동북면도지휘사로 있던 이성계를 찾아 함주로 갔다. 당시 이성계는 전국의 전쟁터를 누비며 세운 빛나는 무공으로 백성들의 신망을 얻어, 최영과 함께 떠오르는 영웅으로 추앙받고 있었다. 이때 정도전이 유랑에서 돌아오자마자 이성계를 찾아간 까닭은 무엇일까?

정도전은 경북 영주에서 형부상서를 지낸 정운경의 맏아들로 태어났다. 그는 이색 밑에서 공부했는데, 그때 그와 함께 공부했던 이들이 바로 정몽주·이숭인·이존오 등이다. 공민왕 9년(1360), 성균관시에 합격한 데 이어 2년 뒤 진사시에 합격하여 충주사록에 오름으로써 정도전은 관직에 첫발을 내딛었다. 이후 여러 관직을 거쳐 공민왕 19년(1370)에는 성균관 박사로 있으면서 당시 교관으로 있던 정몽주 등과 성리학을 수업하고 강론했으며, 이듬해 태상박사에 오르는 등 공민왕의 총애를 받았다.

그러나 정도전의 관직 생활이 그리 순탄한 것만은 아니었다. 우왕 원년(1375) 5월, 공민왕 시해사건을 빌미로 북원에서 파견된 사신이 다음과 같은 말을 전했다.

"공민왕이 우리를 배반하고 명나라를 섬겼으므로 비록 너희가 임금을 죽였으나 그 죄를 용서하겠다."

이에 이인임과 지윤이 사신을 맞아들이려 하자, 정도전을 비롯한 김구용·이숭인·권근 등 신흥사대부들은 조정에 글을 올려 이에 반대했다. 또한 그들은 성리학의 정통성을 내세워 오랑캐인 원나라를 배척하고 명나라를 지지할 것을 주장했다.

"선왕께서 명나라를 섬겼는데, 지금 원나라 사신을 맞이한다는 것은 옳지 못합니다. 더구나 원나라가 자기 마음대로 우리에게 죄를 씌우고는 용서하겠다고 하니, 어찌 이들을 받아들일 수 있겠습니까?"

그러나 이인임과 경복흥은 그들의 글을 물리치고 받지 않았을 뿐 아니라 정도전으로 하여금 원나라 사신을 맞이하라고 지시했다. 이에 정도전은 경복흥의 집으로 찾아가 그에게 자신의 의지를 밝혔다.

"나는 사신의 머리를 베든지, 그렇지 않으면 묶어서 명나라로 보내버리겠습니다."

결코 자신의 뜻을 굽힐 수 없었던 정도전은 다시 왕후를 찾아가 북원의 사신을 맞이해서는 절대 안 된다고 강변했다. 이 소식을 전해 들은 경복흥은 더욱 노하여 정무를 보지 않을 정도였다. 그리하여 정도전은 나주목 회진현으로 유배되었다.

이것은 당시 친명파인 신흥사대부와 친원파인 권신들 간의 대립으

| '재상의 나라'를 꿈꾸었던 조선판 내각주의자

로 인해 벌어진 사건으로, 결국 세력이 약한 신흥사대부들이 권신들의 힘에 밀려남으로써 정도전은 귀양을 가는 신세가 되었다.

그로부터 3년 후인 우왕 3년(1377), 유배에서 풀려난 정도전은 이후 4년 동안 고향에서 지낸 뒤 삼각산(서울 북한산) 아래에 초가를 짓고 제자들을 가르쳤으나, 그 또한 오래가지 못했다. 권신들이 계속해서 그를 괴롭히는 바람에 이리저리 옮겨 다녀야 했기 때문이다.

나라가 점점 기울어 가는 가운데 관리들마저 사욕을 채우기에 급급한 상황 속에서, 정도전은 9년이라는 세월 동안 유배와 유랑 생활을 해야 했다. 당시 정도전은 술에 취하면 다음과 같은 말을 자주 내뱉곤 했다.

"한 고조가 장량을 이용한 것이 아니라 장량이 한 고조를 이용한 것이다."

이 말은 한 고조가 장량을 이용해 한나라를 세운 것이 아니라 장량이 한 고조를 내세워 자신이 원하는 제국을 건설했다는 뜻으로, 자신 또한 이성계를 전면에 내세워 자신이 원하는 새로운 왕조를 열겠다는 뜻이기도 했다. 정도전은 자신이 생각하는 새 왕조를 세우기 위해 군사력을 바탕으로 백성들의 신망을 얻고 있는 이성계가 필요했고, 그래서 함주로 그를 찾아갔던 것이다.

이성계는 자신의 진영으로 찾아온 정도전을 반갑게 맞아 주었다. 이성계 또한 학문이 뛰어날 뿐 아니라 뜻을 굽히지 않고 직언을 하다가 오랫동안 귀양살이를 한 정도전의 명성에 대해 익히 들어 알고 있었다.

정도전은 이성계와 함께 동북면의 진영은 물론 군사들이 훈련하는 모습까지 돌아보았다. 그의 눈에 비친 이성계 휘하의 동북면 군사들은 군령이 엄하게 서 있을 뿐 아니라 무기들 또한 잘 정비되어 있었다. 정도전은 이성계에게 조용히 속삭였다.

"참으로 훌륭합니다. 이 정도의 군대라면 무슨 일인들 성공시키지 못하겠습니까?"

평생 싸움터를 누벼 온 이성계가 정도전의 말뜻을 알아채지 못할 리 없었으나, 그는 전혀 무슨 뜻인지 모르겠다는 듯이 "아니, 일이라니 무슨 일을 말씀하시는 것이오?" 하고 반문했다. 이성계가 만만한 인물이 아니라는 것을 안 정도전은 재빨리 얼버무렸다.

"동해와 남해에 수시로 출몰하는 왜구를 물리치는 일 말입니다."

정도전은 그날 밤 이성계와 더불어 밤새도록 술을 마시며 세상 돌아가는 일에 대해 이야기를 나누었다. 다음 날 정도전은 군영 앞에 서 있는 오래된 소나무를 바라보며 이성계에게 말했다.

"장군, 제가 장군을 위해 이 나무에 시 한 수 새기겠습니다."

이성계는 정도전의 청을 흔쾌히 허락했다. 정도전은 소나무의 껍질을 벗기고 그 위에 자신의 속마음이 담긴 시를 썼다.

아득한 세월에 한 그루 소나무
몇 만 겹 푸른 산속에 자랐도다
잘 있다가 다른 날에 서로 만나 볼 수 있을는지?
인간 세상 굽어보다가 곧 큰 발자취를 남기리니

滄茫歲月一株松

生長靑山幾萬重

好在他年相見否

人間俯仰便陳踵

　이 시에서 정도전은 이성계를 늙은 소나무에 비유하고 있는데, 앞으로 때가 되면 이성계는 천명(天命)에 따라 인간 세상을 구원하러 나서야 하며, 자신과 손잡고 큰일을 하여 인간 세상에 위대한 발자취를 남기게 될 것이라고 은근히 부추기고 있다.

개혁의 꿈을 펼칠 기초를 닦다

　이후 정도전은 이성계의 참모 역할을 하는 등 그와의 관계를 돈독히 해 나갔다. 우왕 10년(1384), 이성계의 추천으로 전교부령에 올라 10여 년 만에 벼슬길에 오른 그는, 정몽주와 함께 명나라에 다녀온 뒤 여러 관직을 거쳐 성균관 대사성으로 승진하였다. 물론 이때에도 이성계의 적극적인 후원이 있었음은 물론이다.

　우왕 14년(1388) 6월, 마침내 정도전에게 자신의 뜻과 능력을 마음껏 펼칠 수 있는 기회가 찾아왔다. 요동 정벌에 나선 이성계가 위화도에서 군대를 되돌렸는데, 이로써 이성계는 실권을 잡게 되었고 정도전은 밀직부사에 올라 조준 등과 전제(田制) 개혁에 착수했다. 조세 제도와 토지 제도를 바로잡음으로써 새 정권을 창출하는 데 필요한 자금 확보는 물론 백성들의 지지를 이끌어 낼 수 있었기 때문이었다. 이어 조민수 등 구세력을 제거함으로써 차근차근 조선 건국의 기초를 닦아 나갔다.

이듬해 11월, 황려(여주)에 있던 우왕이 이성계를 제거하려 한 사건이 발생했다. 우왕은 자신을 찾아온 김저와 정득후에게 검을 내려 곽충보와 함께 이성계를 제거하라는 밀명을 내렸다. 그러나 김저를 통해 우왕의 뜻과 검을 전해 받은 곽충보는 이미 대세가 기울었다고 판단하여 도리어 그 사실을 이성계에 보고함으로써 이 계획은 사전에 발각되고 말았다. 이에 이성계는 우왕을 서인으로 강등시켜 강화로 유배시켜 버렸다.

이때 명나라에 갔던 윤승순 등이 돌아와, 명 태조 주원장이 왕의 성씨가 아닌 사람을 왕으로 삼았음을 책망하고 친조(親朝)를 허락하지 않는다고 했다. 그러자 이성계는 자신과 뜻을 같이하는 정몽주·조준·정도전 등을 흥국사로 불러 창왕을 폐위할 뜻을 비쳤다.

"우(우왕)와 창(창왕)은 본래 왕씨가 아니므로 종사를 받들게 할 수 없는데다, 천자의 명령까지 있으니 마땅히 거짓 임금을 폐하고 참 임금을 세워야 될 것이오. 정창군 요는 신종의 7대 손으로 왕실과 가장 가까우니 그를 왕으로 세우는 것이 어떻겠소?"

이른바 '폐가입진'(廢假立眞), 즉 가짜를 폐하고 진짜를 세운다는 논리로서, 우왕과 창왕이 왕씨가 아니라 신돈의 핏줄이므로 그들을 폐하고 왕의 핏줄에 가장 가까운 정창군 요를 왕으로 세워야 한다는 것이었다.

그리하여 이성계 등이 창왕 역시 강화로 내쫓고 정창군 요를 임금으로 세우니, 그가 바로 고려의 마지막 임금인 제34대 공양왕이다. 정도전은 공양왕을 옹립한 공으로 충의군에 책봉되고 좌명공신에 봉해졌으며, 삼사부사가 되었다. 이때 공양왕은 그에게 다음과 같은 교서를 내렸다.

"경은 익히고 배운 것을 행하여 잘못된 정치를 바로잡고 나라의 질서를 세웠으니 참으로 왕을 돕는 재사라 하겠다. 그러므로 그대의 초상을 그리고, 공로를 기록하며, 할아버지와 아버지에게 관직을 추증하여, 그 너그러움이 영세에 미치도록 할 것이다. 토지와 노비 및 채색 비단을 하사하니 그 뜻을 지켜 잠시도 잊지 말고 더욱 충성을 다할지어다."

이어 정당문학에 올라 성절사로 명나라에 간 정도전은, 당시 윤이 · 이초가 이성계와 공양왕이 명나라를 치려 한다고 거짓으로 고하여 큰 물의를 일으켰던 사건을 무사히 마무리짓고 돌아와 성균관 대사성에 올랐다.

이즈음 정도전은 급진개혁파의 내부 문제로 고민하게 되었다. 공양왕이 이성계의 공이 높고 수많은 무리들이 그를 따르게 되자 그를 꺼리기 시작했을 뿐 아니라, 구파 권신들이 토지 제도의 개혁으로 인해 피해를 입게 되자 갖은 방법으로 그를 무고하고 헐뜯었다. 또한 우왕과 창왕을 따르던 무리가 왕실과의 혼인을 기회로 아침 저녁으로 참소하니, 공양왕이 그들의 말만 믿고 이성계를 제거하려는 움직임을 보였다. 이에 생명의 위협을 느낀 이성계는 정도전을 비롯한 남은·조인옥 등을 불러 자신의 뜻을 밝혔다.

"내가 그대들과 같이 왕실을 위해 힘을 다했으나 나에 대한 참언이 끊이지 않으니 이로 인해 우리 무리가 사람들의 용납을 얻지 못할까 두렵소. 그러니 이만 사직하고 고향으로 돌아가 이 어려움에서 벗어날까 하오."

말을 마친 이성계는 사람을 시켜 급히 짐을 꾸리게 했다. 정도전은 마음이 급해졌다. 이성계가 떠나면 자신이 지금까지 계획하고 추진해 온 일들이 모두 물거품이 될 뿐 아니라 역적으로 몰려 목숨을 잃게 될 수도 있었다. 정도전은 적극적으로 이성계를 설득하기 시작했다. 이성계를 붙잡아 두는 것만이 자신의 목숨을 유지하는 동시에 그동안 품어 왔던 계획을 실현할 수 있는 길이었다.

"공의 일신은 종사와 백성에 관계되는 것인데 어찌 그 거취를 가벼이 하려 하십니까? 이러한 때일수록 공께서는 왕실을 도와 어진 인재들을 등용하고 불충한 무리들을 물리쳐 기강을 바로 세워야 할 것입니다. 이와 같이 하면 전하께서도 아마 깨닫는 것이 있을 것이고, 그러면 참언도 자연히 그칠 것입니다. 지금 만약 공의 생각대로 사직하고 고향으로 물러나신다면 공을 참소하는 무리들은 반드시 공이 다른 마음을 가졌다는 증거라며 모함할 것입니다. 그러면 공께서는 더욱 화를 면하기가 어려워질 게 분명합니다."

정도전이 열성을 다해 설득하자 이성계는 결국 마음을 바꾸었고, 그들은 새 왕조 건국을 위한 계획을 진행시켜 나갔다.

| '재상의 나라'를 꿈꾸었던 조선판 내각주의자

1391년 새해가 밝자, 공양왕은 군사 제도를 개편하여 기존의 오군을 삼군으로 통폐합시킨 뒤, 도총제부에서 중앙과 지방의 군사를 통솔하도록 했다. 그리고 이성계를 도총제사, 배극렴을 중군총제사, 정도전을 우군총제사에 임명했다. 이때 정도전이 이를 사양하자 공양왕은 이렇게 말했다.

"대국이 삼군을 두는 것은 옛 제도이다. 중간에 권신에 의해 폐지되었고, 재상이 각기 원수라 칭하여 모든 백성이 그 소유가 아닌 것이 없었다. 지금 원수를 고쳐 삼군도총제사를 세우는 것은 옛 제도를 복구하는 기틀이 되는 것이다. 우군총제사는 진실로 그 임무가 중하기 때문에 이를 두 시중에게 의논하여 경을 임명하는 것이니 경은 사양하지 말라."

이에 정도전은 만약 자신을 참소하는 말이 있더라도 받아들이지 말고 힘없는 자신을 보존해 줄 것을 청한 후 공양왕의 명을 받들어 우군총제사가 되었다. 그리하여 이성계·배극렴·정도전이 고려의 병권을 쥐게 됨으로써 새로운 정권 창출에 더욱 박차를 가할 수 있었다. 그러나 그들 앞에 위기는 여전히 남아 있었다.

위기를 기회로

정도전은 새 왕조를 여는 데 방해가 되는 인물들을 하나씩 제거하기로 결심했다. 그 첫 번째 대상이 바로 이색이었다. 이색은 당대의 대학자로서 사대부들의 정신적 지주이자 고려왕조 수호 세력의 버팀목이었다. 그는 또한 정도전의 스승이기도 했다. 그러나 비록 자신의 스승이라 할지라도 새 왕조를 세우기 위해서는 반드시 제거해야 했다.

정도전은 자신의 무리들을 시켜 우왕과 창왕을 두둔하는 말을 했다는 이유를 들어 이색과 우현보를 탄핵하는 상소를 올리도록 했다. 그러나 상소가 받아들여지지 않자 병을 핑계로 조회에 참석하지 않았는데, 이에 공양왕이 사람을 보내 간절하게 청하자 그제서야 업무에 복귀했다. 공양왕이 정도전에게 말했다.

"이색의 죄상은 드러났지만 우현보는 아직 명백하게 밝혀진 것이 없지 않은가?"

그러자 정도전은 다음과 같이 대답했다.

"이색의 죄는 이미 드러났으니 마땅히 극형에 처해 그 죄를 물어야 할 것이며, 우현보는 그 죄상이 명백하지 않기 때문에 더더욱 대간들이 번갈아 글을 올려 먼 지방으로 귀양보내기를 청한 것입니다."

이러한 정도전의 행동에 가장 반발한 사람은 바로 정몽주였다. 정몽주는 이성계·정도전 등의 개혁파와 뜻을 같이했지만, 그것은 어디까지나 기존의 고려왕조를 중흥의 길로 이끌 수 있는 '온건한 개혁'에 한해서였다. 그러나 이성계와 정도전 일파는 고려왕조를 뒤엎고 새 왕조를 세우는 '급진적 개혁'을 꿈꾸고 있었다. 따라서 시간이 지남에 따라 자연히 갈등이 생길 수밖에 없었는데, 이 일을 계기로 완전히 갈라서게 되었다.

정몽주를 비롯한 고려왕조 수호 세력들은 정도전을 맹렬히 공격하기 시작했다. 그러자 정도전은 공양왕에게 글을 올려 사직을 청했다.

"신이 받고 있는 비방이 너무 많아 일일이 진술할 수 없을 정도입니다. 하지만 전하께서 신을 우군총제사에 임명하실 때, 신은 '여러 장군들이 군사들을 사병으로 삼은 것이 이미 오래전부터 있어 왔던 일인데 어떻게 하루아침에 이를 고치고, 세루들이 부역을 치르지 않고 나라의 곡식을 사사로이 사용한 지가 오래인데 어찌 하루아침에 그들을 군적에 올리고 그들에게 세금을 부과할 수 있겠습니까? 만일 그렇게 되면 신료들의 원망이 신에게 돌아올까 두렵습니다.' 하고 말씀드렸습니다. 그때 전하께서는, '그것은 사헌부와 내가 결정한 것이니 경이 관여한 것은 없소. 그러므로 그런 비방이 없도록 내가 보증할 것이오.' 하고 말씀하셨습니다. 만약 참소와 비방에 휘말리면 위로는 군왕께 신하의 역할을 다하지 못한 오명을 남기고, 아래로는 사람들의 논쟁을 초래할 것이니 신은 매우 두렵습니다. 원컨대 전하께서는 신의 관직을 거두어 여생을 보전케 하소서."

이어서 정도전을 따르는 무리들이 그를 두둔하는 상소를 올렸다.

"정도전은 나라를 보전한 공이 있는데, 글을 올려 사직을 청한 지 여러 날이 지나도록 답하지 않으시니, 공신을 대접함이 이같이 각박해서야 되겠습니까?"

정도전을 두둔하는 상소가 잇따르자 공양왕은 더 이상 정도전의 죄를 묻지 않았다. 그러나 이에 굴하지 않고 사헌부는 또다시 정도전의 죄를 물을 것을 청하는 상소를 올렸다.

"정도전은 마음속으로는 간사하고 악한 마음을 품고 있으나, 겉으로는 충직한 척 행세하며 국정을 더럽혀 왔습니다. 청컨대 그 죄를 물으소서."

결국 공양왕은 정도전의 관직을 삭탈한 뒤 고향인 봉화현으로 귀양 보냈다. 그러나 구세력의 공격은 거기서 멈추지 않았다.

"정도전은 가풍이 바르지 못할 뿐만 아니라 그 가계 또한 분명하지 않습니다. 그런데도 그는 그 사실을 숨기고 재상의 자리에 올라 조정에 몸을 담으며 무수한 죄를 지었습니다. 청컨대 관직과 공신녹권을 회수하고, 그 죄를 밝게 다스리소서."

구세력이 끈질기게 정도전의 신분적 약점을 물고 늘어지며 중죄로 다스릴 것을 요구하자, 공양왕은 정도전의 직첩과 녹권을 회수한 뒤 다시 나주로 유배를 보냈다. 이어 대사헌 김주 등은 상소를 올려 정도전의 아들 정전과 정담의 죄를 논한 뒤 서인으로 강등시켰다.

이때 급진 개혁파를 위기에 몰아넣는 치명적인 사건이 발생했다. 명나라에 갔다가 돌아오는 세자 왕석의 마중을 나갔던 이성계가 해주에서 사냥을 하다 말에서 떨어져 중상을 입은 것이다. 정몽주는 이것을 이성계와 그를 따르는 정도전·조준·남은 등을 제거할 절호의 기회로 여겼다. 당시 정몽주는 이성계의 위엄이 날로 높아져 그를 따르는 백성들이 늘어나고 있다는 것을 알고 그를 경계해 왔다. 그뿐 아니라 정도전을 중심으로 조준·남은 등이 이성계를 추대하여 새 왕조를 세우려 한다는 사실도 이미 눈치채고 있었다.

정몽주는 대간들로 하여금 다음과 같은 상소를 올리게 했다.

"이성계의 병이 위독하니 먼저 그의 일파인 정도전과 조준 등을 제

　　　　　| '재상의 나라'를 꿈꾸었던 조선판 내각주의자

거한 뒤 그를 도모하는 것이 좋겠습니다."

공양왕은 이들의 의견을 받아들였다. 공양왕 또한 강력한 세력을 형성하여 왕권을 위협하고 있는 이성계 일파를 경계할 뿐 아니라 그들을 제거할 마음을 품고 있던 터였다. 정도전 등에게는 참으로 위기가 아닐 수 없었다.

이때 이들을 구해 낸 사람이 바로 이성계의 다섯째 아들 이방원이다. 정몽주를 비롯한 구세력들의 움직임을 눈치챈 이방원은 곧 사병을 이끌고 해주로 달려갔다. 그는 비밀리에 아버지 이성계를 도성으로 모셔 왔다. 그러고 나서 숙부 이화와 매제 이제 등과 함께 의논한 뒤 병사들에게 말했다.

"예로부터 우리 이씨가 고려 왕실에 충성해 온 것은 이 나라 백성이라면 누구나 다 아는 사실이다. 그런데 지금 정몽주에게 모함을 받아 악평을 받게 되었으니, 후세에 그 누가 이러한 사실을 올바로 판단해 주겠는가?"

이방원은 정몽주를 제거하지 않고는 자신들이 추진하는 새 왕조를 세울 수 없다고 판단했다. 이러한 이방원의 움직임은 변중량에 의해 정몽주에게 알려졌다.

이에 정몽주는 상황을 살피기 위해 병문안을 핑계로 이성계의 집을 찾았다. 이성계는 평소와 다름없이 그를 반겨 주었다. 정몽주가 비록 적이긴 하지만 그의 학문과 인품을 흠모하고 있던 이성계로서는 어떻게든 그를 자신의 편으로 끌어들이고 싶었던 것이다.

그러나 아버지 이성계와 생각이 달랐던 이방원은 정몽주를 자신의 거처로 청해 「하여가」로 그의 뜻을 물었고, 정몽주는 「단심가」로 고려 왕조에 대한 자신의 충성심에 변함이 없음을 나타냈다. 이로써 정몽주의 마음을 돌릴 수 없다고 판단한 이방원은 심복 조영규 등을 시켜 집으로 돌아가는 정몽주를 선죽교에서 살해했다.

그리하여 고려왕조 수구 세력의 우두머리이자 최대 정적인 정몽주를 제거함으로써 위기에서 벗어난 정도전 일파의 새 왕조 건국 추진은 급물살을 타기 시작했다.

새 왕조의 핵심 실세가 되다

이제 정도전 등의 급진 개혁파 앞에는 공양왕의 양위를 받아 이성계를 새 군왕으로 받들어 새 왕조를 세우는 일만 남았다. 정몽주의 죽음과 함께 유배에서 풀려나 조정에 복귀한 정도전은 조준·남은 등과 함께 건국을 위한 준비를 차근차근 해 나갔다. 정도전은 먼저 자신과 뜻을 같이하는 신료들로 하여금 끊임없이 공양왕에게 양위를 강요하게 했다. 또한 비밀리에 이성계를 왕으로 추대하기로 결정하고 이방원을 찾아가 그 뜻을 전했다.

그리하여 1392년 7월 17일, 개경 수창궁에서 공양왕의 양위를 받은 이성계는 정도전 등 문무백관이 지켜보는 가운데 드디어 왕위에 올랐다.

이성계의 등극과 함께 조선 건국의 일등공신에 오른 정도전은 문하시랑찬성사와 의흥친군위절제사 등의 요직을 겸함으로써 정권과 병권을 한손에 움켜쥔 조선의 핵심 실세가 되었다.

새로이 왕으로 등극한 이성계는 나랏일을 모두 정도전에게 맡겼다. 사실 이성계는 싸움터에서는 백전백승의 용맹한 장수였을지 모르지만 나라를 다스리는 일에는 그리 밝지 못했다. 그래서 모든 분야의 학문에 뛰어날 뿐 아니라 병법에도 밝은 정도전에게 모든 일을 맡겼다. 그리하여 정도전은 조선 건국과 함께 명실상부한 이인자의 자리에 오르게 되었다.

정도전은 우선 새 술은 새 부대에 담아야 한다는 원칙에 따라 나라의 이름과 새 도읍지를 정하는 일에 착수했다. 먼저, '화령'(和寧)과 '조선'(朝鮮)이라는 두 가지 이름을 정하고 사신 한상질을 보내 명나라 황제의 회답을 얻어 오도록 했다. 명 태조는 다음과 같이 말했다.

"조선이라는 칭호가 아름답고 또 그것의 유래가 오래 되었으니 그 명칭을 근본으로 할 것이며, 하늘을 본받아 백성들을 다스려서 후사를 영구히 번성하게 하라."

그리하여 나라의 이름을 조선으로 정하고, 이성계는 마침내 조선의 태조가 되었다.

정도전은 이성계를 비롯한 조정 대신들과 의논한 끝에 한양을 새 도읍지로 정하고 궁궐을 신축하여 도읍을 옮겼다. 그리고 '배불숭유'(排佛崇儒)를 나라의 근본 정책으로 정했다. 이어 정도전은 세자 책봉을 서둘렀는데, 이때에도 역시 나라의 요직을 두루 거치며 초고속 승진을 해 온 정도전의 입김이 크게 작용했다.

당시 세자의 후보로는 적장자인 방우나 조선 건국에 가장 공이 컸던 다섯째 방원이 가장 유력했다. 배극렴과 조준 등 몇몇 개국공신들은 방원이 세자에 책봉되어야 한다고 주장했으나, 이성계와 정도전의 생각은 달랐다. 다섯째 방원의 성격을 누구보다도 잘 알고 있는 이성계는 그가 왕위에 오르면 강씨 소생의 두 아들 방번과 방석의 안전을 보장할 수 없다고 판단했다. 정도전 또한 자신이 원하는 나라를 만드는 데 있어서 이방원은 커다란 걸림돌이 될 것이라고 생각했다.

이때 이성계는 강씨 소생의 방번을 세자에 책봉하려 했다. 그러나 신하들은 방번의 성격이 경박하여 세자로서는 부족하다며 반대했다. 그러자 이성계가 물었다.

"그렇다면 누가 세자가 될 만한가?"

"만약에 강비 소생의 왕자를 세자로 세우려 하신다면 막내이신 의안대군이 적격이라고 생각합니다."

정도전이 정비인 한씨 소생의 왕자들을 제치고 어린 방석을 추천한 것은 나름대로 철저한 계산에 의해서였다. 그가 꿈꾸는 나라는 신하들이 중심이 되어 이끄는 나라였다. 즉, 임금은 단지 상징적인 존재로만 머물고 나라의 모든 일은 신하들이 회의를 거쳐 결정하는 나라를 이상적인 나라로 생각하고 있었다. 그렇게 하기 위해서는 방원처럼 확고한 신념을 가진 강한 군주보다는 방석처럼 어린 군주가 적합했다.

정도전은 방원이 똑똑하고 영민하기는 하지만 지혜롭지 못하고 군주로서 덕이 부족하다는 이유를 들어 반대했다. 또한 한씨 소생의 방우·방과·방의·방간 등 다른 아들들도 여러 가지 이유를 들어 반대

| '재상의 나라'를 꿈꾸었던 조선판 내각주의자

하고 막내인 방석을 세자로 적극 추천했다.

　마침내 이성계는 정도전 등의 의견을 받아들여 강씨의 둘째 아들인 의안대군 이방석을 세자에 책봉했다. 이때 이방원은 마음속으로 자신을 제치고 어린 방석을 세자로 세운 정도전과 계모인 강씨에게 이를 갈았다. 이것은 훗날 '제1차 왕자의 난' 때 정도전을 죽음으로 몰고 간 원인이 되었다.

　자신이 의도한 대로 방석을 세자에 책봉하는 데 성공한 정도전은 즉시 개혁작업에 착수했다. 그는 『조선경국전』의 편찬을 주도하여 새로운 법제도의 기틀을 마련한 데 이어 사병을 혁파하고 과전법(科田法)을 시행하는 등 기득권층의 세력이 커지는 것을 차단했다. 그러나 지나치게 급진적이고 일방적인 정도전의 개혁은 사람들의 거센 반발을 불러왔고, 결국 이것 또한 훗날 그의 죽음을 재촉하는 원인이 되었다.

　또한 태조 5년(1396) 6월에 일어난 명나라와의 외교적 분쟁은 정도전을 궁지에 몰아넣었다. 예전부터 정도전을 곱지 않게 보아 왔던 명 태조 주원장이 그가 쓴 표전문(表箋文, 중국의 황제와 황태자에게 보내는 외교 문서)의 글귀를 문제삼아 사신 우우 등을 보내 정도전의 소환을 요구한 것이다.

　정도전은 병에 걸렸다는 등 여러 가지 이유를 들어 명나라의 소환에 응하지 않았다. 그러나 명나라는 계속해서 그의 소환을 요구했고, 이로 인해 점점 자신의 정치적 입지가 위태로워지자, 위기의식을 느낀 정도전은 지난날 이성계와 함께 반대했던 요동 정벌을 주장하기에 이르렀다.

　정도전은 먼저 이성계에게 다음과 같은 상소를 올렸다.

"예로부터 한 나라를 다스리는 군주는 문(文)으로 백성을 다스리고 무(武)로써 난리를 평정한다고 했으니, 이 두 가지는 사람의 양팔과 같은 것으로 어느 한쪽만 두고 어느 한쪽을 버릴 수는 없는 일입니다. 이제 조선도 더욱 강한 군사들을 양성할 필요가 있습니다."

이에 깜짝 놀란 이성계는 정도전을 불러 몇 번이고 설득했다.

"내가 위화도에서 회군할 때 이미 명나라를 칠 수 없음을 분명히 밝혔는데, 지금 와서 요동을 치자니 대체 그게 무슨 말이오? 지금 백성들은 전쟁보다는 평화를 원하고 있소. 이건 보나마나 계란으로 바위를 치는 격에 불과하니 그만두는 게 어떻겠소?"

그러나 이와 같은 이성계의 간곡한 설득에도 정도전은 끝까지 요동 정벌을 고집했다. 마침내 그는 이성계의 허락을 얻어 여러 호족과 왕족들로부터 몰수한 사병들을 새로 신설한 의흥삼군부에 병합한 뒤 군사들에게 진법을 훈련시키는 등 요동을 정벌하기 위한 실질적인 준비 작업에 들어갔다.

이러한 정도전의 급진 개혁과 무리한 정벌 추진은 개국공신인 조준 등의 반발을 불러일으켰을 뿐 아니라 그와 결별하는 계기가 되었다. 결국 요동 정벌은 끝내 이루어지지 못하였다.

왕권과 신권의 충돌

태조의 전폭적인 신임 속에 나라의 실권을 장악한 정도전이었지만,

그에게도 두려운 존재가 있었으니, 바로 정안대군 이방원이었다. 이방원은 자타가 인정하는 조선 최고의 개국공신으로, 그와 정도전은 이성계를 도와 조선을 건국한 '쌍두마차'였다.

두 사람이 적대 관계를 보이기 시작한 것은 건국 직후부터였다. 사실 그 이전부터 정도전은 이방원을 자신의 정치적 이상에 걸림돌이 되는 존재로 여기고 있었으나, 고려왕조를 무너뜨리고 새 왕조를 열기 위해 이방원과의 연대를 선택할 수밖에 없었다.

두 사람 가운데 상대방에게 먼저 공격을 가한 사람은 정도전이었다. 정도전은 개국공신들의 공신록을 작성할 때 왕족이라는 이유를 들어 여러 왕자들을 공신록에서 삭제해 버렸고, 이로 인해 그들로부터 강한 반발을 샀다. 이어 이방원은 세자 책봉 때에도 역시 정도전의 반대에 부딪쳐 좌절을 맛보아야만 했다. 그 후로도 정도전은 사사건건 이방원을 공격하였다. 그리하여 함께 조선을 건국했던 두 사람은 강력한 라이벌이자 최대의 정적이 되었다.

즉, 왕은 상징적인 존재로 남고 나라의 모든 정무는 신료들이 관장해야 한다는 '재상의 나라', '신권주의'를 꿈꾸는 정도전과 강력한 왕권에 의해 국가를 운영해야 한다는 이방원의 '왕권주의'가 불꽃 튀는 격돌을 벌이게 된 것이다. 이에 따라 개국공신들도 양대 진영으로 나뉘어졌는데, 정도전은 남은·심효생·박위 등을 중심으로 자신의 개혁정치를 펼쳐 나갔고, 이방원은 조준·이지란·이화 등과 함께 호시탐탐 반전을 일으킬 기회를 엿보고 있었다.

정도전은 요동 정벌을 내세워 군사들을 훈련시키는 과정에서 왕자들이 거느리고 있는 사병을 혁파하였고, 자신의 일파인 심효생의 딸을 세자빈으로 들였으며, 이방번·이제 등과 모의하여 한씨 소생의 왕자 제거 계획을 실행에 옮겼다.

그들은 먼저 비밀리에 환관 김사행을 사주하여, 여러 황자들을 왕으로 책봉하여 지방의 절도사로 삼은 중국의 예를 들면서 한씨 소생의 왕자들을 지방으로 내려 보내기를 청했다. 그러나 태조는 이를 허락하지 않고 오히려 이방원을 불러 넌지시 귀띔해 주었다.

"밖에서 너희들에 대해 하는 의논을 너희들이 몰라서는 안 될 것이며, 마땅히 네 형들과 함께 이를 경계하고 조심해야 할 것이다."

정도전 등은 이에 그치지 않고 변중량을 사주하여, 왕자들의 병권을 빼앗아야 한다는 상소를 올렸으나, 태조는 이 또한 허락하지 않았다. 이때 정도전 일파의 든든한 후원자이자 버팀목이었던 신덕왕후 강씨가 세상을 떠났다. 이것은 그들에게 위기의식을 가져다 주었다.

얼마 지나지 않아 환관 조순이 다음과 같은 태조의 교지를 전했다.

"과인이 병이 심하여 사람들을 만나고 싶지 않다. 그러니 세자 외에는 그 누구도 들어와서 보지 못하게 하라."

정도전은 남은·심효생·이근·이무·장지화 등과 함께 날마다 송현에 있는 남은의 애첩 집에 모여 한씨 소생의 왕자들을 죽일 음모를 꾸몄다. 그들은 세자 이방석과 이제·박위·노석주·변중량으로 하여금 대궐 안에 있으면서 거짓으로 태조의 병이 위독하다고 꾸며 왕자들을 대궐 안으로 불러들인 뒤, 왕자들이 들어오면 궐 안의 종복들과 군졸들을 시켜 공격하게 하고 자신들은 밖에서 호응하기로 계획을 세웠다.

그러나 이미 정도전 등의 움직임을 심상치 않게 여긴 이방원은 이숙번에게 다음과 같이 일러두었다.

"간악한 무리들이 임금께서 병환이 나심을 기다려 반드시 큰 변고를 낼 것이니, 만약 내가 그대를 부르거든 서둘러 와야만 할 것이다."

두 세력간의 탐색전이 심화될 즈음, 양 진영 사이에서 중립을 유지하고 있던 이무가 정도전과 남은 등의 계획을 비밀리에 이방원에게 전했다. 이에 이방원은 이숙번과 처남 민무구 형제에게 군사를 모으고 대기하라는 명령을 내린 뒤 태조의 병환이 위급하다는 전갈을 받고 대궐로 향했다.

평소 때와 달리 궐 안에 불이 밝혀 있지 않자 분위기가 심상치 않음을 느낀 이방원은 동구 군영으로 달려가 대기 중인 이숙번을 불렀다. 그러자 무장을 한 이숙번이 장사 두 사람과 함께 달려왔다.

이렇듯 궁궐 쪽에서 이방원 등이 긴박하게 움직이고 있을 때, 정도전 등은 여전히 남은의 애첩 집에 모여 있었다. 그들은 궁궐에서 왕자들을 제거했다는 소식이 들려오기만을 기다리고 있었던 것이다.

그날 밤 이방원은 소근과 장졸들을 시켜 정도전 등이 모여 있는 집을 포위하게 했다. 밖에서 벌어지고 있는 상황을 전혀 눈치 채지 못한 정도전은 남은·심효생 등과 함께 앞날을 논의하고 있었다. 이숙번의 명을 받은 소근 등이 이웃집 세 곳에 불을 지르자 깜짝 놀란 정도전 등이 밖으로 뛰쳐나왔다. 심효생·장지화·이근 등은 그 자리에서 목이 베였으며, 정도전은 이웃집으로 몸을 숨겼으나 그 집 아낙네의 밀고로 붙잡혀 소근의 칼에 목이 베어졌다.

조선 최고의 개국공신이자 당대의 이인자였던 정도전은 이렇게 해서 일개 종복의 손에 의해 비참한 최후를 맞았다. 그때가 조선이 개국한 지 7년째인 1398년으로, 그의 나이 57세였다.

고려 말, 자신이 꿈꾸던 새 나라 새 왕조를 세우기 위해 주위의 비난까지도 감수하며 스승과 친구를 배신했던 정도전. 그는 마침내 이성계를 도와 조선을 건국하고, 최대 공신으로 정권과 병권을 한 손에 쥐고 개혁정치를 이끌었으나, 지나친 독단과 급진적 개혁조치로 수많은 개국공신과 왕족들의 반발을 샀다. 결국 정도전은 자신의 권력기반을 강화하기 위해 이방원 등의 왕자들을 제거하려다 오히려 발각되어 그들에게 죽임을 당하였다. 정도전의 죽음과 함께 그가 꿈꾸었던 '신권주의' 또한 역사 속으로 사라졌다.

| '재상의 나라'를 꿈꾸었던 조선판 내각주의자

09

황·희

── 명군 세종을 있게 한 명재상 ──

*변절이 아닌 선택: 백성을 위해 두문동을 나오다

*태종의 총애를 받다

*복종만이 신하의 정도는 아니다

*명군과 명재상이 만나다

*영의정으로 최장수 기록을 세우다

*명재상도 세월은 거스를 수 없다

| 황희 | (1363~1452, 고려 말~조선 초)

한국 역사상 가장 위대한 임금 세종. 세종이 태평성대의 위업을 달성한 최고의 명군으로 불릴 수 있었던 것은 그의 곁에 많은 인재들이 있었기에 가능했다. 세종을 보필한 많은 인재 중 최고의 인물이라 할 황희는 원래 조선 건국에 반대한 고려 유신이었다. 그러나 그는 백성을 위해 두문동을 나온 이후 무려 18년 동안 영의정으로 있으면서 공평무사하게 국정을 이끌고 올곧게 세종을 보필하여 백성들의 생활을 안정시키고 문화의 꽃을 활짝 피울 수 있도록 이끈 명실상부한 조선 최고의 이인자이다.

변절이 아닌 선택: 백성을 위해 두문동을 나오다

처음부터 황희가 조선왕조에 협조했던 것은 아니었다. 그는 1392년, 이성계가 공양왕으로부터 강제로 왕위를 넘겨받아 조선을 건국하자, 새 왕조에 반대해 두문동으로 들어가 칩거해 버린 고려 유신 가운데 한 사람이었다.

고려 왕조가 막을 내린 이듬해, 이성계는 새 왕조를 함께 일구어 갈 새로운 인재를 뽑기 위해 과거를 실시했다. 그것은 한편으로는 사람들이 새 왕조에 대해 어떤 생각을 가지고 있는지 가늠해 보기 위한 것이기도 했다. 이때 황희는 임선미·조의생 등과 함께 보란 듯이 과거 시험장 앞을 지나치며 쓰고 있던 갓을 벗어 나무에 걸어 두고 두문동 골짜기로 들어갔다. 그리고 그곳에 초막을 짓고 살며 세상 밖으로 나오지 않았다. 그것은 결코 새 왕조에 협조하지 않겠다는 굳은 의지의 표현이었다.

"내가 참으로 공양왕이나 우왕, 창왕보다 덕이 없단 말인가!"

이성계는 절박한 심정으로 탄식하며 고려 유신들을 끌어내기 위해 여러 차례 조정 대신들을 두문동으로 보냈으나, 그들은 갖은 회유와 협박에도 굴하지 않고 그곳에서 단 한 발자국도 움직이지 않았다. 결국 그들을 설득하는 데 실패한 이성계는 두문동에 최후의 통첩을 보냈다.

"끝까지 나오지 않고 버틴다면 마을 전체를 불태우겠다. 이곳에 남아 불에 타 죽든지, 아니면 조선의 신하로서 새 조정에 참여할 것인지 하루의 시간을 줄 테니 결정하도록 하라."

이성계는 고려 유신들을 죽이든지, 아니면 끌어안든지 어느 쪽으로든 서둘러 결론을 지어야 했다. 그대로 방치해 두었다가는 자칫 어렵게 세운 왕조가 송두리째 흔들릴 수 있었기 때문이다. 그때 백성들 사이에서는 지금 조정에 있는 대신들은 고려의 역적이고, 고려의 충신은 모두 두문동에 모여 있다는 말이 공공연하게 떠돌고 있었다.

그날 밤 두문동에서는 마지막 회의가 열렸다. 고려를 향한 충성심을 간직한 채 모두 이대로 죽을 것인가, 아니면 다른 대책을 강구할 것인가? 그들은 누군가는 살아서 자신들의 이야기를 후세에 전해야 하고, 또한 남아 있는 백성들을 바른 길로 이끌어야 한다는 결론을 내렸다. 이때 두문동의 고려 유신들은 아직 나이가 어리고, 높은 학문을 지녔을 뿐만 아니라 인품 또한 훌륭한 황희를 그 적임자로 선택했다.

그리하여 황희는 1394년, 동료들의 환송 속에 눈물을 머금고 두문동을 나왔다. 이때 두문동에 남아 있던 고려 유신 72명은 모두 불에 타 죽었는데, 그들이 바로 '두문동 72현(賢)'이며, '두문불출'(杜門不出)이라는 말이 여기에서 유래하였다.

| 명군 세종을 있게 한 명재상

■ 태종의 총애를 받다

황희는 고려왕조가 기울어져 가던 공민왕 12년(1363), 개성 가조리에서 판강릉대도호부사를 지낸 황군서의 아들로 태어났다. 그는 사마시·진사시를 거쳐 공양왕 2년(1390), 성균관 학록으로 관직에 첫발을 내딛었다. 그로부터 2년 뒤, 간신히 명맥을 유지해 오던 고려왕조가 멸망하고 이성계가 새 왕조의 주인으로 등장하자 도저히 새 왕조를 용납할 수가 없던 황희는 두문동 칩거를 결행한 것이었다.

비록 동지들의 권유에 의해 두문동을 나와 새 왕조 조선에 출사했다고 하지만, 이것으로 인해 황희는 고려왕조에 대한 충정을 간직한 채 숨진 동료들에 대한 마음의 빚을 짊어지게 되었다. 또한 충절을 저버린 데에서 오는 학자로서의 양심과 주위의 따가운 시선도 그에게 큰 부담으로 다가왔다. 이러한 가책 때문에 황희는 평생을 바르고 곧게 살고자 노력했고, 이것이 황희를 조선에서 가장 뛰어난 명재상으로 만들었다.

이성계는 비록 단 한 사람뿐이었지만 황희가 두문동에서 나오자 크게 기뻐하며 환영했다. 아직 나이가 어리기는 하지만 높은 학식과 덕망을 갖춘 황희의 합류는 조선의 합법성을 이끌어 내는 상징적인 의미를 지니고 있었다.

이성계는 우선 황희를 성균관 학관으로 임명하고 세자 방석의 스승으로 삼았다. 그러나 황희의 초기 관직 생활은 그리 순탄하지만은 않았다. 그는 조선왕조에 적극적으로 가담한 인물들과의 정서적 차이 때문인지, 아니면 고려왕조에 대한 충절을 저버린 심적 부담 때문인지 처음에는 관직 생활에 잘 적응하지 못했다. 그리하여 태조·정종·태종을 거쳐 세종 초에 이르기까지 4년 동안 귀양살이를 했고, 두 차례 좌천되었으며, 파직도 세 번이나 당했다.

그런 와중에도 황희는 태종의 지극한 신임을 받았는데, 이는 승정원 지신사(도승지) 박석명의 추천에 힘입은 바가 컸다. 조정의 중요 업무들을 관장해 오던 박석명은 건강을 이유로 태종에게 여러 번 사직을 청했는데, 태종은 그때마다 다음과 같이 말했다.

"경이 그 자리에서 물러나려거든 경과 같은 뛰어난 인재를 과인에게 추천해 주시오. 그리 하면 허락해 주겠소."

이때 박석명의 추천으로 태종에게 발탁된 황희는 육조의 정랑을 차례대로 역임하면서 승진에 승진을 거듭했다. 그는 중추원을 없애고 병권을 국왕에게 완전히 귀속시키는 등 군제 일원화 작업을 훌륭하게 마무리지음으로써 태종의 신임을 얻었던 것이다.

그 후 43세 되던 해인 태종 5년(1405), 박석명의 후임으로 승정원 지신사에 오름으로써 황희는 관직 생활에 일대 전환점을 맞이하게 되었다. 이때부터 황희는 태종을 가장 가까이에서 보좌하면서 조정의 기밀한 사안들을 다루었다. 태종은 일을 처리할 때마다 일일이 황희에게 의견을 물을 정도였다.

"이것은 경과 나만이 알고 있는 일이니, 만약 이 일이 알려진다면 경이 아니면 내가 발설한 것이다."

태종은 두 사람만의 비밀 이야기를 나눌 정도로 황희를 전폭적으로

명군 세종을 있게 한 명재상

신임했고, 황희 또한 이에 보답이라도 하듯 언제나 태종의 뜻을 받들어 모든 일을 신속하고 정확하게 처리했다.

태종의 비인 원경왕후 민씨의 동생, 민무구·민무질 형제는 제1차 왕자의 난 때 태종을 도와 공을 세웠는데, 이로 인해 큰 권세를 누렸다. 이에 외척의 발호를 경계한 태종은 이화·이숙번·조영무 등에게 밀지를 내려 민무구 형제에 대해 조사하도록 지시했다.

"만약 이 일을 신중하게 처리하지 못해 빈틈을 보인다면 나중에 후회해도 소용없는 일이 될 것이니 각별히 신경쓰도록 하라."

그리하여 이화와 이숙번 등은 10가지 죄목을 들어 민무구 형제를 비롯한 민씨들의 죄를 물을 것을 청했다. 태종이 세자에게 양위하겠다는 조서를 내렸을 때, 민무구 형제들이 어린 세자를 내세워 권력을 잡으려고 음모를 꾸몄다는 것이었다.

이들 형제에 대한 옥사(獄事)는 속전속결로 처리되어 이틀 후 민무구는 연안에, 민무질은 장단에 각각 유배되었다. 이어 19일 후 공신녹권을 박탈당했으며, 이듬해 10월에는 그들의 죄를 비난하는 교서가 전국에 공표되었다. 그 후 민무구 형제는 제주도에 유배되었다가 결국 사사되고 말았다.

이때 황희는 앞장서서 민무구 형제의 죄상을 밝히는 등 사건을 맡아 처리하였는데, 이로써 태종으로부터 더욱 큰 신임을 얻게 되었다.

복종만이 신하의 정도는 아니다

이밖에도 황희는 언제나 올곧은 일 처리로 태종을 보필했다. 태종 8 년(1408) 12월 어느 날, 집에 있던 황희는 태종의 부름을 받고 서둘러 입궐했다. 편전에 앉아 초조하게 황희를 기다리고 있던 태종은 그가 들어서자 자못 심각한 얼굴로 말했다.

"평양군이 모반을 꾀했으니, 경은 곧 계엄을 선포하고 만에 하나 있을지 모를 변고에 대비하도록 하라."

태종의 말에 황희는 고개를 갸웃거렸다. 평양군은 바로 조대림을 말하는데, 그는 태종의 둘째 딸 경정공주와 결혼한 임금의 부마이자 조선의 개국공신으로 영의정을 지낸 평양부원군 조준의 아들이었다. 그런 그가 역모를 꾀할 리 없었다.

"전하, 조대림의 성품으로 보아 아버지와 군주를 거스르는 일은 절대로 하지 않았을 것입니다."

태종은 반역을 꾀하다 붙잡힌 목인해를 심문한 결과 조대림과 함께 모의했다는 자백을 받고, 즉시 조대림을 잡아들여 심문했더니 그는 아무런 변명도 하지 못하더라는 사실을 들려주었다.

그러자 황희는 조대림과 목인해를 대질 심문할 수 있도록 해달라고 청했다. 태종의 허락을 얻어 심문을 벌인 결과, 황희의 말대로 그 사건은 조대림과는 상관없이 목인해 혼자서 벌인 일임이 밝혀졌다. 목인해는 그의 후처가 지난날 조대림의 노비였던 인연을 이용해 그의 집을 자주 드나들었는데, 역모가 탄로나자 조대림에게 죄를 뒤집어 씌웠던

| 명군 세종을 있게 한 명재상

것이다. 그런데 말솜씨가 어눌한 조대림은 이를 제대로 해명하지 못하여 누명을 쓴 것이었다.

황희의 노력으로 조대림의 무고가 밝혀지자 태종은 조대림에게 이렇게 말했다.

"그대가 옥에 갇혔을 때 황희가 말하기를, 평양군이 아버지와 군주를 거스르는 짓을 할 리가 없다고 하더니 과연 그렇구나."

그 말을 들은 조대림은 감격해서 말을 잇지 못했다. 그러나 목인해 역모 사건은 그것으로 끝나지 않았다. 태종은 사헌부가 사전에 자신의 허락도 얻지 않고 무고한 조대림을 붙잡아다 심문했다며 크게 화를 냈다. 그리하여 당시 사헌부 대사헌으로 있던 맹사성이 처형당할 위기에 놓이고 말았다. 누구보다도 맹사성에 대해 잘 알고 있는 황희로서는 그의 죽음을 보고만 있을 수 없었다. 황희는 영의정 성석린과 함께 태종에게 나아가 청렴결백하고 강직한 성품을 지닌 맹사성은 이 나라에 없어서는 안 될 인재라며 적극적으로 변호하였고, 이로써 맹사성은 겨우 목숨을 건질 수 있었다.

한편, 태종은 공신들의 권한을 축소하고 왕권을 강화하기 위해 의정부를 거치지 않고 육조에서 왕에게 직접 사안을 보고하도록 하는 육조직계제를 실시했는데, 이때 태종은 황희에게 인사 행정에 관여할 수 있는 특권을 부여하기도 했다. 이렇듯 태종은 황희를 전폭적으로 신뢰했고, 황희 또한 공평하고 사심 없는 일처리로 그러한 태종의 기대에 부응했다. 이후 황희는 육조판서를 두루 역임했다.

그러나 승승장구하던 황희에게도 시련이 찾아왔다. 황희가 이조판서로 있던 어느 날, 태종이 그를 불러 물었다.

"제가 세자로서 덕망을 잃었으니 폐하고자 하는데 경의 생각은 어떠한가?"

당시 자유분방한 성격을 가지고 있던 세자 제(양녕대군)는 왕세자로서 지녀야 할 예의범절이나 딱딱한 유교식 교육, 엄격한 궁중 생활에 적응하지 못하고 몰래 궁중을 벗어나 사냥과 풍류를 즐겼다. 세자의 그러한 행동은 태종에게 걱정을 끼쳤고, 유학자들의 비판 대상이 되었다. 태종은 여러 차례에 걸쳐 세자를 타이르기도 하고, 벌을 주기도 했으나, 세자는 전혀 자신의 행동을 고치려 하지 않았다. 이에 그를 폐하기로 결심을 굳힌 태종이 황희에게 의견을 묻기에 이른 것이다.

그러나 황희는 태종과 생각이 달랐다. 그는 적장자 승계의 원칙을 확실히 함으로써 미래에 일어날지도 모르는 왕권 다툼을 미연에 방지하고자 했다. 자칫하면 건국 초에 일어났던 골육상쟁을 또다시 불러올 수 있기 때문이었다. 그리고 세자가 비록 잘못을 저질렀다고는 하지만 아직 어려서 그런 것일 뿐, 본래 영특하고 군왕으로서의 자질을 갖추고 있으니 제대로 훈육하면 된다는 생각이었다.

황희가 "세자의 나이가 어려서 그렇게 된 것이니 큰 잘못은 아닙니다." 하고 답하자 태종은 벌컥 화를 내며 쏘아붙였다.

"경은 지난날 민무구 형제를 제거할 것을 주장했는데, 지금 와서 세자를 감싸는 것은 그가 보위에 오르면 보복을 당할까 두려운 나머지 그러는 게 아닌가?"

황희는 이러한 태종의 반응에 전혀 아랑곳하지 않고 세자를 폐하면

| 명군 세종을 있게 한 명재상

안 된다고 강력하게 주장했다. 결국 이 일로 황희는 공조판서로 좌천된 데 이어, 다음 해에는 외직인 평안도도순문사 겸 평양윤으로 좌천되었다. 황희가 도성으로 돌아온 태종 18년(1418), 태종은 또다시 세자를 폐하려 했다. 이번에도 황희는 태종에게 반대했다. 결국 태종은 황희를 서인으로 강등시켜 교하(파주)로 보낸 뒤 세자 제를 폐하고 셋째 아들인 충녕대군 도를 왕세자에 책봉했다. 곧이어 태종에게 양위를 받아 충녕대군 도가 왕위에 오르니, 그가 바로 우리 역사상 가장 위대한 왕으로 꼽히는 조선 제4대 임금 세종이다.

조정의 대신들은 황희를 도성과 가까운 교하에 두는 것은 징벌의 효과가 약하다며 좀더 멀리 떨어진 곳으로 보내야 한다고 주장했다. 할 수 없이 태종은 황희를 남원으로 유배시키기로 결정했다. 이때 태종은 황희의 조카 오치선을 교하로 보내 황희에게 자신의 속마음을 전했다.

"경은 비록 공신이 아니지만 나는 경을 공신으로서 대우했다. 또한 하루 이틀이라도 경이 보이지 않으면 반드시 불러 보았고, 한시도 내 곁을 떠나지 못하게 했다. 하지만 지금 대신들이 들고일어나 경을 도성 가까이에 거처하게 할 수 없다고 한다. 이런 까닭에 경을 남원으로 옮기는 것이니 경은 노모와 함께 편리한 대로 떠나도록 하라."

태종은 황희를 압송하지 않고 자유롭게 갈 수 있도록 조치했을 뿐 아니라 어머니를 모시고 함께 가도록 했는데, 이러한 조치는 당시로서는 매우 파격적인 것이었다. 태종은 비록 자신의 뜻에 반대하는 황희가 괘씸하기는 했지만, 그의 충절과 사리사욕에 물들지 않는 마음을 잘 알고 있었기에 최대한 편리를 보아 준 것이다. 그리고 그것은 황희를 아끼는 자신의 마음을 표현한 것이기도 했다.

황희에 대한 변함 없는 태종의 마음은 아들인 세종에게 한 말에서 잘 드러나고 있다.

"주상, 황희는 중국 한나라의 사단과 같은 사람이니, 그에게 무슨 죄가 있겠습니까?"

사단은 한나라 원제(元帝) 때 세자를 폐하자는 진언을 했던 대신이었는데, 태종의 이 말은 황희가 왕세자 책봉에 반대한 것은 한나라 사단과 같이 오직 나라를 위한 마음에서였지 자신의 욕심을 채우기 위해서 그랬던 것은 아니라는 뜻이었다.

명군과 명재상이 만나다

유배된 지 5년 만인 세종 4년(1422), 황희는 유배에서 풀려나 관직에 복귀했다. 태종이 세종에게 그의 죄를 용서하고 그를 불러 올릴 것을 간곡히 청했기 때문이다. 태종은 세종을 보필해 국정을 이끌어 갈 인재의 필요성을 느끼고 있었다. 당시 개국공신들은 이미 죽고 없었고, 태종 자신이 등극하는 데 큰 역할을 했던 공신들 또한 왕권을 강화하는 과정에서 죽거나 숙청당한 후였다. 태종의 생각으로는 황희가 바로 적격이었다. 황희는 곧고 강직하고 어진 성품에 권세를 탐하지 않는 인물이었다. 게다가 자신 밑에서 풍부한 실무 경험까지 쌓았던 것이다. 태종은 세종에게 황희를 적극 추천하였다.

한양으로 올라온 황희는 먼저 상왕인 태종을 찾아가 다시 불러 준 은혜에 감사했다. 태종은 자신의 감회를 토로하며 이렇게 말했다.

"내가 상왕으로 있으면서 늘 경에 대한 일을 주상에게 말해 왔는데, 오늘에야 비로소 경이 도성에 돌아오게 되었구려."

태종은 세종에게 황희의 과전과 직첩을 돌려주게 한 후, 그를 임용하도록 청했다. 그리하여 황희는 그해 10월, 의정부 참찬이 되어 관직에 복귀했고 곧이어 예조판서에 올랐다.

이로써 황희와 세종의 만남은 시작되었다. 황희와 세종은 깊은 신뢰 속에 명재상과 명군으로 거듭났다. 그것은 세종이 자신의 책봉에 반대했을 뿐 아니라 외숙들을 죽음으로 몰아넣었던 황희를 선입견 없이 대함으로써 가능했던 것이기도 하다. 황희는 육조의 판서를 두루 거치면서 익힌 행정 경험과 타고난 인정, 높은 학식을 바탕으로 세종을 우리나라 최고의 성군이자 명군의 반열에 올려 놓았다.

세종 대에 들어와서 황희가 세운 첫 번째 공로는 강원도 백성들을 구휼한 것이었다. 이즈음 심한 기근으로 강원도 백성들이 고통을 받자 세종은 황희를 강원도 관찰사로 임명했다. 그것은 관찰사로 있던 이명덕의 잘못된 구황정책으로 백성들의 고통이 더욱 심해졌다고 판단했기 때문이다.

황희는 임지에 도착하자마자 굶주리는 백성들을 돕는 일에 발벗고 나섰다. 이러한 황희의 헌신적인 노력으로 강원도 백성들은 곧 안정된 생활을 되찾을 수 있었다. 이에 세종은 황희를 숭정대부 판우군 도총제부사로 승진시킴으로써 그의 노고에 답했다.

황희는 세종 8년(1426)에 우의정에 올랐는데, 이때 그의 나이 64세였다. 이어 세종은 곧 황희를 좌의정 겸 세자사(세자의 교육을 담당하는 세자시강원의 정1품 관직)로 승진시켰다.

이 무렵, 이장손이란 사람이 통진수령에 임명되었다. 이장손은 지난날 황희가 평안도도순문사로 좌천되었을 당시 행대어사로 있던 사람으로, 황희가 판서 출신임에도 그에 따른 예우를 갖추지 않고 자신과 똑같은 신분으로 대했다. 그뿐 아니라 여러 번 상소를 올려 황희를 탄핵했고, 이에 황희도 그의 상소를 논박하며 맞섰었다. 그런 그가 외직인 통진수령에 임명되었다는 소식을 들은 황희는 '이장손은 관직에 있는 동안 뛰어난 일 처리로 명성이 높았던 사람'이라며 이장손을 변호하고 나섰다.

그후 황희는 이장손을 적극 추천하여 높은 관직에 임용하기도 했다. 이것은 황희의 성품을 보여 주는 일례로서, 그는 자신을 헐뜯고 모함한 사람까지도 포용할 줄 아는 넓은 아량을 가진 인물이었다.

영의정으로 최장수 기록을 세우다

황희는 조선왕조 사상 가장 오랫동안 영의정으로 재직한 신기록 보유자다. 그는 세종 13년(1431), 영의정에 올라 국정을 총괄하기 시작한 이후부터 세종 31년(1449)에 자리에서 물러나기까지 약 18년 동안 단한 번도 그 자리를 비우지 않았다. 이는 종신직을 제외한 임명직으로는 우리 역사상 전무후무한 최장수 기록이다.

황희가 이러한 기록을 세울 수 있었던 것은 공평무사하고 사리사욕에 치우치지 않는 일 처리로 위로는 국왕인 세종의 절대적인 신임을 받았고, 아래로는 신료들과 사대부들, 그리고 나아가 백성들의 폭넓은 지지를 얻었기 때문이다.

세종은 말년에 이르러 불교에 심취했는데, 왕비인 소헌왕후가 세상을 떠나자 유신들의 강력한 반대에도 불경의 금서(金書)와 전경법회(轉經法會)를 강행했다. 이어 궁중에 '내불당'이라는 불당을 짓겠다고 나섰다. 이것은 조선의 건국 이념인 배불숭유 정책에 위배되는 것이었고, 임금이 불교 신자라는 사실을 만천하에 선포하는 것이었다. 그리하여 내불당 건립 문제를 놓고 조정 대신들 사이에 한바탕 논쟁이 벌어졌다. 심지어 집현전 학사들은 궁 안에 불당을 세워 놓고는 결코 유교 정치를 펼 수 없다며 집으로 돌아가 버리기까지 했다.

황희는 어떻게든 이 문제를 해결해야 했다. 그러나 그 또한 성리학을 공부한 유학자로서 세종의 이러한 행동을 용납할 수 없었다. 황희는 먼저 세종을 찾아갔다.

"백성들에게는 유교를 숭상하라고 하면서 전하께서는 불교 신자라고 드러내 놓고 알리는 것은 지극히 모순된 일입니다. 게다가 궐 안에 불당을 짓고 직접 불공까지 드리신다면 이를 본 백성들이 뭐라고 하겠습니까? 내불당 건립은 절대로 안 될 일입니다."

그러나 세종은 의외로 강경하게 나왔다.

"경은 과인에게 부모의 극락왕생을 바라는 자식의 순수한 마음조차 버리라고 하시는 게요?"

황희는 두 아들 광평대군과 평원대군을 잃은 데 이어 왕비인 소헌왕후마저 잃은 세종이 불교에 빠져들게 된 것이 이해가 되기도 했다. 그는 불교를 통해 이러한 슬픔을 잊고자 하는 세종의 뜻을 도저히 꺾을 수 없다고 판단했다.

그렇다면 조정 신료들 쪽에서 해결의 실마리를 찾아야 했다. 황희는 집현전 학사들을 일일이 찾아다니며 설득하기 시작했다.

"나 또한 그대들처럼 공자의 가르침을 최고로 생각하는 유학자요. 하지만 이번 일만은 그냥 넘어갑시다. 궐 안에 불당 하나 짓는다고 해서 이 나라의 근본이 바뀌는 것은 아니잖소. 모름지기 군주란 백성을 위할 줄만 알면 되는 것이오."

결국 황희의 설득에 못 이긴 집현전 학사들은 자신들의 자리로 되돌아왔다. 늙은 몸을 이끌고 젊은 유생들에게 비난을 받으면서도 웃음을 잃지 않고 간곡히 청하는 황희의 행동에 감복한 것이다.

이처럼 국왕의 뜻을 헤아릴 줄 아는 황희가 있었기에 세종은 항상 편안한 마음으로 국정을 펴 나갈 수 있었고, 정치·경제·국방·문화·과학·음악 등 모든 분야에 걸쳐 뛰어난 업적을 남길 수 있었다.

언제나 나라에 대한 걱정으로 가득했던 황희는 점점 나이가 들기 시작하자 나라의 장래를 생각하지 않을 수 없었다. 자신이 물러난 뒤 책임지고 나라를 이끌어 갈 인재가 필요했던 것이다. 그때 황희의 눈에 들어온 사람이 바로 김종서였다.

황희가 북방을 시찰하고 돌아오자 세종은 그에게 북방을 개척하고

　　　　　　　　　| 명군 세종을 있게 한 명재상

여진족들의 침략을 막을 만한 적임자가 누구인지 물었다. 황희는 서슴없이 김종서를 추천했고, 세종은 곧 그를 함길도(함경도) 관찰사로 임명했다.

그 후 김종서는 수년 동안 '북방의 호랑이'로 군림하며 여진족을 몰아내고 부령·회령·종성·온성·경흥·경원에 여섯 개의 진을 설치함으로써 국경을 두만강으로 확정짓는 큰 공을 세웠다. 고구려 멸망 이후 실로 800여 년 만에 우리의 옛 땅을 되찾은 것이었다. 이렇듯 황희의 사람 보는 눈은 정확했고, 김종서 또한 황희에게 보답하듯 자신의 임무를 훌륭히 수행했다.

이러한 김종서를 조선의 미래를 이끌어 갈 대들보로 점찍은 황희는 그의 일거수 일투족을 눈여겨보며 사소한 잘못도 놓치지 않고 바로잡아 주려했다. 김종서는 나라를 위해 큰일을 할 그릇이긴 했지만 타고난 무인 기질 때문에 성격이 다소 거칠고 자신감이 지나친 흠을 갖고 있었다.

어느 날, 황희는 6진을 개척하고 돌아온 김종서가 병조판서에 올랐다는 소식을 듣고 이를 축하하기 위해 병조에 들렀다. 그때 김종서는 황희가 왔는데도 일어나 맞을 생각을 하지 않고 모르는 척 의자에 비스듬히 기대어 앉아 있었다.

황희는 병조의 관리들에게 큰 소리로 호통을 쳤다.

"너희 판서께서 앉아 계신 의자가 한쪽으로 기울어졌는데, 너희들은 속히 고쳐 드리지 않고 무얼 하고 있는 게냐?"

황희의 벼락같은 호통 소리에 깜짝 놀란 김종서는 재빨리 자리에서 일어나 무릎을 꿇었다.

"소인이 미처 대감께서 오시는 것도 모르고 큰 실수를 저질렀습니다. 부디 너그러운 마음으로 용서해 주십시오."

또 한번은 이런 일도 있었다. 어느 날 황희는 맹사성을 비롯한 조정 중신들과 함께 의정부에 모여 점심까지 걸러 가며 나랏일을 논의하고 있었다. 그때 갑자기 푸짐한 점심상이 들어오더니 그와 함께 김종서가 안으로 들어섰다. 그 점심상은 바로 김종서가 예빈시에 일러 특별히 마련한 것이었다.

시장했던 대신들은 잘 차려진 점심상을 보자 즐거운 마음으로 식사를 하려 했다. 바로 그때 난데없는 호통소리가 빈청 안에 쩌렁쩌렁 울려 퍼졌다.

"이보시오, 호판! 예빈시는 나라의 행사와 왕실에 쓰이는 음식을 마련하는 곳이 아니오. 그런데 이런 사사로운 일에 국고를 낭비하다니, 호판은 지금 국법을 어긴 것이오!"

호통의 주인공은 다름 아닌 황희였다. 재상들을 위해 점심상을 마련했다는 생각에 자못 의기양양한 마음으로 들어섰던 김종서는 그만 당황해서 어쩔 줄을 몰랐다. 김종서가 물러간 뒤, 민망해하는 맹사성에게 황희는 다음과 같이 연유를 설명하였다.

"대감, 아무리 사소한 일이라고 해도 공사를 구별하지 못한 것은 결코 지나칠 수 없는 일입니다. 그가 잘못을 저질렀다면 그것을 고칠 수 있도록 도와주는 게 우리 같은 늙은이들이 할 일입니다. 그것이 이 나라의 장래를 위하고 또한 김종서의 장래를 위하는 일이 아니겠습니까?"

이 이야기를 전해 들은 세종은 김종서에게 관대한 처분을 내렸다.

"과인에게 황희 같은 훌륭한 재상이 있으니 무슨 걱정이 있겠는가? 김종서가 비록 경솔한 행동으로 죄를 지었으나 이번만큼은 특별히 용서하도록 한다."

며칠 후, 맹사성을 통해 황희의 진심을 알게 된 김종서가 황희를 찾아와 용서를 구했다. 황희는 이번에도 역시 김종서에게 충고하는 것을 잊지 않았다.

"김 판서의 패기는 장수로서는 참으로 필요한 것이지만 국정을 다스리는 관료로서는 불필요한 것이오. 앞으로 어떤 일을 처리할 때든지 언제나 자기 자신을 억제하고 신중을 기하시오. 모름지기 큰일을 하기 위해서는 작은 일 하나라도 결코 소홀히 해서는 안 될 것이오."

뒷날 김종서는 황희에 대해 다음과 같이 회고했다.

"내가 한창 북방에서 활동할 때에는 오랑캐의 화살이 코앞에 날아와도 눈 하나 깜짝 하지 않았는데, 황 정승의 호통에는 오금이 저리고 등에서 진땀이 다 흘렀다."

이렇듯 황희는 '북방의 호랑이'로 불리던 김종서를 꼼짝 못하게 하는 '호랑이를 때려잡는 호랑이 재상'이었다. 이와 같은 황희의 노력으로 훗날 김종서는 불의와 타협하지 않는 훌륭한 정승으로 거듭났다.

명재상도 세월은 거스를 수 없다

18년 동안 영의정으로서 국정을 총괄하며 세종을 돕던 황희는 세종 31년(1449), 87세의 나이로 벼슬에서 물러났다. 황희가 70세 되던 해인 세종 14년(1432)부터 시작해 여러 차례 사직을 청한 끝에 이때서야 비로소 세종의 허락을 얻을 수 있었던 것이다. 그러나 벼슬에서 물러났다고 해서 황희가 나랏일에서 완전히 손을 뗀 것은 아니었다. 세종은 그가 물러난 뒤에도 나라에 중대사가 있을 때마다 그에게 자문을 구했다. 또한 세종은 황희를 위해 평생 동안 2품 봉록을 지급받을 수 있는 특전을 베풀기도 했다.

황희는 갑작스런 노환으로 문종 2년(1452), 90세를 일기로 세상을 떠났다. 세종이 죽은 지 2년 후였다. 황희가 죽었을 때의 상황을 『조선왕조실록』은 다음과 같이 전하고 있다.

이때에 와서 대단치 않은 병으로 죽으니, 3일 동안 조회를 폐하고 여러 관청의 관리들도 모두 술과 과일을 차려 놓고 제사를 지냈으니, 이는 예전에는 단 한 번도 없었던 일이다.

죽기 전에 황희는 다음과 같은 유언을 남겼다.

"내가 죽은 후에 장례 절차는 『가례』(家禮)에 따르되, 시행하기 어려운 일을 억지로 따라 할 필요는 없다. 능력과 분수에 따라 알맞게 하고, 허례허식은 일체 행하지 말라."

| 명군 세종을 있게 한 명재상

평생을 검소하게 살고 항상 남을 배려했던 황희다운 유언이었다.

황희는 이인자로서 세종을 도와 조선의 황금기를 일구어 낸 조선 최고의 명재상이었다. 황희가 명재상으로 빛날 수 있었던 것은 그가 영의정으로 재임하면서 공평무사하게 국정을 이끌었기 때문이다.

잔병치레가 많았던 세종은 과도한 업무에서 벗어나기 위해 세종 19년(1437), '의정부서사제'를 부활시켰는데, 의정부서사제란 육조로부터 보고받은 행정 사안들을 의정부 대신들이 합의해서 결정한 후 왕의 허가를 받아 시행하는 제도를 말한다. 이것은 황희가 영의정으로 있는 동안 대부분의 정책을 의정부에서 결정하고 감독했다는 것을 의미한다. 그 기간 동안 국정 전반이 순조로웠다는 것은 황희가 의정부의 책임자로서 자신의 소임을 훌륭히 소화해 냈음을 나타낸다.

황희가 죽은 지 5일 후, 문종은 대신들에게 의견을 물었다.

"황희를 선왕의 묘정에 배향하려고 하는데 경들의 뜻은 어떻소?"

이때 김종서가 정분·허후 등과 함께 문종의 뜻에 찬성했다.

"황희는 영의정으로 있었던 20여 년 동안 임금을 보좌한 공로가 매우 크니, 선왕의 묘정에 배향하는 것은 지극히 당연한 일이며, 이는 사람들이 보기에도 합당할 것입니다."

10

한·명·회

— 한낱 궁지기에서 영의정에 오르다 —

*수양대군의 장자방이 되다

*불운 속에서 때를 기다리다

*적의 움직임을 철저히 파악하다

*난을 일으켜 운명을 바꾸다

*세조의 목숨을 구하다

*권세와 영화도 한순간

| 한명회 | (1415~1487, 조선)

강권정치를 구현한 조선 7대 임금 세조. 그러나 한명회를 빼놓고는 세조에 대해 말할 수 없다. 한명회는 그가 계유정난으로 단종의 왕위를 찬탈하는 데 가장 큰 공을 세운 1급 참모로, 그 후로도 계속 그를 보필하며 창덕궁 연회에서 그의 목숨을 구하는 등 잇따른 공을 세웠다. 살생부(殺生簿)를 작성, 세조 정권의 역적을 가려낸 후 직접 살육의 현장을 지휘했던 한명회는 자신의 두 딸을 왕비로 세우는 등 당대 최고의 이인자로서 막강한 권세를 누렸다. 그러나 권세에서 밀려난 후에는 쓸쓸한 여생을 보내야 했고, 죽은 후에 부관참시를 당하는 등의 죗값을 치러야 했다.

수양대군의 장자방이 되다

어느 날, 집현전 교리 권람이 수양대군의 집을 찾았다. 권람은 『역대
병요』를 편찬하면서 수양대군을 알게 되었고, 그 인연을 계기로 그와
가깝게 지내고 있었다. 수양대군은 권람을 반갑게 맞이했다.

"아니, 기별도 없이 웬일로 날 찾았는가?"

"대군께서 찾고 계시는 사람을 추천할까 해서 이렇게 불쑥 찾아왔
습니다."

그 말을 들은 수양대군은 놀란 표정으로 한동안 말없이 권람을 바라
보았다. 권람이 자신의 속내를 꿰뚫어 보았기 때문이었다. 권람은 계
속해서 말을 이었다.

"바로 한명회라는 사람입니다. 그는 어려서부터 기개가 범상치 않
고 큰 포부를 지녔지만 아직 관직이 낮아 그의 재주를 알아주는 사람
이 없습니다. 만약 대군께서 큰일을 도모하실 뜻을 품고 계시다면 그
는 반드시 대군께 필요한 인물일 것입니다."

"예로부터 영웅은 모자람이 많으니 지위가 낮은들 무엇이 문제가

되겠는가? 내가 비록 그를 만나 보진 못했지만 지금 그대의 말을 들어보니 틀림없이 장차 나라를 위해 크게 쓰일 인재라는 것을 알겠네. 내 빠른 시일 안으로 그를 만나 앞날을 상의하도록 하겠네."

수양대군은 더 이상 자신의 속내를 숨기지 않았다. 권람으로부터 한명회에 대해 이야기를 듣고 난 수양대군은 매우 흡족했다. 그것은 그의 가슴속에 꿈틀대고 있는 야망 때문이었다. 세종의 둘째아들인 수양대군은 언제나 왕권을 향한 욕망을 품고 있었는데, 그것은 아버지 세종 대부터 품어 온 것이기도 했다. 그러나 장자승계의 원칙에 따라 왕위가 형 문종에게 넘어감으로써 수양대군은 자신의 야망을 접을 수밖에 없었다.

그러나 문종이 왕위에 오른 지 2년 3개월 만인 1452년, 39세의 나이로 세상을 떠나고 열두 살밖에 안 된 어린 조카 단종이 즉위하자, 수양대군의 가슴속에는 또다시 왕권을 향한 욕망이 용솟음치기 시작했다. 그러나 그의 앞에는 너무도 막강한 장애물이 버티고 서 있었다. 바로 문종의 고명대신인 황보인과 김종서 등이었다.

세종은 뒷날 자신의 둘째아들 수양대군이 단종에게서 왕위를 찬탈할 것을 미리 알기라도 한 듯 유난히 집현전 학사들을 비롯한 많은 신하들에게 단종의 앞날을 부탁했다. 세종은 죽기 전 문종에게 다음과 같은 유언을 남겼다.

"세손은 영민하고 기골이 빼어나 능히 뒤를 이을 인물이나, 너무 어리니 보살필 신하가 필요하다. 뒷날 김종서에게 잘 부탁하도록 하라."

문종 또한 눈을 감기 직전 김종서와 황보인 등에게 어린 세자를 부

| 한낱 궁지기에서 영의정에 오르다

탁하는 것을 잊지 않았다.

"선왕께서 맡기신 자리를 오래 보전하지 못하고 이렇게 가는 것이 한스럽기 짝이 없소. 그러면서도 오직 어린 세자가 마음에 걸릴 따름이오. 부디 어린 임금을 잘 보살펴 주길 바라오."

선대왕들의 유언에 따르기 위해 김종서는 대군들이 사병을 기르고 무리를 짓는 것은 왕실을 위태롭게 한다는 이유를 들어 대군들의 주위에 사람들이 모이는 것을 금지시키는 등 어린 단종을 보호하기 위한 여러 가지 조치를 취했다.

그러나 이러한 조치들은 수양대군을 비롯한 왕족들의 눈에는 왕권을 능멸하는 것으로만 비쳐졌다. 이에 수양대군은 왕권을 회복한다는 명분을 내세워 평소 자신이 품고 있던 야망을 실현하기 위해 끊임없이 인재들을 모으고 있었다.

얼마 후, 수양대군은 한명회를 불렀다. 두 사람이 만난 것은 이때가 처음이었지만, 이야기를 나누면서 점점 뜻이 통하여 마치 옛날부터 사귀어 온 친구처럼 친숙해졌다. 한명회의 재능에 흠뻑 빠진 수양대군은 다음과 같이 당부했다.

"주상께서 비록 나이는 어리지만 도량이 크시니, 만약 대신들이 잘 보필하기만 한다면 충분히 선왕의 업을 이어 가실 수 있을 것이오. 다만, 걱정스러운 것은 곁에 있는 대신들이 간사하여 어린 임금을 부탁할 수 없으며, 그들이 도리어 딴 마음을 품어 선왕께서 부탁하신 뜻을 저버릴까 하는 것이오. 지난번에 권람을 통해 그대의 뜻을 들었으니, 그대는 앞으로 나를 위해 지략을 다해 주시오."

이미 수양대군에게 자신의 몸을 의탁하기로 결심을 굳히고 있었던 한명회는 겸손하게 대답했다.

"본래 재주가 남보다 못하고 어리석은 제가 어찌 대군의 기대에 부응할 수 있겠습니까? 다만, 옛날의 일을 두루 살펴보면 임금이 어리면 반드시 옳지 못한 사람이 정권을 잡았고, 옳지 못한 사람이 정권을 잡으면 여러 사특한 무리들이 그림자처럼 달라붙으니 이로 인해 나라의 변란이 항상 일어났습니다. 충의로운 신하가 일어나 반정을 한 후에야 그 어려움이 비로소 형통해지니, 비운(否運)이 서로 이어지는 것은 하늘의 도리라 할 수 있습니다. 지금 안평대군이 대신들과 결탁하여 장차 역모를 도모하려 한다는 것은 길 가는 사람들도 다 아는 사실입니다. 그러나 그의 역모를 드러낼 방법이 없으니, 당장 거사를 일으킨다 해도 뜻을 이루기 어려울 듯합니다."

이와 같은 한명회의 말은 수양대군에게 반정을 일으킬 것을 부추기고, 그 당위성을 설명하는 것이었다. 이것은 이미 수양대군의 마음을 읽었기 때문에 나온 자신감이기도 했다. 한명회는 누구보다도 세상이 돌아가는 상황에 대해 정확하게 읽고 파악할 수 있는 재능을 가지고 있었던 것이다.

한명회와 수양대군의 만남은 '수어지교'(水魚之交)에 비유할 수 있다. 즉, 물고기가 물을 만난 것과 같은 것이었다. 왕권에 대한 야망을 품고 있는 수양대군으로서는 뛰어난 지략을 갖춘 책사를 얻은 것이고, 한명회로서는 자신의 재능을 펼칠 수 있는 절호의 기회를 잡은 것이다. 그날의 만남 이후 한명회는 매일 밤 비밀리에 수양대군의 집을 드나들며 앞으로의 계획을 하나하나 세워 나갔다.

불운 속에서 때를 기다리다

한명회는 태종 15년(1415)에 추증 영의정 한기의 아들로 태어났다. 개국공신인 그의 할아버지는 예문관 제학으로, 개국 당시 명나라에 사신으로 가서 명 태조 주원장으로부터 '조선'이라는 국호를 받아 온 한상질이다.

한명회는 어머니 이씨가 임신한 지 일곱 달 만에 낳은 칠삭둥이였는데, 배 위에 태성(천자를 상징하는 자미궁을 지키는 세 별)과 북두칠성 모양을 한 검은 점이 있었다고 한다. 그것은 왕을 보필하는 재목으로서의 운명을 타고났음을 의미했다.

한번은 한명회가 영통사에 놀러 갔다가 한 노승을 만났는데, 그 노승은 주위 사람들을 물러가게 하고 나서 이렇게 말했다.

"그대의 두상이 밝게 빛나는 걸 보니, 참으로 귀한 상을 타고났음이 틀림없소."

그러나 한명회의 초년은 몹시 불우했다. 일찍 부모를 여읜 그는 가난에 시달리며 불행한 소년 시절을 보냈고, 학문에 뜻이 있어 뛰어난 실력을 갖추고 있었지만 과거를 볼 때마다 번번이 떨어지는 불운을 겪었다.

그러던 어느 날, 또다시 영통사를 찾은 한명회는 마침 그곳을 찾은 권람과 만나게 된다. 권람은 찬성사 권근의 손자이며 우찬성 권제의 아들로, 어려서부터 독서를 좋아하여 폭넓게 학문을 닦았다. 그러나 일찍이 아버지가 첩에게 빠져 자신의 생모를 박대하자 집을 뛰쳐나와 세상을 떠돌아 다니는 중이었다.

함께 이야기를 나눈 두 사람은 곧 의기투합했다. 그 후 두 사람은 책 상자를 말에 싣고 아름다운 산천을 찾아다니며 자연을 벗삼아 책을 읽고 세상사에 대해 토론했다. 한번 책과 자연에 빠지면 한 해가 지나도록 돌아오지 않을 때도 있었다. 또한 자신들의 우정을 '관포지교'(管鮑之交, 중국 춘추시대의 관중과 포숙의 우정)에 비유했으며, 중국 한나라의 개국공신 소하와 조참에 비유하기도 했다.

소하와 조참은 한 고조 유방이 군사를 일으켰을 때부터 언제나 함께 하며 한나라를 건국하는 데 큰 공을 세웠고, 천하통일 후에는 각종 제도를 확립하고 나라를 안정시키는 데 크게 기여한 인물들이다. 한명회와 권람이 자신들의 만남을 소하와 조참에 비유한 것은 현명한 주인을 만나 재능을 활짝 펼쳐 보이겠다는 의지의 표현이었다. 이때부터 그들은 혁명을 꿈꾸고 있었던 것이다.

그러나 두 사람 다 서른이 넘도록 관직에 나가지 못했는데, 권람이 35세 되던 해인 문종 원년(1450)에야 비로소 과거에 급제하여 사헌부 감찰을 거쳐 집현전 교리에 오름으로써 먼저 관직에 발을 내딛게 되었다.

한명회는 권람보다 2년 늦은 문종 2년(1452), 개국공신인 할아버지 덕택에 과거를 거치지 않고 특별히 임용되어 겨우 말단인 경복궁직에

한낱 궁지기에서 영의정에 오르다

오를 수 있었다. 그때 그의 나이 38세였다.

한명회가 관직에 첫발을 내디딘 그해, 겉으로는 평온한 가운데 거센 폭풍이 불어올 조짐이 나타나기 시작했다. 문종이 세상을 떠나고 나이 어린 단종이 즉위한 것이다.

단종의 즉위를 계기로 조정의 실권은 고명대신인 김종서와 황보인 등에게 넘어갔다. 이에 안평대군(세종의 셋째아들)이 이들과 결탁하여 자신의 세력을 키워 나가자 불안을 느낀 수양대군 또한 자신과 뜻을 같이하는 동지들을 불러모으고 있었다. 즉, 권력을 지키려는 자와 권력을 쟁취하려는 자 사이에 치열한 힘 겨루기가 펼쳐지고 있었던 것이다.

한명회는 타고난 감각으로 이러한 분위기를 감지해 냈다. 그는 곧 권람을 만나 자신의 속내를 털어놓았다.

"지금 나이 어린 임금을 둘러싸고 간사한 무리들이 권세를 함부로 부려 나라가 위태로운데, 안평대군은 마음속에 다른 뜻을 품고 조정 대신들과 교류하며 여러 소인배들을 불러모으고 있으니, 이것은 반드시 나라에 큰 화를 불러올 것이오. 내가 듣기로 수양대군의 도량이 마치 한 고조와 같이 넓고 용맹하기는 당 태종과 같다 하니, 그분이야말로 이 난세를 평정할 재목이 아니겠소? 그런데 그대는 관직에 종사하면서 수양대군을 모신 지가 오래인데 어찌하여 아직도 그분의 뜻을 떠보지 않았단 말이오."

한명회 못지않게 뛰어난 지략을 갖춘 권람이 그 말에 숨은 뜻을 못 알아들을 리 없었다. 권람은 곧 수양대군에게 한명회를 추천했고, 이렇게 하여 한명회는 수양대군의 책사가 되었다.

적의 움직임을 철저히 파악하다

한명회는 곧 평소 잘 알고 지내 왔던 양정·홍달손 등 30여 명의 무사들을 소개하여 수양대군의 심복으로 삼게 했다. 그러고는 권람과 함께 수양대군을 왕위에 올리기 위한 계획을 치밀하게 세우고 차근차근 준비해 나갔다. 한명회는 먼저 상대방의 움직임을 파악하는 데 모든 힘을 쏟았는데, 안평대군의 종복들을 매수하여 그들의 일거수 일투족을 감시하는 한편, 김종서와 황보인의 집에도 염탐꾼을 들여보내 그들의 움직임을 파악했다.

얼마 지나지 않아 한명회에게 상세한 보고가 들어오기 시작했다. 황보인은 안평대군의 첩의 집을 수시로 드나들며 안평대군과 연락을 취하고, 또 안평대군은 밤에 김종서·정분·민신·이양·조극관 등과 함께 자주 잔치를 벌이며 술을 마신다는 사실이 밝혀졌다. 한명회는 또한 전부터 알고 지내던 안평대군의 심복 조번에게 접근했는데, 그를 통해 좀더 정확한 정보를 얻을 수 있었다.

이렇듯 상대방의 움직임을 살피며 때를 기다리던 한명회는 마침내 10월 10일을 거사일로 잡고, 앞으로 수양대군이 왕위에 오르는 데 걸림돌이 될 인물과 도움이 될 인물을 가려 주살해야 할 자와 살려둘 자를 구분한 일명 '살생부'(殺生簿)를 작성해 수양대군에게 바쳤다. 이 살생부로 인해 계유정난 때 수많은 대신들이 목숨을 잃게 된다.

거사일을 10여 일 앞둔 어느 날, 한명회는 황보인과 김종서의 집에 들여보내 놓은 염탐꾼들로부터 중대한 보고를 받았다. 그것은 황보인이 자신들의 거사를 눈치채고 김종서와 편지로 의견을 주고받았다는 것이었다. 만약 그들이 모든 사실을 눈치채고 먼저 행동한다면 수양대군과 자신은 역적으로 몰려 영락없이 목숨을 잃을 수밖에 없는 다급한 처지였다.

한명회는 즉시 권람과 함께 의논한 뒤 수양대군을 찾았다. 두 사람은 수양대군을 만나자마자 그 사실을 알렸다.

"황보인이 우리의 거사를 눈치채고 비밀리에 김종서에게 편지를 보내, '큰 호랑이(수양대군)가 알았으니 이를 어찌하면 좋겠소?' 하고 물으니, 김종서가 이르기를, '그가 비록 알았다 하더라도 어찌할 수 있겠는가?' 라고 했답니다. 우리의 계획이 이렇게 누설되고 말았으니 대군께서는 장차 어찌하실 작정이십니까?"

한동안 말이 없던 수양대군이 이윽고 입을 열었다.

"저들이 비록 알았다 하더라도 그들이 모여서 의논하는 데 사흘, 방침을 정하고 일을 추진하는 데 사흘, 약속하는 데 사흘, 모두 해서 아흐레는 족히 걸릴 것이다. 그러니 열흘 안에 거사를 일으킨다면 반드시 성공할 수 있을 것이다. 그러나 말이 입에서 나오면 비록 사람은 알지 못하더라도 귀신이 알고, 귀신이 알게 되면 사람 또한 아는 것이니, 혹시라도 입 밖으로 새어 나가지 않도록 더욱 조심하고 당분간 어떤 일이 있더라도 찾아와 의논하지 말고 기다리도록 하라."

계획이 누설된 것에 대해 수양대군은 대수롭게 여기지 않았으나 앞으로 각별히 조심해서 움직이라는 당부를 잊지 않았다.

난을 일으켜 운명을 바꾸다

1453년 10월 10일 새벽, 운명의 날이 밝아 오기 시작했다. 비밀리에 한명회·권람·홍달손을 불러들인 수양대군은 비장한 목소리로 자신의 뜻을 밝히고 세 사람의 의견을 물었다.

"오늘 내가 요망한 도적들을 소탕하여 나라를 편안케 하고자 하니 그대들은 이미 계획한 것을 행동에 옮기도록 하라. 그들 무리 중에 김종서가 가장 간사하고 교활하니 만일 그자가 우리의 계획을 알게 되면 거사는 성공하지 못할 것이다. 그러나 먼저 내가 장사 두어 명을 데리고 곧장 김종서의 집에 가서 그자를 베고 달려와 주상께 아뢰면, 나머지 도적들은 쉽게 평정할 수 있을 것이다. 그대들의 생각은 어떠한가?"

"참으로 좋은 생각입니다. 대군의 뜻에 따르겠습니다."

세 사람 모두 흔쾌히 동의하자 수양대군이 다시 입을 열었다.

"내가 오늘 여러 무사들을 불러 후원에서 과녁 맞히기를 하며 조용히 기다리고 있을 것이니, 그대들은 집에 돌아갔다가 느지막하게 다시 오도록 하라."

세 사람이 돌아간 뒤 수양대군은 무사들을 불러 후원에서 활을 쏘고 술자리를 베풀었다. 한낮쯤 되었을 때 권람이 다시 찾아오자 수양대군은 상황을 설명하고 그에게 말했다.

"지금 강곤·홍윤성·임자번·최윤·안경손·홍순로·홍귀동·민발 등 수십 명이 내 집에 와서 함께 과녁 맞히기를 하고 있지만, 아직 그들에게 내 뜻을 밝히지는 못했다. 곽연성 또한 불렀으나 모친상 중이라며 사양하기에 여러 번 되풀이하여 타일렀더니, 비록 응하긴 했지만 썩 내키지 않는 빛이 역력하다. 그러니 곽연성에게는 그대가 나를 대신해서 말하라."

수양대군은 말을 마치고 다시 후원으로 돌아갔다. 권람은 곽연성을 찾아가 설득하여 거사에 참여할 것을 약속받았다.

드디어 날이 저물고 운명의 순간은 점점 다가오고 있었다. 활 쏘는 것을 핑계삼아 무사들을 이끌고 후원에서 멀찌감치 떨어진 곳으로 간 수양대군은 마침내 그들에게 자신의 계획을 밝혔다.

"지금 간신 김종서 등이 권세를 쥐고 정사를 희롱하며 군사와 백성들을 돌보지 않아 그 원망이 하늘에 닿아 있다. 또한 그들 무리가 주상을 무시하고 날이 갈수록 더욱 간사함을 부리더니 마침내 안평대군과 작당하여 역모를 꾸미고 있다고 한다. 점점 그 무리들이 강성하여 변란의 화가 임박했으니, 지금이야말로 충신과 열사들이 일어나 대의를 위하여 죽기를 다할 때가 아니겠는가? 내가 그들을 베어 없애 나라를 편안케 하고자 하는데, 그대들 생각은 어떠한가?"

그곳에 모인 무사들은 모두 이 말에 찬성하고 나섰다. 이어 송석손·유형·민발 등이 말했다.

"그러나 마땅히 전하께 먼저 아뢰어야 할 것입니다."

그러자 너도나도 자신의 생각을 말하기 시작했고, 의견이 분분해지자 몰래 도망치는 사람도 있었다. 이에 당황한 수양대군이 곁에 있던 한명회에게 "반대하는 사람이 많으니 어떻게 하면 좋겠는가?" 하고 대책을 묻자, 한명회는 다음과 같이 답하였다.

"사람들이 많이 지나다니는 길 옆에 집을 지으면 3년이 되어도 다 짓지 못하는 법입니다. 작은 일도 그러한데, 하물며 큰일을 하는 데는 오죽하겠습니까? 일에는 역과 순이 있는데, 순으로만 움직인다면 결코 이루지 못할 것이 없습니다. 계획은 이미 정해졌으니 비록 의견이 통일되지 않더라도 그만둘 수는 없는 일입니다. 그러니 지금 대군께서 먼저 일어나시면 따르지 않을 자가 없을 것입니다."

이때 홍윤성이 한명회를 두둔하고 나서며 말했다.

"군사를 쓰는 데 있어 이럴까 저럴까 결단을 내리지 못하여 당하는 피해가 가장 큽니다. 지금 상황이 몹시 급박한데, 만일 여러 사람의 의견을 따르고자 한다면 계획은 실패하고 말 것입니다."

그러나 송석손 등은 수양대군의 옷자락을 끌어당기며 한사코 만류했다. 이에 크게 화가 난 수양대군이 소리쳤다.

"너희들은 다 가서 먼저 전하께 고하라. 그러나 나는 너희들과 함께 하지 않겠다."

마침내 활을 들고 일어선 수양대군은 말리는 사람들을 발로 걷어차고 하늘을 가리켜 맹세했다.

"지금 내 한 몸에 나라의 운명이 달렸으니, 지금부터는 모든 것을 하늘에 맡기겠다. 장부가 죽는다면 오직 나라를 위해 죽을 뿐이다. 따를 자는 따르고 가고 싶은 자는 가라. 나는 너희들에게 강요하지 않겠다. 다만, 내 앞을 막아 일의 때를 그르치는 자가 있다면 그자를 먼저 베고 나가겠다. 갑작스런 천둥소리에는 미처 귀도 막지 못하는 법이므로 군사는 신속히 움직이는 것이 중요하다. 내가 곧 간흉을 베어 없앨 것이니, 누가 감히 나를 막을 수 있겠는가?"

수양대군이 밖으로 나가자 부인 윤씨가 갑옷을 가져다 입혀 주었다. 수양대군은 남자아이 하나를 데리고 혼자서 김종서의 집으로 갔는데, 한명회는 권람과 의논하여 양정·홍순손·유서로 하여금 수양대군의 뒤를 따르게 한 후, 권언·권경·한서구·한명진 등을 보내 돈의문(서대문) 안 내성 위에 잠복하게 했다.

수양대군이 김종서의 집에 이르러 주위를 살펴보니 무장한 장정 30여 명이 길 좌우에 늘어서서 철저하게 지키고 있었다. 이날 김종서는 장사들을 모아 음식을 먹이고 병기를 정돈하고 있었는데, 수양대군이 온다는 소식을 듣고는 문지기를 시켜 담 위에서 몰래 엿보게 했다.

따르는 무리가 적다는 문지기의 보고에 안심한 김종서는 칼을 뽑아 벽 사이에 걸어 놓고 아들 김승규에게 수양대군을 방 안으로 맞아들이라고 지시했다. 그러나 수양대군이 이 핑계 저 핑계를 대며 끝내 방으로 들어오지 않자 할 수 없이 아들 김승규와 함께 밖으로 나올 수밖에 없었다. 김종서가 무예가 뛰어나고 힘이 장사인 김승규를 앞세우고 나오자 순간 당황한 수양대군은 재빨리 사모(紗帽, 관복을 입을 때 쓰던 검은 모자)에 달린 뿔 하나를 부러뜨린 뒤 김종서에게 말했다.

"대궐의 부름을 받고 가는 중인데 보시다시피 사모의 뿔이 부러지는 바람에 대감의 것을 빌릴까 하고 왔습니다."

수양대군의 말을 곧이곧대로 믿은 김종서는 아들에게 눈짓을 보냈다. 김승규가 사모 뿔을 가지러 안으로 들어간 후 수양대군은 김종서에게 다가가 조심스럽게 말했다.

"대감께 보여 드리고자 하는 서찰이 있습니다."

수양대군은 가져온 서찰을 김종서에게 건넸다. 김종서가 서찰을 달빛에 비춰 보는 사이 수양대군의 신호에 따라 양정과 유서는 품속에 숨겨 온 철퇴를 뽑아 들었다. 김승규가 사모 뿔을 가지고 왔을 때는 이미 양정과 유서가 철퇴로 김종서의 뒤통수를 내리친 뒤였다. 깜짝 놀란 김승규가 달려들어 김종서의 몸을 감싸자 양정과 유서는 철퇴로 두 사람을 사정없이 내리쳤다. 밖에 있던 무사들이 김종서를 구하기 위해 뛰어들었으나 이미 상황은 끝난 뒤였다.

그즈음 한명회와 권람 역시 계획대로 무사들을 시켜 곳곳을 장악하고 있었다. 한명회가 수양대군의 집에 남아 있던 무사들을 거느리고 달려오자, 수양대군은 홍달손을 시켜 장졸들을 거느리고 뒤를 따르게 했다. 그러고는 숙직하고 있던 승지 최항을 불러내어 이렇게 말했다.

"황보인과 김종서 등이 안평대군과 함께 모반을 도모하여 거사 날까지 정했다 하니 상황이 심히 위급하여 먼저 고할 시간이 없었소. 또한 역적의 무리인 김연과 한숭이 주상 곁에 있어 더욱 아뢸 수가 없었던 것이오. 역적의 우두머리인 김종서 부자는 먼저 베어 없앴으나 남아 있는 무리들은 지금 아뢰고 난 후 토벌하고자 하오."

이어 수양대군은 환관 전균을 불러 말했다.

"황보인과 김종서 등이 안평대군에게 많은 뇌물을 받고 전하의 나이가 어리다고 가벼이 여겨 자신들의 무리를 심어 놓고 번진과 내통하여 나라를 위태롭게 하니, 형세가 급박하여 부득이 먼저 조치를 취한 후에 보고할 수밖에 없었다. 이미 김종서 부자는 잡아 죽였으나, 황보 인 등이 아직 살아 있으므로 전하께 청하여 그들을 처단하고자 한다. 너는 속히 들어가 그대로 아뢰어라."

수양대군은 최항·김효성·이계전 등과 의논한 뒤 단종에게 아뢰고 황보인 등을 불러오게 했다. 그러고 나서 미리 심복들을 문 옆에 배치 해 놓았는데, 한명회가 작성한 살생부에 따라 자신의 뜻에 동조하지 않는 대신들을 문 밖으로 나가기 전에 죽이기 위해서였다.

수양대군은 문으로 들어서는 조극관·황보인·이양을 차례로 철퇴 로 때려죽이고, 사람을 보내 윤처공·이명민·조번·원구 등을 죽였 다. 이어 최사기와 서조를 시켜 김연과 민신을 베었다. 또한 안평대군 을 붙잡아 강화도에 귀양보냈다.

한편 철퇴를 맞은 김종서는 죽지 않고 다시 깨어나 상처를 싸맨 뒤 가마 안에 몸을 숨겨 여러 차례 대궐 안으로 들어가려 했으나 결국 실 패하고 아들 김승벽의 처가에 숨어야 했다. 또한 이명민도 이튿날 아 침 다시 깨어나 들것에 실려 도망치려 했으나 그 사실이 발각되어 목 숨을 잃고 말았다.

죽은 줄 알았던 사람들이 깨어나자, 수양대군은 양정과 이흥상을 시 켜 다시 확인하게 했다. 이때 숨어 있던 김종서 또한 붙잡혀 목숨을 잃 었다. 수양대군은 철저하게 반대파들을 찾아 내어 죽인 뒤 김종서 부 자를 비롯하여 황보인·이양·조극관·민신·윤처공·조번·이명 민·원구 등을 모두 거리에 효수했다.

이것이 바로 '계유정난'(癸酉靖難)의 전 과정이다. 그 후 수양대군은 영의정에 올랐고 조정은 그의 일파들이 장악하게 되었다. 그리고 한명회는 난을 성공시킨 일등공신으로 책봉되었다. 계유정난과 김종서의 죽음으로 사실상 단종의 시대는 끝나고 말았다.

세조의 목숨을 구하다

계유정난 이후 세조의 총애를 한몸에 받던 한명회에게 또 한 번 결정적으로 공을 세울 기회가 생겼다. 바로 집현전 학사들이 중심이 되어 일어난 '단종 복위 운동'이었다.

계유정난 이후 완전히 실권을 잃은 단종은 1455년, 숙부인 수양대군에게 양위하고 상왕으로 물러났다. 수양대군이 금성대군 이유를 비롯하여 여러 종친과 궁인들을 모두 죄인으로 몰아 지방으로 유배해 버리자, 이에 불안감을 견디다 못해 결국 양위를 결심하게 된 것이다. 그리하여 계유정난을 일으킨 지 2년 만에 수양대군이 왕위에 오르니, 그가 바로 조선 제7대 임금 세조이다.

이때 예방승지로 있던 성삼문은 세조에게 옥새를 전달하며 울분을 참지 못하고 통곡했는데, 후일 그를 중심으로 단종 복위 운동이 전개되었다. 성삼문은 아버지 성승의 지시에 따라 유응부 · 박쟁 · 이개 · 하위지 · 박중림 · 권자신 등과 함께 단종 복위 운동을 계획하고 때를 기다렸다. 그러던 중 마침내 기회가 찾아왔다. 성삼문 등은 세조가 창덕궁에서 명나라 사신들을 위해 잔치를 벌이기로 한 날을 거사일로 정했다. 이때 성승과 유응부가 칼을 차고 임금의 좌우에 서서 호위하는 별운검을 서기로 결정됐기 때문이었다.

성삼문 등은 거사 전날 집현전에 모여 비밀 회의를 열고 계획을 구체화시켰다. 성승·유응부·박쟁 등은 세조와 세자를 비롯하여 윤사로·한명회·권람을 죽이기로 하고 윤영손은 신숙주를, 나머지 신하들은 여러 무사들이 나누어 제거하기로 결정했다. 또한 김질에게는 그의 장인인 정창손에게 단종 복위를 주장하도록 설득하는 임무를 맡겼다.

그런데 거사일 아침, 세조가 갑자기 별운검을 없앤다는 지시를 내렸다. 그것은 만약에 있을지도 모를 위험한 상황을 미리 막고자 한 한명회의 건의에 따른 것이었다.

성삼문을 비롯해 단종 복위를 추진했던 사람들은 난감한 얼굴로 대책을 논의했다. 대부분의 사람들이 다음 기회를 기다리기로 의견을 모았다. 이때 유응부는 계획한 대로 거사를 강행할 것을 주장했으나, 사람들의 만류로 결국 뜻을 꺾고 거사를 연기하는 데 동의했다. 하지만 거사가 연기되자 불안을 느낀 김질이 장인인 정창손에게 그 사실을 알렸고, 정창손과 함께 입궐하여 세조에게 고함으로써 그만 거사 계획이 드러나고 말았다. 세조와 한명회는 즉시 군사를 풀어 주모자들을 잡아들였다. 그리고 명나라 사신이 돌아간 다음 세조가 직접 국문에 나섰다.

성삼문 등은 자신들이 하려 한 일은 결코 역모가 아님을 강변했다. 하지만 이미 권력을 잡은 이들에게 그 말이 통할 리 없었다. 거사에 참여했던 사람들이 모진 고문에도 끝까지 자신들의 정당성을 주장하자 세조는 더 이상 국문할 생각을 버리고 능지처참을 명했다.

이듬해, 한명회는 성삼문 등의 복위 운동의 책임을 물어 단종을 귀양보낼 것을 주장했다. 그리하여 단종은 노산군으로 강등되어 강원도 영월로 유배되었다. 곧이어 경상도 순흥에 유배되어 있던 금성대군(세종의 여섯째아들)이 순흥부사 이보흠 등과 또다시 단종 복위 운동을 일으켰다. 이에 세조는 금성대군에게 사약을 내리면서 영월에 유배된 단종마저 사사시켰는데, 그때 단종의 나이 겨우 17세였다.

한명회에 대한 세조의 총애는 한층 더해졌으며, 그는 초고속 승진을 거듭하여 세조 8년(1462)에 우의정이 되어 정승의 반열에 오른 데 이어 이듬해 좌의정을 거쳐 세조 12년(1466), 비로소 '일인지하 만인지상' 인 영의정의 자리에 올랐다.

권세와 영화도 한순간

"한명회는 나의 자방이다."

이것은 세조가 훗날 한명회를 두고 한 말이다. 자방은 바로 한 고조 유방을 도와 한나라를 건국한 최고의 책사 장량을 말한다. 세조가 한명회를 장량에 비유했다는 것은 자신이 왕위에 오르는 데 그의 계책이 가장 큰 공헌을 했다는 것을 의미한다. 한편으로 한명회가 장량과 어느 정도 흡사한 면을 지니고 있는 것도 사실이다. 그는 뛰어난 지략으로 온갖 어려움을 극복하고 거사를 성공시킴으로써 세조를 왕위에 올

| 한낱 궁지기에서 영의정에 오르다

린 것은 물론이고, 장량이 홍문연회에서 유방의 목숨을 구했듯이 그 또한 창덕궁연회에서 세조의 목숨을 구했다. 그리고 장량이 유방에게 뛰어난 무장인 한신을 추천했듯이 세조에게 홍달손 등 30여 명의 장사들을 소개시킨 것 또한 매우 흡사하다.

그러나 결정적으로 두 사람은 주군을 위해 일하는 목적이 서로 달랐다. 장량이 신명을 바쳐 한 고조 유방을 도운 것은 오로지 우국충정에서 비롯된 반면, 한명회가 세조를 도운 것은 자신의 권세와 명예욕 때문이었다. 장량은 한나라가 건국되자 미련 없이 권세를 버리고 자연을 벗삼아 신선처럼 살고자 했으나, 한명회는 계유정난의 성공으로 정난공신 일등에 책록된 후 불과 13년 만에 최고 관직인 영의정에 올랐다. 그리고 두 딸을 왕비(예종의 비 장순왕후와 성종의 비 공혜왕후)로 들여보냄으로써 최고의 권세를 누렸던 것이다.

그러나 그런 한명회에게도 시련은 찾아왔다. 함경도 길주의 지방호족 이시애가 조정에 불만을 품고 그곳 출신 지방관들을 모아 반란을 일으킨 후, 한명회와 신숙주가 반란을 꾀한다는 소식을 듣고 이를 막기 위해 군사를 일으켰다고 거짓으로 보고한 것이다. 이로 인해 한명회는 신숙주와 함께 국문을 받고 감옥에 갇히는 신세가 되었으나 곧 무죄가 밝혀져 석방되었다.

1468년, 세조가 죽고 예종이 즉위하자 한명회는 원상이 되어 국사를 맡아보았는데, 이때 유자광을 시켜 정적들을 제거하기도 했다. 이듬해 재위한 지 13개월 만에 예종이 죽고 성종이 왕위에 올랐으나, 그후에도 한명회는 여전히 영의정과 여러 요직들을 거치며 온갖 영화를 누렸다. 그러던 중 성종 18년(1487), 73세의 나이로 세상을 떠나고 말았다.

그러나 권력을 잡고 있는 동안에는 문전성시를 이루던 문객들도 그가 권력에서 밀려난 후에는 발길을 끊어 버려 쓸쓸한 말년을 보내야 했다. 게다가 죽은 지 17년 만인 연산군 10년(1504), 폐비 윤씨(성종의 계비) 사건에 연루되어 부관참시를 당하기도 했다.

『조선왕조실록』은 그를 가리켜 '모사에 능하고 책략에 뛰어난 과단성 있는 성품의 소유자'라고 평하고 있다.

한낱 궁지기에서 영의정에 오르다

11

● 국내편 (한국편)

유·자·광

— 간신의 손에서도 역사는 만들어진다 —

*모함을 발판으로 출세가도를 달리다

*원한은 반드시 갚는다

*자신이 지은 죗값을 치르다

| 유자광 | (?~1512, 조선)

유자광은 우리 역사상 대표적 간신으로 손꼽히는 인물이다. 그는 연산군 대에 일어난 수 차례의 사화를 발생시킨 장본인으로, 그것을 출세의 발판으로 삼아 최고의 권세를 누렸다. 그러나 평생 남을 시기하고 모함을 일삼았던 그 역시 사람들의 탄핵으로 권좌에서 밀려나 자식에게조차 외면당한 채 쓸쓸히 생을 마치게 된다. 이인자의 어두운 면모를 보여 주는 대표적 인물 유자광, 그로 인해 우리 역사의 한 장이 암울하게 쓰여질 수밖에 없었다.

모함을 발판으로 출세가도를 달리다

유자광은 서자 출신으로 원래 일개 군사였으나, 세조 13년(1467)에 일어난 '이시애의 난'으로 인해 관직에 오를 수 있었다. 당시 갑사(甲士)로서 경복궁의 여러 문 중 하나인 건춘문을 지키고 있던 유자광은 진압군에 자원하여 난을 평정하고 돌아와 병조정랑으로 특진하는 영광을 누렸다. 게다가 학문에도 뛰어난 재능을 가지고 있던 유자광은 이듬해 문과에 응시해 당당히 장원 급제함으로써 출세의 문을 열었다.

그러나 천성적으로 음험했던 유자광은 자신보다 임금의 총애를 받는 인물이 있으면 이를 질투하여 반드시 모함했으며, 그것을 발판으로 큰 권세를 누렸다. 그 첫 번째 희생자가 바로 남이였다.

남이는 이시애의 난을 평정한 후에 압록강을 건너 여진족을 토벌하고 족장 이만주의 목을 벤 공으로 세조 13년(1467), 27세의 젊은 나이로 공조판서에 오른 데 이어 이듬해 병조판서에 오른 인물이었다. 세조는 이때 함께 공을 세우고 돌아온 구성군 이준을 영의정, 강순을 우의정에 임명하는 등 파격적인 인사를 감행하였다. 세조는 자신의 죽음이 얼마 남지 않자, 자신을 도와 계유정난을 성공시킨 일등공신들이지만 시간이 지날수록 점점 그 권세가 지나쳐 왕권을 위협하기에 이른 한명회와 신숙주 등을 견제하기 위해 이들 신진 세력을 대거 기용했던 것이다.

그러나 세조가 죽고 예종이 즉위하자 한동안 절치부심하고 있던 한명회와 신숙주 등은 이를 계기로 대대적인 반격에 나섰다. 우선, 세조의 총애를 받아 새롭게 부상한 이준·강순·남이 등을 제거하기 시작했다. 이때 강희맹이 한계희에게 남이의 사람됨이 모자라 군사를 지휘하기에는 마땅치 않다고 말했는데, 그것을 한계희가 예종에게 그대로 전함으로써 결국 남이는 임금의 호위를 담당하는 종2품 무관직인 겸사복장으로 좌천되었다.

그러던 어느 날, 궐 안에서 입직을 서고 있던 남이는 밤하늘에 나타난 혜성을 보고 다음과 같이 중얼거렸다.

"혜성이 나타난 것은 묵은 것이 없어지고 새 것이 나타날 것이라는 징조다."

마침 그 곁을 지나던 유자광은 그 말을 듣고 회심의 미소를 지었다. 평소 남이에게 시기심을 품고 있던 유자광이 이 기회를 놓칠 리 없었다. 게다가 그는 한명회로부터 남이를 죽일 만한 꼬투리를 찾아 달라는 부탁까지 받은 처지였다. 유자광은 곧바로 예종에게 달려가 남이가 역모를 꾀하고 있다고 거짓으로 고했다.

"오늘 저녁에 남이가 신의 집에 와서, '혜성이 지금까지 사라지지 않고 있는데 그대도 보았는가?' 하고 묻기에 신은 보지 못했다고 대답

| 간신의 손에서도 역사는 만들어진다

했습니다. 그러자 남이가, '지금은 하늘 가운데 있는데 그 빛이 희기 때문에 쉽게 볼 수 없을 것'이라고 하여 신이 책을 가져와 혜성에 대한 기록을 찾아보았습니다. 거기에는 '혜성의 빛깔이 희면 장군이 반역을 일으키고 큰 난이 일어난다.'고 쓰여 있었습니다. 그것을 본 남이는 반드시 그리 될 것이라며 탄식했습니다. 그러나 조금 있다가 다시 말하기를, '지금 주상이 무관들을 시켜 재상들 사이에서 일어나는 분쟁을 매우 엄하게 다스리니 재상들이 무척 싫어하고 있다. 이것을 빌미로 내가 거사를 일으키려 하는데, 주상이 머물고 있는 수강궁은 거사를 일으키기에 마땅치 않으나 경복궁이라면 가능할 것'이라고 하는 것이 아니겠습니까? 신은 그의 말에 동조하는 척하면서 이렇게 물어 보았습니다. 주상께서는 수강궁에 오래 머무르실 것으로 보이는데 그러면 어찌합니까?' 그러자 남이는, '내가 곧 경복궁으로 옮기게 할 것'이라고 말한 뒤, '이 일은 내가 너에게만 말했으니, 네가 비록 주상에게 고할지라도 내가 그런 적이 없다 하면 네가 죽게 될 것이니 명심하도록 하라. 예전에 세조가 백성들을 강제로 뽑아 군사를 삼은 일로 백성들의 원망이 지극히 깊으니, 더욱 이 기회를 놓칠 수 없다. 나는 천하를 호령할 것'이라고 했습니다."

또한 유자광은 남이가 여진족을 토벌할 때 지었던 시의 일부를 고쳐 역모의 증거로 제시했는데, 그 시의 내용은 다음과 같았다.

백두산의 돌은 칼을 갈아서 없애고
두만강의 물은 말에게 먹여서 없앤다

남아가 20세에 나라를 평정하지 못하면

후세에 누가 대장부라고 부르리오?

白頭山石磨刀盡

豆滿江水飲馬無

男兒二十未平國

後世誰稱大丈夫

이때 유자광은 '미평국'(未平國)을 '미득국'(未得國)으로 고쳐 예종에게 보였는데, 즉 '나라를 평정하지 못하면'이라는 원래의 뜻을 '나라를 얻지 못하면'이라고 하여 남이가 역모를 꾀한 확실한 증거라고 주장한 것이다.

유자광으로부터 이러한 이야기를 전해 들은 예종은 깜짝 놀라 즉시 군사를 보내 남이를 잡아들이는 한편, 조정의 신하들을 불러들여 유자광의 말이 사실인지 알아보았다. 이때 영순군 이부가 종친들이 입직을 서는 날짜에 대해 남이가 상세하게 물었다고 대답하여 예종은 유자광의 말을 사실로 믿게 되었다.

예종은 구성군 이준을 비롯한 종친들과 한명회·신숙주를 비롯한 조정 신료들이 지켜보는 가운데 남이를 심문했다. 남이는 역모 사실을 완강히 부인했으나 모진 고문을 견디지 못하고 그만 인정하고 말았다. 결국 남이는 역모의 누명을 쓰고 능지처참을 당하였다. 또한 당시 영의정이었던 강순 등 평소 남이와 친분이 있던 사람들도 이 일에 연루되어 억울한 누명을 쓰고 죽거나 귀양을 가야 했다. 이때 유자광은 남

이의 계획을 미리 알려 역모를 막는 데 큰 공을 세웠다 하여 '무령군'
(武靈君)에 봉해지는 영광을 누렸다.

그로부터 8년 후인 성종 6년(1476), 유자광은 이번에는 한명회를 탄
핵하고 나섰다. 유자광은 상소를 올려 한명회가 대왕대비(세조의 비 정
희왕후 윤씨)에게, '지금 나이 어린 주상에게 정사를 맡긴다면 이는 곧
나라와 백성들을 버리는 처사로, 노산군(단종)이 나이가 어린데도 곁
에서 보필해 주는 사람이 없어 간사한 신하들이 반란을 일으켰을 때,
다행히 세조께서 반역한 무리들을 제거함으로써 나라가 편안하게 되
었던바, 지금 중궁이 정해지지도 않았는데 전하께 정사를 맡기는 것은
결코 옳지 않다'고 했다며, 이는 성종의 총명함을 모독하는 발언이니
죄를 물을 것을 주장했다.

하지만 유자광의 상소는 곧 아무런 근거가 없는 것으로 밝혀졌다.
그러나 성종은 상소 내용이 결국은 자신을 위한 것이었기에 유자광에
게 죄를 묻지 않았다.

1469년, 열세 살의 어린 나이로 왕위에 오른 성종은 1476년이 되어
서야 비로소 할머니인 정희왕후의 수렴청정에서 벗어나 친정을 할 수
있었다. 그러나 한명회가 여전히 득세하고 있어 성종이 왕권을 행사하
는 데에는 많은 제약이 있었다. 따라서 유자광의 상소는 비록 그것이
사실무근이라 해도 성종을 위한 것임에는 틀림없었다.

유자광에게 있어 한명회를 조정에서 내치는 것은 성종의 총애는 물
론 더 큰 권력을 쥘 수 있는 절호의 기회였다. 그러므로 유자광은 물러
서지 않고 더욱 강력하게 한명회를 탄핵하고 나섰다. 하지만 권신들에

게 대항하기에는 아직 힘이 부족했던 성종은 사건이 크게 번지게 될 것을 염려하여 두 사람의 죄를 묻지 않고 일단락지었다.

그러나 총신들에 대한 유자광의 탄핵 상소는 그 후에도 계속되었다. 당시 현석규가 성종의 총애를 받자 유자광은 임사홍·박효원 등과 함께 그를 탄핵했다. 의도와는 달리 유자광은 오히려 무고죄로 공신 작위를 박탈당하고 동래로 유배되었으나, 곧 유배에서 풀려나 공신 작위를 돌려받았다.

그 후 이극돈 형제가 조정의 실권을 잡자 유자광은 몸을 굽혀 그들 형제를 따랐다. 그리고 명나라에 사신으로 다녀온 뒤 황해도 관찰사에 올랐다.

원한은 반드시 갚는다

어느 날 유자광은 얼굴이 벌겋게 상기된 채 이를 부득부득 갈고 있었다. 그것은 김종직 때문이었다. 예전에 유자광은 함양군수에게 자신이 쓴 시를 현판으로 만들어 걸게 한 적이 있었는데, 그곳에 신임 군수로 부임한 당시 사림파의 거두 김종직이 그 현판을 보고는 즉시 떼어 불태워 버렸던 것이다. 유자광은 몹시 분했으나 당시 성종의 총애를 한몸에 받고 있던 김종직에게 함부로 대항할 수는 없었다. 철저하게 권력에 아부하는 속성을 가지고 있던 유자광은 오히려 머리를 숙여 김종직과 교분을 맺고 지냈다. 게다가 김종직이 죽자 스스로 제문을 지어 바치면서 그를 중국의 뛰어난 유학자들에게 비유하기까지 했다.

그 무렵 전라도 감사로 있던 이극돈은 국상 중에도 궁중에 향을 바치지 않았을 뿐 아니라 기생과 놀아나 주위의 눈총을 받은 적이 있었다. 그런데 당시 사관(史官)으로 있던 김일손이 이 사실을 사초(史草)에 낱낱이 기록했다. 그 사실을 안 이극돈은 김일손을 찾아가 이를 고쳐 줄 것을 부탁했다. 그러나 사림파인 김일손이 그 청을 들어줄 리 없었다. 그러자 이극돈은 김일손에게 원한을 품게 되었다.

그런데 공교롭게도 연산군 4년(1498), 『성종실록』을 편찬할 때 이극돈이 실록청 당상이 되어 이를 관리하게 되었다. 이때 이극돈은 사초에 적힌 자신의 비행과 함께 김종직의 「조의제문」(弔義帝文)을 보게 되었다. 「조의제문」은 중국 초나라 항우에게 죽음을 당한 초나라 회왕, 즉 의제(義帝)를 조문하는 내용으로 세조가 단종에게서 왕위를 빼앗은 일을 은근히 비난한 글이었다. 지난날 김일손에게 당한 수모를 돌려 줄 절호의 기회라고 생각한 이극돈은 유자광을 찾아갔다. 이극돈으로부터 자초지종을 전해 들은 유자광은 이렇게 말했다.

"사실이 그렇다면 무엇을 주저하십니까? 이 일을 공론화한다면 이 기회에 김일손을 비롯한 사림파들을 모두 조정에서 내칠 수 있을 것입니다. 우선 사람들을 찾아가서 좀더 의논하도록 합시다."

두 사람은 곧 노사신·윤필상·한치형을 찾아갔다. 그들은 모두 세조의 총애를 받았던 훈구 대신들로서, 유자광의 생각에 흔쾌히 동의했다. 당시 세조의 왕위 찬탈에 적극 가담했던 이들 훈구 대신들은 대대로 높은 관직을 차지하며 막대한 토지를 소유하고 있었다. 그러나 새로 등장한 사림파들이 토지 제도의 개혁을 요구하는 등 그들의 권력에 위협을 가하기 시작하자, 호시탐탐 사림파들을 제거할 기회만을 노리고 있던 터였다.

다섯 사람은 도승지인 신수근을 불러내어 자초지종을 설명하고 연산군에게 아뢰게 했다. 신수근은 금세 그들의 뜻에 동의했다. 신수근은 연산군의 처남이었는데, 그가 도승지에 임명되자 사림파들이 외척이 권력을 잡게 될 것을 염려하여 적극적으로 반대하고 나섰다. 그때 신수근이 주위 사람들에게, "조정이 문신들의 손 안에 있으니 이제 우리가 할 일이 무엇이 있겠는가?" 하고 말했을 정도로 그는 사림파들에게 깊은 원한을 품고 있었다.

신수근으로부터 유자광 · 이극돈 · 노사신 · 윤필상 · 한치형이 뵙기를 청한다는 보고를 받은 연산군은 즉시 그들을 불러들였다. 연산군은 평소에, "그들 무리는 자신들의 명예만 생각하고 임금인 나를 업신여기고 있다. 내가 자유롭지 못한 것은 다 그들 때문이다."고 말했으며, 책상 앞에 앉아 글만 읽고 탁상공론을 일삼는다는 이유로 선비들을 매우 못마땅하게 여기고 있었다.

또한 연산군은, 사사건건 군주의 도리를 내세워 자신이 하는 일에 간섭하는 사림파를 눈엣가시처럼 여기고 있었으나 빌미를 잡지 못해 미처 손을 쓰지 못하고 있었다. 그러던 차에 받은 유자광 등의 보고는 사림파 제거의 빌미를 제공해 주었다. 이에 연산군은 크게 기뻐하며 유자광 등을 다음과 같이 치하했다.

"경들은 참으로 이 나라의 충신이로다."

｜ 간신의 손에서도 역사는 만들어진다

모든 게 유자광이 의도한 대로 척척 맞아 떨어졌다. 마침 사림파들을 못마땅하게 여기는 사람들이 많았고, 임금인 연산군마저 자신과 뜻을 같이하니 김종직에게 쌓인 원한을 갚는 데 이보다 더 좋은 기회는 없었다.

"경들은 어서 죄인들을 잡아들여 국문하도록 하시오."

연산군은 내시 김자원에게 왕명을 내리게 하고, 다른 사람들은 일체 참여하지 못하도록 지시했다. 김자원은 여러 사람들 앞에 나가 큰 소리로 말했다.

"지금 잘못된 조정의 질서를 바로 잡으려 하니, 모름지기 이와 같이 중요한 일은 결코 가볍게 다스려서는 안 될 것이다."

유자광은 연산군에게 다음과 같이 당부했다.

"이들을 따르는 무리가 많아 변이 일어날지도 모르니, 주변의 경계를 철저히 해야 합니다."

유자광은 병사들을 시켜 궐 안을 지키게 하고 사람들의 출입을 통제하게 했으며, 김일손 등이 국문을 받으러 갈 적에는 반드시 좌우에 병사들을 붙였는데, 이는 하옥할 때에도 마찬가지였다.

행여 사건이 축소될 것을 염려한 유자광은 밤낮으로 계책을 꾸몄다. 하루는 소매 속에서 책 한 권을 꺼내 놓았는데, 바로 김종직의 문집이었다. 유자광은 그 가운데서 「조의제문」을 가리키며, "이 글들은 모두 세조를 비난하는 것들인데, 이렇듯 김일손이 저지른 악행은 모두 김종직으로부터 배운 것이다."고 말하기도 하였다.

유자광은 직접 글에 주석을 달아 알기 쉽게 한 다음, 연산군에게 다음과 같이 아뢰었다.

"김종직이 세조를 헐뜯고 비방했으니 마땅히 대역죄로 다스리고, 아울러 그가 지은 글은 세상에 알려져서는 안 되니 모두 불살라 없애 버려야 합니다. 그리고 이것을 간행한 사람들도 모두 잡아들여 그 죄를 크게 다스려야 할 것입니다."

연산군은 유자광의 말에 따라 김종직의 문집을 수거하여 모두 불태우게 했을 뿐 아니라, 각 도의 관아에 남아 있던 김종직의 현판들도 모두 없애도록 했다. 유자광은 심지어 성종이 후원에 새로 정자를 지은 후 김종직에게 글을 짓게 하여 문 위에 걸어 놓은 것마저 없애 버릴 것을 청했으니, 이것은 모두 함양의 원한에 대한 보복이었다.

유자광은 이 기회를 이용해 자신의 반대파를 일망타진할 속셈으로 윤필상 등에게 동조를 구하는 눈길을 건네며 이렇게 말했다.

"무릇 신하된 자로서 이 사람이 지은 죄는 도저히 용서할 수 없는 것이니, 이 참에 그 뿌리를 모두 뽑아 버려야 합니다. 그렇지 않으면 훗날 그 무리들이 일어나 또다시 세상을 어지럽힐 것입니다."

유자광의 이 말에 아무도 반대하는 사람이 없었다. 오직 노사신만이 손을 저어 말렸다.

"당초에 우리가 아뢴 것은 몇몇 사람들에게만 해당하는 작은 일이었는데 지금은 이 일에 관계없는 사람들까지 잡혀 들어가고 있으니, 이것은 본래 우리가 의도한 바가 아니지 않소."

그러나 연산군은 교지를 내려 이미 작고한 김종직을 부관참시하고 김일손을 비롯한 그의 제자들을 모두 제거해 버렸다. 이것이 이른바

| 간신의 손에서도 역사는 만들어진다

'무오사화'(戊午士禍)로 당시 많은 선비들과 뛰어난 인재들이 아무 죄 없이 목숨을 잃거나 귀양을 갔다. 그 일로 성종 대에 꽃을 피웠던 정치와 학문이 크게 위축되었다.

자신이 지은 죗값을 치르다

무오사화 이후, 천하제일의 권세를 누리게 된 유자광은 세상을 제 것처럼 여기고 매사에 거칠 것이 없었다. 그런 그를 싫어하는 사람들이 많았으나, 그의 눈치만 살필 뿐 감히 나서서 반박하는 사람은 없었다. 오히려 자신의 이익만 따지는 염치없는 무리들에 의해 그의 집은 언제나 문전성시를 이루었다.

반대로 사화를 피해 집 안에 숨은 사람들은 모두 탄식만 하고 있었으므로 학사는 텅텅 비고 몇 달 동안 글을 읽고 외우는 소리가 들리지 않았다. 부모들이 자식들에게 "공부는 과거를 볼 정도만 되면 그만두어야 한다. 세상이 이러한데 공부를 더 해서 무엇하겠느냐?"고 말할 정도로 당시 사림에 대한 탄압은 극심하였다.

이어 연산군 10년(1504), 유자광은 임사홍·신수근 등과 함께 또다시 '갑자사화'(甲子士禍)를 일으켜 공신들을 쫓아내는 데 앞장섰다. 유자광은 임사홍 등과 함께 연산군의 생모인 폐비 윤씨가 사사된 사건을 밀고함으로써 당시 폐비를 사사하는 데 찬성했던 신하들을 죽음으로 내몰거나 귀양보냈다. 이때 이미 고인이었던 한명회·정창손·남효온 등은 무덤이 파헤쳐져 부관참시되는 치욕을 겪기도 했다.

연산군에게 빌붙어 온갖 악행을 저지르며 권세를 누리던 유자광은 연산군 12년(1506)에 '중종반정'(中宗反正)으로 연산군이 쫓겨나고 중종이 즉위했을 때도 반정의 중심 인물이었던 성희안과의 인연으로 다시 일등 정국공신으로 무령부원군에 봉해졌다.

연산군의 폭정에 앞장섰던 인물로 당연히 제거 대상이 되어야 할 그였지만 오히려 당당히 공신의 반열에 오른 것이다. 이것은 다시 한 번 그의 능란한 처세술을 읽을 수 있는 대목이다.

그러나 언제까지고 계속될 것 같던 그의 권세도 그리 오래 가지는 못했다. 종종이 즉위하자 자신의 이익만을 쫓아 왕의 눈을 가리고 국정을 혼란에 빠뜨린 유자광에 대한 탄핵 요구가 쇄도하였다. 마침내 1507년, 유자광은 잇따른 탄핵으로 훈등과 작위를 삭탈당한 채 강원도 지방으로 유배되는 신세가 되었다. 이어 다시 경상도 변두리 지역으로 이배된 유자광은 종종 7년(1512)에 그곳에서 죽음을 맞이하였다. 유자광이 죽은 뒤 조정에서는 그의 장례를 치르는 것을 허락해 주었으나, 그는 자식들마저 외면한 가운데 쓸쓸히 묻혔다.

| 간신의 손에서도 역사는 만들어진다

• 국내편 (한국편)

12

명・성・황・후

— 뛰어난 외교감각을 지닌 비운의 왕비 —

*홍선대원군과 맞서다

*뛰어난 외교감각으로 위기를 극복하다

*일본의 미움을 사다

* '내가 바로 조선의 국모다'

| 명성황후 | (1851~1895, 조선 말)

한 세기 전, 열여섯 살의 어린 나이에 왕비로 간택되어 45세에 일본 낭인에 의해
시해되기까지 30여 년 동안 구한말이라는 역사의 소용돌이 속에서 살다 간 인물
명성황후. 그는 흥선대원군에게 가려져 제대로 된 역사적 평가를 받지 못하다가
최근에 재조명되고 있는 조선의 마지막 국모로, 혼란스러운 정세 속에 두 번이나
흥선대원군을 실각시키고 정권을 잡은 뛰어난 정치감각과 외교감각을 지닌 이인
자였다.

흥선대원군과 맞서다

명성황후 민씨는 고종의 정비로 본관은 여흥이며, 철종 2년(1851)에 여주에서, 영의정에 추증된 민치록의 외동딸로 태어났다. 그는 여덟 살 때 부모를 여의고 본가에서 가난하게 자라다가 열여섯 살 되던 해인 고종 3년(1866), 흥선대원군의 부인 부대부인 민씨에 의해 왕비로 간택되었는데, 이때 고종은 열다섯 살이었다.

명성황후가 왕비로 책봉될 수 있었던 것은 왕실과 정권의 안정을 꾀하려는 흥선대원군의 정치적 책략에 의해서였다. 당시 어린 고종을 대신하여 섭정을 하고 있던 흥선대원군은 외척에 의한 세도정치의 폐단을 누구보다도 뼈저리게 경험한 사람이었다. 조선은 후기에 접어들면서 순조에서부터 헌종·철종에 이르기까지 3대에 걸쳐 60여 년 동안 안동 김씨가 정치를 좌지우지해 왔다. 그들은 자신들의 권력에 위협이 되면 정적은 물론 왕족까지도 서슴없이 역모로 몰아 제거했는데, 그러한 가운데 흥선대원군은 무려 20여 년 동안이나 미치광이 노릇까지 해가며 인고의 세월을 보내야 했다. 그리하여 흥선대원군은 권력을 잡게 되자 고아로 자라 비교적 친척이 적고 자신이 다루기에 쉬운 민씨를 왕비로 간택하였던 것이다.

그러나 처음에 화목했던 시아버지와 며느리의 관계는 얼마 지나지 않아 깨지고 말았다. 명성황후는 어린 시절부터 집안일을 돌보며 틈틈이 『춘추』를 읽을 정도로 총명했을 뿐 아니라 성격 또한 활달하고 적극적이었다. 정치적 야심 또한 강했던 명성황후는 궁중 생활에 익숙해지면서 차츰 정치에 관여하기 시작했고, 흥선대원군이 그러한 명성황후를 차츰 경계하게 되면서 두 사람 사이에 보이지 않는 갈등이 시작되었다.

그러던 중 명성황후와 흥선대원군 사이를 갈라 놓는 사건이 발생했다. 고종의 총애를 받던 궁인 이씨가 왕자를 낳았는데, 당시 고종의 총애를 받지 못하고 있던 명성황후로서는 궁인 이씨의 왕자 생산이 눈엣가시일 수밖에 없었다. 그런데 흥선대원군이 이씨가 낳은 완화군에게 각별한 애정을 쏟을 뿐만 아니라 얼마 지나지 않아 세자로 책봉하려는 움직임까지 보였다. 그런 시아버지가 명성황후의 눈에 곱게 보일 리 만무했다.

1871년, 스무 살이 된 명성황후는 마침내 그토록 바라던 왕자를 생산했다. 그러나 태어난 지 5일 만에 왕자가 죽고 말았다. 명성황후는 왕자가 죽은 원인이 수태 중 흥선대원군이 보낸 산삼 때문이라며 그를 원망하게 되었고, 이때부터 두 사람은 서로 화합할 수 없는 정적관계가 되었다. 이후 명성황후는 당시 고종을 대신하여 실권을 잡고 있던 흥선대원군을 실각시키고 고종의 친정 체제를 확립하기 위해 반대파

| 뛰어난 외교감각을 지닌 비운의 왕비

를 규합하는 한편, 자신의 일족들을 정부 요직에 앉혀 자신의 세력 기반을 착실히 다져 나갔다. 즉, 흥선대원군을 적대시하는 조성하를 중심으로 한 대왕대비 조씨 세력을 비롯하여 조두순과 이유원 등의 원로대신, 흥선대원군의 집권으로 날개가 꺾인 김병국 중심의 안동 김씨 세력, 흥선대원군의 맏아들 이재면과 형 이최응의 왕족 세력, 서원 철폐로 흥선대원군에게 반감을 가지게 된 최익현을 중심으로 하는 유림 세력 등을 자신의 편으로 끌어들이는 물밑작전을 펼친 것이다.

▌뛰어난 외교감각으로 위기를 극복하다

이 무렵, 대내외적으로 흥선대원군에게 불리한 상황이 전개되기 시작했다. 1870년대를 전후하여 일본 정계에 대두되기 시작한 '정한론' (征韓論)으로 인해 조선의 대외 정세가 긴박해졌고, 무리한 경복궁 중건으로 말미암아 백성들의 생활고가 가중되자 흥선대원군에 대한 비판의 소리가 점차 높아져 갔던 것이다.

명성황후는 이와 같은 기회를 놓치지 않았다. 최익현을 동부승지로 발탁하여 흥선대원군을 탄핵하는 상소를 올리게 했는데, 이것을 계기로 고종에게 친정을 선포하게 함으로써 막강한 권력을 행사하던 흥선대원군을 권좌에서 물러나게 하는 데 성공했다. 이에 대해 흥선대원군 세력의 반대 상소와 비판이 이어졌지만, 명성황후는 이를 무시하고 흥선대원군 일파를 숙청하여 정권의 기반을 확고하게 다졌다.

그 후 자신의 일족들을 내세워 정권을 장악한 명성황후는 당시 일본이 문호 개방 요구를 목적으로 일으킨 '운요호 사건'이 발생하자 고종을 움직여 '강화도 조약'을 체결케 했다. 또한 김옥균·박영효 등의 개화파 인사들을 끌어들여 개국과 개화를 표명하고 나섬으로써 흥선대원군의 쇄국정책을 차츰 붕괴시켜 나갔다. 이내 조선 조정은 흥선대원군을 중심으로 하는 수구파와 고종과 명성황후를 중심으로 하는 개화파로 나뉘어 대립하게 되었다. 조선은 명성황후와 민씨 정권이 추진한 문호 개방 정책에 따라 일본을 비롯한 서구 열강들과 통상을 맺게 되었는데, 이에 따라 개화파와 수구파의 반목은 더욱 심해졌으며 사회적 혼란과 불안이 거듭되었다.

1882년, 신식군대와의 차별 대우에 불만을 품은 구식군대가 명성황후와 민씨 정권에 불만을 품고 있던 위정척사파 및 흥선대원군 지지 세력과 연합하여 '임오군란'(壬午軍亂)을 일으켰다. 이때 선혜청 당상관이자 병조판서로 있던 민씨 정권의 중심 인물 민겸호와 흥인군 이최응 등이 목숨을 잃었고, 민씨 일족들을 비롯한 개화파들의 집이 습격당하는 피해가 발생했다. 신변에 위협을 느낀 명성황후 또한 궁궐을 탈출하여 화개동 윤태준의 집을 거쳐 충주목사 민응식의 집으로 피신해야 했다.

임오군란을 계기로 다시 권력을 잡게 된 흥선대원군은 먼저 명성황후를 비롯한 민씨 정권의 군사적 기반인 무위영·장어영과 별기군을 혁파하고 오군영을 복구하였으며, 군국기무를 총괄하는 통리기무아문을 혁파하고 삼군부를 설치하였다. 또한 군병들에게 군료를 지급하겠

| 뛰어난 외교감각을 지닌 비운의 왕비

다고 약속하고 민씨 일족의 제거를 위한 인사조치를 단행하였다.

또한 흥선대원군은 명성황후가 난 중에 죽은 것으로 단정하고 국상을 선포했다. 이에 명성황후는 비밀리에 윤태준을 고종에게 보내 자신이 살아 있음을 알리는 한편, 청나라 톈진(天津)에 주재하고 있던 영선사 김윤식 등을 통해 청나라에 흥선대원군 정권의 위험성을 알려 그들 무리를 소탕하고 조선과 일본과의 관계를 청나라가 조정해 줄 것을 요청하였다. 마침 일본을 견제해야 할 필요성을 느끼고 있던 청나라는 조선에 4,500명의 군대를 파병하였다.

당시 조선은 러시아·청·일본, 세 나라의 관계를 잘 이용해야만 했다. 흥선대원군의 정책이 쇄국이었던 반면에 명성황후는 문호 개방을 통한 교린 정책을 구사하였는데, "조선이란 토끼를 일본이란 여우가 잡아먹으려 들면 토끼는 러시아라는 곰에게 가야 하고, 곰이 토끼를 잡아먹으려고 하면 청이라는 늑대에게 가야 하고, 늑대가 잡아먹으려고 하면 다시 여우에게 가야 절체절명의 위기에서 벗어날 수 있다."고 말한 것에서 알 수 있듯, 명성황후는 국제세력간 힘의 균형을 이용할 줄 아는 뛰어난 외교감각을 지니고 있었다.

서울에 도착한 청군은 각 지역에 군사를 배치한 후 조선의 내정에 직·간접적으로 간섭을 하기 시작했고, 곧이어 흥선대원군을 납치하여 톈진으로 호송해 버렸다. 그리하여 명성황후는 다시 정권을 잡게 되었다.

일본의 미움을 사다

　정치적 소용돌이는 거기서 끝나지 않았다. 임오군란과 청군 개입은 민씨 정권과 급진개화파의 관계를 급속히 냉각시켰던 것이다. 민씨 정권의 요청으로 조선에 출병한 청나라는 임오군란을 진압한 뒤에도 계속해서 군대를 주둔시키며 조선 침략을 꾀하기 시작했고, 민씨 정권 또한 정권을 유지하기 위해 청나라에 의지해야 했다. 이에 반해 급진개화파는 계속해서 개방정책을 추진하려 하였다. 따라서 그때까지 서로 긴밀한 협조 관계를 유지해 왔던 양 세력 사이에 분열이 일어날 수밖에 없었다.

　이에 명성황후를 비롯한 민씨 정권은 개화파에 정치적 압박을 가하기 시작했다. 그리하여 민씨 정권과 결탁해 평화적인 개혁을 꾀하던 개화파의 정치적 입지는 크게 축소될 수밖에 없었다. 이때 임오군란을 계기로 청나라에 주도권을 빼앗긴 일본은 조선에서 청나라 세력을 밀어내기 위해 민씨 정권과 대립하고 있는 급진개화파에 접근하기 시작했다.

　1884년 12월 4일, 김옥균·박영효·서광범·홍영식 등의 급진개화파는 일본의 지원을 받아 우정국 낙성식을 기해 조선의 자주독립과 근대화를 목표로 정변(갑신정변)을 일으켰다. 민씨 세력을 제거하고 정권을 장악한 김옥균 등은 이튿날 고종의 사촌형인 이재원을 영의정, 홍영식을 좌의정으로 하는 새로운 정부를 구성했다. 또한 혁신정강 14개 조항을 마련하여 고종의 승인을 받아 공포하는 등, 한때 이들의 정변은 성공한 것처럼 보였다.

당시 임오군란을 거울삼아 한시도 고종 곁을 떠나지 않고 있던 명성황후는 김옥균을 통해 갑신정변이 일본과 친일파의 주도로 일어났다는 사실을 확인했다. 명성황후는 곧 조선에 주재관으로 와 있던 청나라 사람 위안스카이(袁世凱)에게 사람을 보내 도움을 요청했고, 청군은 즉시 무력을 동원해 개입하기 시작했다. 그리하여 궁궐의 외곽 방어를 담당했던 조선군이 청군에게 무너지고 도움을 약속했던 일본군마저 철수하게 됨으로써 정변은 3일 만에 진압되고 말았다.

청군의 개입으로 정변에 실패한 김옥균 등 개화파들이 일본으로 망명함으로써 명성황후는 실권을 되찾을 수 있었다. 이를 계기로 명성황후는 일본을 적대시하게 되었고, 일본 또한 명성황후를 경계하게 되었다.

정권 회복 후 명성황후는 외교문제에 더욱 민첩하게 대응하며 탁월한 정치적 수완을 발휘하였다. 이듬해인 1885년, 영국이 무력으로 거문도를 점령한 '거문도 사건'이 일어나자 명성황후는 당시 고문으로 있던 독일인 묄렌도르프를 일본에 파견하여 영국과 협상을 벌이는 한편, 러시아와 접촉을 시도했다. 또한 임오군란 이후 3년 동안 청나라에 붙잡혀 있던 흥선대원군의 환국을 묵인함으로써 청나라와의 관계에도 유연하게 대처했다.

이렇듯 강대국들과의 외교를 통해 시시각각 변하는 국제 정세에 대처해 나가던 명성황후에게 다시 한 번 시련이 찾아왔다. 1894년 5월, 청나라의 식민지적 지배와 일본 상업 자본의 침투, 탐관오리들의 압제와 수탈 등에 시달려 온 농민들과 동학교도들이 '동학농민운동'을 일으킨 것이다. 이에 조선 정부는 청나라에 원병을 요청하였는데, 이때 조선에서 청나라의 세력이 커질 것을 두려워한 일본 역시 6월 초에 조선 출병을 결정하게 되었다.

▌ '내가 바로 조선의 국모다'

동학농민운동을 계기로 조선 정국이 혼란스러워지자 일본은 조선에 대해 적극적인 침략 공세를 펼치기 시작했다. '갑오경장'(甲午更張)에 간여함으로써 김홍집 내각을 탄생시킨 일본은 정치 일선으로의 복귀를 노리고 있던 흥선대원군을 전면에 내세워 명성황후 세력을 제거할 음모를 꾸몄다. 그러나 일본의 음모를 간파한 명성황후는 일본이 지원하는 개화당 정부와 대립하며 그들에게 맞섰다.

동학농민운동을 진압한 뒤 서울에 군사를 주둔시킨 일본은 청나라에 청·일 공동의 조선 내정 개혁을 요구하자는 제의를 하였다. 그러나 이것이 거부되자 일본은 일본의 단독 개혁을 요구했고, 이로써 청·일 양국간에 전쟁이 일어났다. 이 전쟁에서 승리한 일본은 1895년 4월 17일, 조선에 대한 청나라의 종주권 파기 등 4개 항목을 주요 골자로 하는 '시모노세키 조약'을 맺었다.

청일전쟁의 승리로 인해 조선 정부에 대한 일본의 간섭은 더욱 거세졌다. 이에 명성황후는 친러 정책을 펼쳐 일본에 대항했는데, 러시아·독일·프랑스 세 나라의 간섭으로 인해 일본의 대륙 침략 기세가 한풀 꺾이자 더욱 강력한 친러 정책을 펼쳤다.

그동안 일본의 강압 속에 내정 개혁을 추진하던 조선 정부는 러시아 공사 베베르와 제휴하고 민영환을 주미전권공사로 등용했을 뿐만 아니라 친일파인 어윤중 등을 면직시키고 이범진과 이완용 등 친러파를 등용하여 '제3차 김홍집 내각'을 수립했다. 이어 친일 세력을 완전히 제거하기 위해 1895년 9월 6일, 왕비 시해 음모 혐의로 전 내무대신 박영효의 체포령을 내려 그를 정계에서 축출하였다. 게다가 주한일본공사 이노우에가 조선 정부에 300만 원을 증여하기로 한 약속을 이행하지 않자, 조선 정계에서는 반일 세력이 늘어나게 되었다. 이에 일본은 이노우에 대신 무인 출신 미우라를 주한일본공사로 파견하였다.

조선은 일본의 강압에 따라 제정한 신제도를 구제도로 되돌리기 위해 일본인 교관이 훈련시킨 2개 대대의 훈련대를 해산하고자 하였다. 그러자 일본공사 미우라는 일거에 대세를 뒤집기 위해 '여우사냥'이라는 작전명 아래 명성황후 시해 음모를 세우고 치밀하게 계획을 진행시켜 나갔다.

한편, 조선 정부에서는 군부대신 안경수를 일본공사관에 보내 훈련대 해산 및 무장 해제, 민영준의 궁내부대신 임명 등을 통고하였다. 이에 상황이 급변하고 있음을 직감한 일본은 명성황후 시해 계획을 서둘러 결행하기로 했다.

1895년 10월 8일 새벽, 흥선대원군을 앞세운 일본인 자객들은 서대문을 거쳐 우범선·이두황이 지휘하는 조선 훈련대와 합류하여 광화문을 통과하였다. 이때 훈련대 연대장 홍계훈과 군부대신 안경수가 1개 중대의 시위대 병력을 이끌고 이들을 제지하려다 충돌이 일어났다. 그러나 결국 궁궐에 침범하는 데 성공한 흉도들은 궁내부대신 이경직과 홍계훈을 살해한 다음, 건청궁에 있는 명성황후의 침실인 옥호루에 난입하여 궁녀들을 참살하고 명성황후를 시해하였다. 당시 궁중 수비대와 상궁들의 목숨을 건 저항에도 명성황후는 일본 낭인의 칼에 의해 파란 많았던 생을 마감하고 말았다.

이 사건은 항일 의병투쟁의 도화선이 되었고, 이후 신변에 위협을 느낀 고종과 왕세자가 1896년 2월 11일부터 이듬해 독립협회의 요구에 의해 환궁하기까지 약 1년 동안 왕궁을 버리고 러시아 공관에 거처하는, 이른바 아관파천의 계기가 되었다. 이로써 조선은 러시아의 보호 아래 있게 되었고, 일본의 식민지화 계획도 차질을 빚게 되었다.

조선의 국력이 크게 쇠하고 서구 열강들이 앞다투어 침략을 노리던 정치적 격변기에 왕비가 되어 시아버지인 흥선대원군을 실각시키고 정치 전면에 나서서 나라를 이끌었던 조선의 마지막 국모 명성황후. 그는 탁월한 정치적 수완으로 격변기를 헤쳐 나가려 했으나 결국 무력을 앞세운 외세 앞에 무참히 시해당하는 비운을 맞았다. 그때 그의 나이 45세였다. 그 뒤 일본의 압력에 의해 폐위되어 서인으로 강등되었다가 복호(復號)되었고, 1897년, 국호를 대한제국으로 하여 칭제한 고종에 의해 '명성황후'(明成皇后)로 추서(追敍)되었다. 그해 11월, 국장으로 청량리 밖 홍릉에 장사되었다.

| 뛰어난 외교감각을 지닌 비운의 왕비

13

오·자·서

—어리석은 주군을 만나 억울하게 죽은 오나라의 책사—

| 오자서 | (?~기원전 485, 중국 오나라)

'와신상담'(臥薪嘗膽)이라는 고사성어로도 유명한 중국 춘추전국시대 오나라와 월나라의 치열한 전쟁사. 이때 초나라 출신의 뛰어난 책사이자 명장인 오자서는 오나라 왕 합려를 도와 맹활약을 펼쳤다. 그는 합려의 뒤를 이어 오나라왕이 된 부차의 곁에서 끊임없이 간언을 올리다 억울한 최후를 맞게 된다. 일인자와 운명을 같이할 수밖에 없는 이인자의 비극이 그의 파란만장한 삶에 고스란히 녹아 있다.

초나라에서 도망쳐 나오다

춘추시대 말기, 발달된 철기 기술을 바탕으로 우수한 칼과 창을 제작할 수 있었던 오나라와 월나라는 그것을 바탕으로 강한 군사력을 보유하고 있었다. 새로운 강자로 떠오른 두 나라는 곧 중원의 패권을 놓고 치열하게 싸우기 시작했다. 그 치열한 싸움의 한가운데에 바로 오나라 왕 합려와 부차, 오자서, 그리고 월나라 왕 구천과 대부 종, 범여가 있다.

그 중에서도 오자서는 초나라 출신으로, 그의 아버지는 초나라 태자 건의 시종장이었다. 그런데 어떻게 해서 초나라 사람인 오자서가 오나라 왕 합려와 부차를 도와 월나라의 구천과 싸우게 되었을까?

어느 날 초나라 평왕은 태자 건의 비, 즉 며느리를 맞기 위해 부시종장 비무기를 진나라로 보냈다. 그런데 진나라에 가서 진나라 공주를 만나 본 비무기는 마음을 바꾸어 먹었다. 평왕의 환심을 살 수 있는 절호의 기회라고 생각한 비무기는 초나라로 돌아오자마자 평왕에게 이렇게 말했다.

"제가 가서 보니, 진나라 공주가 절세의 미인입니다. 진나라 공주는 폐하의 아내로 삼으시고 태자에게는 다른 여자를 맞게 하시는 것이 좋겠습니다."

원래 소문난 호색가였던 평왕은 이 말을 듣고 말없이 빙긋 웃었다. 곧이어 진나라 공주가 초나라에 도착하자 비무기는 즉시 공주를 평왕에게 데리고 갔고, 평왕은 기다렸다는 듯이 공주를 자신의 숙소로 데리고 가 함께 지냈다.

그 후 비무기는 평왕의 충복이 되어 큰 권세를 누렸다. 하지만 그의 마음은 늘 편치 않았다. 평왕이 죽고 난 후 태자가 왕위에 오른다면 목숨을 부지할 수 없게 될 것이 뻔했기 때문이다. 그때 태자는 자신의 아내가 될 공주를 아버지에게 바친 비무기에게 원한을 품고 있었다.

'만약 지금 태자를 제거하지 않는다면 훗날 내 목숨도 온전하지 못할 것이다.'

비무기는 날마다 평왕 앞에 나아가 태자를 헐뜯기 시작했다. 평왕 또한 마음이 불편하기는 마찬가지였다. 아무리 천하의 호색한이라 해도 며느리를 자신의 여자로 취한 그의 마음이 편할 리 없었다. 마침내 평왕은 태자를 멀리 국경으로 내쫓아 그곳의 군사들을 감독하게 했다. 그러나 태자를 완전히 제거하지 않는 한 결코 안심할 수 없었던 비무기의 비방은 거기서 그치지 않았다.

"태자는 자신의 아내가 될 공주를 빼앗아갔다 하여 폐하께 큰 원한을 품고 있습니다. 그런데 지금 태자는 국경 지역의 군사들을 거느리고 있으니, 언젠가 때가 되면 반드시 반란을 일으켜 복수하려 할 것입

| 어리석은 주군을 만나 억울하게 죽은 오나라의 책사

니다. 그러니 태자가 반란을 일으키기 전에 제거하는 것이 좋습니다."

평왕은 즉시 태자의 시종장인 오자서의 아버지 오사를 불러 태자의 근황에 대해 캐물었다. 그러자 오사는 평왕에게 "폐하께서는 어찌하여 거짓말만 일삼는 소인배의 말만 믿고 친아드님을 멀리 하려 하십니까?" 하고 간언하였다.

그러나 평왕은 오사의 간절한 호소에도 아랑곳하지 않았다. 그때 곁에 있던 비무기가 다시 한 번 평왕의 마음을 흔들어 놓았다.

"폐하, 오사의 말을 듣지 마십시오. 만약 먼저 손을 쓰시지 않는다면 도리어 폐하께서 태자의 포로가 되실 것입니다. 어서 오사를 감옥에 가두고 사자를 보내 태자를 죽이도록 하십시오."

결국 판단력을 잃은 평왕은 사자를 불러 친자식을 죽이라는 명령을 내렸다. 그러나 태자를 불쌍하게 여긴 사자는 먼저 사람을 보내 태자를 피신하도록 했다. 그리하여 태자 건은 즉시 송나라로 달아났다. 태자를 죽이는 데 실패한 비무기는 이번에는 오사와 그의 아들들을 죽여야 한다고 주장했다. 이번에도 평왕은 비무기의 말대로 사람을 보내 오사의 두 아들을 불러들였다. 이때 오사의 아들 오상과 오자서는 태자가 있던 국경 지방에 머물고 있었다.

"너희들이 오면 아비의 목숨을 살려 줄 것이나, 만약 오지 않는다면 아비의 목을 벨 것이다."

그 말을 전해 들은 오상이 즉시 이에 응하려 하자, 오자서가 이를 말리며 이렇게 말했다.

"형님, 우리가 가면 아버지를 살려 주겠다는 말은 새빨간 거짓입니다. 만약 우리가 간다면 아버지와 함께 우리 가족을 모두 몰살시킬 게 뻔합니다. 그러니 일단 다른 나라로 달아났다가 훗날 기회를 보아 아버지의 원수를 갚도록 합시다.”

그러자 오상이 말했다.

“우리가 가더라도 아버님을 구할 수 없다는 사실은 나도 잘 알고 있다. 그러나 아버님께서 도움을 받고자 우리를 부르시는데도 가지 않고, 또한 뒷날 아버지의 원수마저 갚지 못한다면 천하의 웃음거리가 될 것이 아니냐. 그래서 나는 아버님께 가야만 한다. 하지만 너는 어서 달아나 뒷날 내 대신 반드시 아버님의 원수를 갚아다오.”

오상이 혼자서 나타나자 평왕은 달아난 오자서를 체포하기 위해 국경 지방에 사람을 보냈다. 이에 오자서는 송나라로 몸을 피했다. 감옥에 갇혀 있던 오사는 오자서가 도망쳤다는 소식을 듣고 큰소리로 웃으며 말했다.

“머지 않아 초나라는 큰코다치게 될 것이다.”

그러나 평왕은 이에 아랑곳하지 않고 오사와 오상을 처형해 버렸다.

복수의 칼을 품고 때를 기다리다

송나라로 도망친 오자서는 태자 건을 찾아갔다. 얼마 후 송나라에 반란이 일어나자 두 사람은 다시 정나라로 옮겨 갔다. 정나라에서는 두 사람을 매우 정중하게 예우해 주었으나, 힘이 약한 정나라가 초나

| 어리석은 주군을 만나 억울하게 죽은 오나라의 책사

라에 대한 복수에 별 도움이 안 된다고 판단한 태자와 오자서는 정나라를 떠나 다시 진나라로 옮겨 갔다.

두 사람이 진나라에 머물고 있던 어느 날, 진나라 왕 경공이 태자에게 한 가지 제안을 해 왔다.

"태자는 지금 정나라의 두터운 신임을 받고 있습니다. 그러니 태자가 정나라에 돌아가서 힘을 기르고, 내가 밖에서 정나라를 공격하면 어떻겠소? 우리 두 사람이 힘을 합친다면 정나라를 멸망시킬 수 있을 것이니, 그때 태자가 정나라의 왕이 되면 될 것이오."

태자는 경공의 말에 흔쾌히 찬성하고 다시 정나라로 갔으나 부하의 배신으로 사전에 음모가 발각되고 말았다. 이때 태자는 목숨을 잃었고, 오자서는 자루 속에 숨어 가까스로 탈출하였다.

그날부터 오자서는 낮에는 사람들의 눈에 띄지 않는 곳에 숨어 지내고 밤에는 날이 샐 때까지 걸었다. 그리하여 겨우 오나라와 초나라의 국경에 이른 오자서는 그곳에서 그만 초나라 관리에게 발각되고 말았다. 정신 없이 도망쳐 드디어 양쯔강가에 이른 오자서는 실로 난감한 상황에 부닥쳤다. 조금 있으면 초나라 군사들이 강가에 도착할 터인데 강에는 배가 한 척도 없었다. 오자서는 하늘을 향해 크게 탄식했다.

"하늘이시여, 여기서 저를 버리시나이까! 이 한 몸 죽는 것은 억울하지 않지만 저는 반드시 아버님과 형님의 원수를 갚아야 합니다. 그러니 아직은 죽을 수가 없습니다."

그때였다. 강 저편에서 한 노인이 조그만 배 한 척을 저어 오는 것이었다. 오자서는 그 노인의 도움으로 양쯔강을 건너 초나라 군사들의 추격에서 가까스로 벗어났다. 강을 건넌 오자서는 자신이 차고 있던 칼을 풀어 노인에게 주었다. 그러자 노인은 이를 사양하며 말했다.

"초나라 곳곳에는 오자서를 잡는 자에게 조 5만 섬과 재상 자리를 준다는 방이 붙어 있소. 만약 내게 욕심이 있었다면 당신을 잡아 초나라에 넘기지 무엇 때문에 도와주었겠소?"

그러나 이것으로 오자서의 고생이 끝난 것은 아니었다. 그동안 추적을 피해 도망다니느라 제대로 먹지 못한 그는 그만 병에 걸리고 말았다. 오자서는 병든 몸으로 사람들 앞에서 머리를 조아리고 무릎으로 땅바닥을 기면서 구걸하여 간신히 오나라에 도착했다. 오자서는 오나라 공자 광의 소개로 요왕을 만남으로써 비로소 그곳에 정착할 수 있었다.

오자서가 오나라 요왕을 돕고 있을 때 오나라와 초나라 사이에 전쟁이 일어났다. 요왕은 공자 광을 장군으로 삼아 군사를 파견했는데, 공자 광은 초나라 군대를 격파하고 초나라 국경 부근의 마을들을 함락시킨 후 돌아왔다. 이때 오자서는 요왕에게 한 가지 제안을 했다.

"지금의 승세를 타서 공격하면 반드시 초나라를 완파할 수 있으니, 다시 공자 광에게 군사를 주어 출전하게 하십시오."

그러나 공자 광이 오자서의 말에 반대하고 나섰다.

"오자서가 초나라를 공격하자고 하는 것은 아버지와 형이 초나라 왕에게 살해되었기 때문에 그 복수를 하려는 것뿐입니다. 지금 초나라를 공격한다고 해서 반드시 이기리라는 보장이 없습니다."

오자서는 공자 광의 말을 듣고 곰곰이 생각했다. 공자 광은 요왕을 죽이고 자신이 오나라 왕이 되려는 마음을 품고 있음에 틀림없었다.

| 어리석은 주군을 만나 억울하게 죽은 오나라의 책사

공자 광의 속마음을 알아차린 오자서는 검술이 뛰어난 전제라는 사람을 그에게 추천했다. 그리고 자신은 관직에서 물러나 시골에서 농사를 지으며 때를 기다리기로 결심했다. 그대로 요왕의 곁에 머물다 만일 쿠데타가 일어나기라도 한다면 자칫 목숨을 잃게 될 수도 있다는 판단 하에 내린 결정이었다. 그렇게 되면 아버지와 형의 원수를 갚지도 못하고 죽게 될 터였다.

합려의 참모로 역사의 전면에 등장하다

오자서가 초야에 묻혀 지낸 지 5년 후, 초나라 평왕이 죽고 그 뒤를 이어 평왕과 진나라 공주 사이에 태어난 아들 진이 즉위하였다. 오나라 요왕은 그 틈을 이용해 대대적인 초나라 정벌에 나섰으나 초나라의 반격에 부딪쳐 무참히 패하고 말았다.

공자 광은 이때를 놓치지 않고 쿠데타를 일으켜 자신의 꿈을 실현시켰다. 먼저 잔치를 벌여 자신의 집에 요왕을 초청한 뒤, 지난날 오자서가 추천해 준 전제를 시켜 왕을 시해하고, 미리 준비해 두었던 군사를 풀어 왕의 경비병마저 제압함으로써 권력을 장악했던 것이다. 마침내 공자 광이 왕위에 오르니, 그가 바로 오나라 왕 합려다.

합려는 즉위하자마자 시골에서 농사를 짓고 있던 오자서를 불러들여 외교 고문으로 임명하는 한편, 나라의 부를 축적하고 군사 훈련을 강화하였다. 왕위에 오른 지 3년 만에 합려는 초나라 공격에 나서게 되었고, 합려의 명을 받아 군사를 이끌고 출전한 오자서는 대승을 거두었다. 합려는 여세를 몰아 초나라의 수도를 공격하려 했다.

이때 장군 손무(孫武)가 나서서 이를 말렸다. 그는 바로 『손자병법』을 쓴 병법의 대가 손자였다.

"지금 계속되는 전쟁으로 인해 백성들이 겪고 있는 고초가 너무 크므로 더 이상 공격하는 것은 좋지 않습니다. 조금 더 기다렸다가 공격하십시오."

손무의 의견을 좇아 합려는 잠시 공격을 멈췄다가 이듬해 다시 초나라를 쳐서 두 개의 성을 빼앗았으며, 그 다음 해에는 월나라를 공격하여 승리를 거두는 등 승승장구했다. 명장 출신의 왕 합려에다 병법의 대가 손자, 게다가 명재상 오자서까지 있었으니, 아무도 오나라의 공격에 맞설 수 없었다.

합려가 왕위에 오른 지 6년이 지난 기원전 509년, 이번에는 초나라가 오나라에 쳐들어 왔다. 합려는 즉시 오자서에게 군사를 주어 초나라 군대를 막게 했다. 이 싸움에서 대승을 거둔 오자서는 그 여세를 몰아 초나라의 거소 지방을 공격해 점령하는 성과를 올렸다.

▌ 평왕의 시체를 매질하여 원수를 갚다

그로부터 3년 뒤 오나라 군대에 의해 초나라 수도가 함락되었다. 초나라 수도에 당당히 입성한 오자서는 초나라 소왕을 체포하려 했으나

　　　　｜ 어리석은 주군을 만나 억울하게 죽은 오나라의 책사

그는 이미 도망치고 난 뒤였다. 그러자 오자서는 죽은 평왕의 무덤을 파헤쳐 시체에 300번 매질을 함으로써 16년 만에 비로소 억울하게 죽은 아버지와 형의 원수를 갚았다.

오자서가 평왕의 시체에 매질을 했다는 소식이 전해지자 초나라 사람 신포서가 이를 비난하고 나섰다.

"이미 죽은 사람의 시체를 꺼내 매질을 하다니 너무 지나친 것 아니오? 때로는 사람이 하늘을 이길 때도 있지만, 결국에는 하늘이 사람을 이긴다고 했소. 그대는 원래 평왕의 신하로서 지난날 그를 섬기기도 했는데, 지금에 와서 그의 시체를 욕보였으니 이보다 더 하늘을 거역한 행동이 어디 있겠소?"

신포서는 오자서가 초나라에 살던 시절 매우 절친하게 지냈던 사람으로, 초나라를 떠나기 전에 오자서가 "훗날 내 반드시 초나라를 무너뜨리고 말 것이오." 하고 말하자, "그렇다면 나는 반드시 우리 초나라를 지켜 내겠소." 하고 자신의 결의를 밝힌 바 있었다.

물밀듯이 밀려드는 오나라 군사를 피해 산속에 숨어 있던 신포서가 오자서의 복수 소식을 듣고 사람을 보내 이와 같이 비난하자 오자서는 단호하게 말했다.

"너는 지금 당장 신포서에게 가서 내 말을 전하라. '날은 저물고 길은 멀어, 다른 방법을 생각할 겨를이 없었다.'고 말이다."

신포서는 급히 진나라로 가서 초나라의 위급한 상황을 설명하고 도움을 청했다. 그러나 진나라는 들은 척도 하지 않았다. 오히려 그동안 호시탐탐 자신들이 지키고 있는 중원을 넘보던 초나라가 궁지에 몰렸다는 이야기를 듣고 내심 기뻐했다.

그러나 신포서는 포기하지 않았다. 그는 진나라의 대궐 앞뜰을 떠나지 않고 밤낮으로 통곡하며 간청했다. 마침내 그의 정성이 진나라 왕의 마음을 움직였다.

"비록 초나라가 괘씸하기는 하지만, 저런 충신이 있으니 그대로 망하게 내버려 둘 수는 없지 않겠는가."

신포서의 충정에 감동한 진나라 왕은 전차 500대를 초나라에 보냈다. 그 무렵 합려는 초나라 수도에 머물고 있었는데, 이때 오나라에 남아 있던 그의 동생 부개가 반역을 일으켜 오나라 왕으로 즉위하였다. 그 소식을 접한 합려는 부개의 왕위 찬탈을 응징하기 위해 어쩔 수 없이 오나라로 돌아가야 했다. 그 틈을 타서 초나라는 오나라 군사들을 물리칠 수 있었고, 잠시 다른 나라로 피신해 있던 초나라 소왕도 곧 자기 나라로 돌아왔다.

그로부터 2년 후, 합려는 태자 부차에게 군사를 주어 다시 초나라를 공격하게 했다. 이에 겁을 먹은 초나라는 수도를 아예 북쪽으로 옮겨 버렸다. 이로써 오나라는 서쪽으로는 초나라를 격파하고, 북쪽으로는 제나라와 진나라를 제압하여 천하를 호령하게 되었다.

▌ '오늘 구천을 죽이지 않으면……'

합려가 강대국 초나라를 누르고 패자가 되어 천하를 호령하고 있을

　　　　| 어리석은 주군을 만나 억울하게 죽은 오나라의 책사

때, 동쪽에서는 월나라가 새로운 강국으로 등장했다. 당시 월나라의 왕은 구천으로, 그는 본래 우나라의 후예였다. 우나라의 멸망과 함께 그 부족들은 20여 대에 걸쳐 흩어져 살았는데, 구천의 아버지 윤상이 흩어진 부족들을 규합하여 월나라를 탄생시켰고, 윤상이 죽자 그 뒤를 이어 구천이 왕위에 올랐던 것이다.

윤상이 죽었다는 소식을 접한 합려는 즉시 월나라를 공격했다. 그러나 오나라군은 구천이 이끄는 월나라군에 크게 패하고 말았다. 이때 합려는 손가락에 화살을 맞는 부상을 당했는데, 결국 그로 인해 죽음을 맞게 되었다. 합려는 죽음을 앞두고 태자인 부차를 불러 다음과 같은 유언을 남겼다.

"너는 구천이 네 아비를 죽인 것을 절대 잊어서는 안 된다. 꼭 이 아비의 원수를 갚아다오."

그날 이후부터 부차는 장작개비를 깔고 그 위에서 잠을 잤다. 장작개비에 찔려 몸이 쑤실 때마다 부차는 아버지의 죽음을 떠올리며 구천에 대한 복수를 다짐했다. 더 나아가 부차는 자신이 드나드는 문 앞에 사람을 세워 두고 이렇게 말하도록 시켰다.

"부차야, 네 아버지의 복수를 잊어 버렸느냐?"

그때마다 부차는 이렇게 대답했다.

"제가 어떻게 그것을 잊을 수 있겠습니까?"

그러면서 한편으로는 모든 역량을 기울여 군사력을 강화했다. 부차가 왕위에 오른 지 2년째 되던 해, 부차가 자신에게 복수하기 위해 군사를 키우고 있다는 소식을 들은 월나라 왕 구천은 먼저 오나라를 공격하려 했다.

책사인 범여가 이를 말리고 나섰지만, 구천은 범여의 간언을 뿌리치고 끝내 오나라 공격을 강행했다. 하지만 매일 밤 장작개비 위에 누워 구천에 대한 복수만을 생각해 온 부차는 월나라의 공격에 철저히 대비하고 있었다. 월나라의 구천이 공격해 온다는 소식을 들은 부차는 정예군을 요소요소에 배치했다. 그리고 월나라 군사들이 쳐들어오자 단숨에 기습 공격하여 대승을 거두었다.

단 한 번의 싸움으로 크게 패한 구천에게 이제 남아 있는 군사라고는 고작 5천여 명이 전부였다. 구천은 할 수 없이 뒷날을 기약하며 군사들을 이끌고 회계산(會稽山, 후이지산)으로 도망쳤다. 그러나 부차의 공격은 그것으로 끝나지 않았다. 그는 군사를 풀어 구천이 숨어 있는 회계산을 완전히 포위해 버렸다.

구천은 범여의 말을 듣지 않은 것을 크게 후회하며 그에게 물었다.

"내 그대의 말을 듣지 않아 이 지경이 되고 말았소. 이 난국을 헤쳐 나갈 무슨 좋은 방법이 없겠소?"

이에 범여는 다음과 같이 대답했다.

"지금 대왕께는 부차에게 재물을 바쳐 항복하는 방법 외에는 다른 방도가 없습니다."

구천은 즉시 대부 종을 부차에게 보내 항복의 뜻을 전하게 했다. 대부 종은 부차 앞에 머리를 조아리며 말했다.

"불충한 구천을 대신하여 불초 종이 아뢰옵니다. 원하옵건대 구천을 신하로 받아 주십시오."

| 어리석은 주군을 만나 억울하게 죽은 오나라의 책사

구천으로서는 참으로 굴욕적인 항복이었다. 부차가 이를 받아들이려 하자, 곁에 있던 오자서가 반대하고 나섰다.

"지금은 월나라를 우리 오나라에 주려는 하늘이 내린 기회입니다. 이 기회에 구천을 죽여 월나라를 완전히 멸망시켜야 합니다. 만약 이 기회를 놓치면 나중에 반드시 큰 화를 입게 될 것입니다."

오자서의 반대로 협상에 실패한 대부 종은 돌아가서 그 사실을 구천에게 보고했다. 보고를 듣고 절망감에 휩싸인 구천에게 대부 종은 한 가지 방법을 제안했다.

"지금 오나라의 대신으로 있는 백비는 매우 욕심이 많은 자입니다. 그에게 진귀한 보물들을 바친다면 반드시 월나라를 위해 힘을 써 줄 것입니다. 그러니 다시 한 번 저를 오나라에 보내 주십시오."

구천은 비밀리에 대부 종을 시켜 백비에게 미인들과 많은 재물을 바치게 했다. 아니나다를까, 백비는 대부 종이 다시 부차를 만날 수 있도록 주선해 주었다. 부차를 만난 대부 종은 간곡히 청했다.

"대왕마마, 만약 구천의 죄를 용서해 주신다면 구천은 월나라의 모든 보물을 대왕께 바칠 것입니다. 하지만 대왕께서 용서해 주시지 않는다면 구천은 자신의 처자를 죽이고 보물을 모두 불태운 뒤 목숨이 다하는 그날까지 대왕과 싸우겠다고 합니다. 그렇게 되면 대왕의 군사들 역시 많은 피해를 입을 수밖에 없을 것입니다."

그러자 곁에 서 있던 백비가 거들고 나섰다.

"이번에 구천을 용서하신다면 언젠가 우리 오나라에게도 큰 이익이 될 것입니다."

부차가 다시 구천을 용서하려고 하자 이번에도 오자서가 강력하게 반대했다.

"지금 구천을 없애지 않으면 반드시 후회할 것입니다. 그것은 구천이 현명할 뿐 아니라 대부 종이나 범여와 같은 뛰어난 신하가 그의 곁에서 돕고 있기 때문입니다. 지금 그를 살려 주면 훗날 반드시 반란을 일으켜 대왕께 복수할 것입니다."

그러나 부차는 오자서의 반대를 무시하고 군사를 철수시켜 버렸다. 그리하여 구천은 겨우 목숨을 건질 수 있었으나 싸움에서의 패배로 인해 많은 것을 잃고 말았다. 크게 낙담한 구천이, "이제 끝장이구나!" 하고 한탄하자 대부 종이 말했다.

"그렇지 않습니다. 은나라 탕왕과 주나라 문왕도 한때 유폐된 적이 있었고, 진나라의 문공과 제나라의 환공도 고통스러운 망명 생활을 해야만 했습니다. 그런데도 그분들은 그 모든 어려움을 이겨 내고 마침내 천하를 호령하는 패자가 되었습니다. 그러니 지금 대왕께서 겪고 계시는 고통도 장차 크게 성공하기 위한 시련일 뿐입니다."

대부 종의 말을 들은 구천은 마음을 다잡고 부차에게 복수할 것을 다짐했다. 그날부터 구천은 언제나 곁에 쓸개를 걸어 두고 음식을 먹을 때마다 그 쓴맛을 맛보며, '회계산의 치욕을 잊지 말자!' 고 다짐했다.

구천은 거기에 그치지 않고 스스로 밭에 나가 일했고, 그의 아내도 손수 물레를 돌려 옷감을 짰다. 그뿐 아니라 고기를 먹지 않고, 옷도 수수한 것만 입는 등 여느 백성들과 다름없는 생활을 했다. 게다가 유능한 신하에게는 고개를 숙여 가르침을 받았고, 외국에서 온 손님들은

| 어리석은 주군을 만나 억울하게 죽은 오나라의 책사

정중하게 대우했다. 그리고 국정은 모두 대부 종과 범여에게 맡겼다.

이렇게 구천이 착실하게 복수를 준비하고 있을 때, 부차는 다시 군대를 일으켜 제나라를 공격하려 했다. 구천의 항복을 받은 지 5년 만의 일이었다. 이번에도 역시 오자서가 반대하고 나섰다.

"지금 구천은 밥을 먹을 때마다 쓸개를 맛보면서 오직 우리 오나라에 복수할 기회만을 노리고 있습니다. 그러므로 구천이 살아 있는 한 절대로 마음을 놓을 수 없습니다. 월나라는 오나라에게 있어서 마치 오장육부에 걸린 병과 같지만, 이에 비해 제나라는 기껏해야 팔에 생긴 부스럼에 지나지 않습니다. 그러니 월나라를 쳐부수는 것이 가장 시급한 문제입니다."

그러나 부차는 오자서의 말을 듣지 않고 제나라를 공격해 대승을 거두었다. 그로부터 4년 뒤, 부차는 다시 제나라를 공격하려 했다. 이때 구천은 속마음을 숨긴 채 군사를 이끌고 오나라를 도와 제나라를 공격했다. 이후에도 구천은 부차에게 온갖 보물을 바치는 한편 월나라의 절세 미녀, 서시를 바쳐 그의 넋을 빼놓았다.

억울한 최후

서시에게 정신을 빼앗긴 부차는 나랏일을 돌보지 않고 사치와 환락에 빠져 세월을 보내기 시작했다. 그러면서도 자신의 명예욕과 정복욕을 채우기 위해 계속해서 제후국들을 공격했다. 이로 인해 오나라는 국력과 군사력이 현저하게 약화되어 갔다.

부차는 또다시 제나라를 공격하기에 앞서 이를 반대하는 오자서에게 오히려 제나라에 사신으로 다녀올 것을 명했다. 할 수 없이 제나라에 가게 된 오자서는 자신의 아들을 함께 데리고 갔다. 그리고 오나라로 되돌아오기 전에 아들에게 이렇게 말했다.

"이제 오나라가 망하는 것은 시간 문제다. 그러니 너는 이곳 제나라에 남아 있도록 해라."

그러고는 제나라 대신에게 아들을 맡기고 돌아왔다. 그러자 이것을 계기로 그동안 오자서와 사사건건 다투어 왔던 백비가 오자서를 비방하고 나섰다.

"오자서는 결코 믿을 수가 없는 자입니다. 그는 지난날 아버지와 형을 죽음에 몰아넣고 혼자서만 도망쳤습니다. 또한 지난번 제나라를 칠 때, 오자서가 한사코 반대했지만 우리 오나라는 대승을 거두었습니다. 그러니 어떻게 이 자를 믿을 수 있겠습니까? 오자서는 반드시 오나라를 배반할 것입니다. 그것은 그가 이번에 제나라에 자기 자식을 맡기고 돌아온 것만 보아도 잘 알 수 있습니다. 그의 마음은 이미 대왕의 곁을 떠났습니다. 대왕께서는 이 기회에 그를 죽여 후환을 없애도록 하십시오."

부차는 백비의 말에 고개를 끄덕였다.

"그렇지 않아도 과인 또한 그자를 의심하고 있었소."

부차는 즉시 사자를 시켜 오자서에게 칼을 내리며 자살을 명했다. 오자서는 하늘을 우러러 크게 탄식하며 주위 사람들에게 다음과 같은

| 어리석은 주군을 만나 억울하게 죽은 오나라의 책사

유언을 남겼다.

"반드시 내 무덤 위에 나무를 심어 그것으로 왕이 죽은 후에 그의 관을 만들 수 있도록 하라. 그리고 내 눈을 빼 내어 오나라의 동쪽 문에 걸어 놓아 월나라 군사들이 쳐들어오는 것을 보게 하라."

말을 마친 오자서는 부차가 내린 칼로 자결했다. 그러나 오자서가 남긴 말을 전해 듣고 크게 화가 난 부차는 오자서의 시체를 강물에 던져 버렸다. 그 후 억울하게 죽은 오자서를 가엾게 여긴 사람들은 강기슭에 사당을 세워 그의 넋을 달래 주었다.

오자서가 죽고 나서 2년 뒤, 부차가 주력부대를 이끌고 수도를 떠나 다른 지역에 머물고 있는 틈을 타 월나라 왕 구천이 오나라 수도를 급습했다. 손쉽게 오나라 수도를 점령한 구천은 태자를 잡아죽였다.

월나라가 침입했다는 급보를 받은 부차는 즉시 월나라에 사신을 보내 휴전을 제의했다. 그러자 범여는 구천에게 이렇게 말했다.

"아무래도 받아들이는 것이 좋겠습니다. 저들의 정예 부대와 맞붙게 되면 승패를 예측하기가 어렵습니다. 다음 기회를 노리는 것이 좋을 듯합니다."

구천은 부차의 휴전을 받아들이고 곧 군사들을 철수시켰다. 그러나 그로부터 4년 후, 구천은 다시 오나라에 공격에 나섰다. 월나라 군사들은 손쉽게 오나라 군사들을 물리치고 마침내 오나라 수도를 완전히 포위했다.

월나라는 오나라 수도를 포위한 지 3년 만에 마침내 그곳을 함락시켰다. 이때 고소산(姑蘇山)으로 피신한 부차는 대부 공손웅을 구천에게 보내 항복을 청했으나, 범여의 반대로 인해 거부되었다. 그 후 구천은 부차에게 사자를 보내 이렇게 말했다.

"섬에 가서 사는 것이 어떻겠는가? 그곳 땅을 얼마간 주겠다."

이에 부차는 탄식하며 스스로 목숨을 끊었다.

"내 이미 늙은 몸, 어찌 구차하게 목숨을 구하리요. 저승에 있는 오자서를 볼 면목이 없구나."

부차는 헝겊으로 얼굴을 덮은 채 숨을 거두었다. 그 후 주 왕실에서는 구천에게 패자의 칭호를 주었으며, 월나라는 오나라를 대신하여 춘추시대 최후의 패자가 되었다.

| 어리석은 주군을 만나 억울하게 죽은 오나라의 책사

14

여·불·위

—재산을 털어 임금을 산 최고의 장사꾼—

*임금을 사 둔다면 그 이익은?

*인맥을 활용하여 뜻을 이루다

*황제의 아버지가 되다

*일자천금의 고사성어를 낳은 『여씨춘추』

*파멸의 길로 접어들다

| 여불위 | (?~기원전 235, 중국 진(秦)나라)

중국 최초로 통일국가를 이룩한 진시황제, 여불위는 바로 그의 생부이다. 상인이었던 그는 전국시대 말기, 진(秦)나라의 재상에 올라 무소불위의 권력을 누렸다. 글자 수가 20만 자나 되는 방대한 분량의 『여씨춘추』를 편찬하기도 한 여불위는 도대체 어떤 인물일까? 상인에 불과했던 그가 어떻게 한 나라의 재상이 될 수 있었으며, 어떻게 자신의 아들을 황제의 자리에 올릴 수 있었을까?

임금을 사 둔다면 그 이익은?

　전국시대 말기, 한(韓)나라 땅 하남에서 상인으로 활동하고 있던 여불위는 여러 제후국을 왕래하며 값이 쌀 때 물건을 사 놓았다가 비쌀 때 되파는 방법으로 많은 재산을 모았다. 여러 지역을 돌아다니다 보니 견문이 넓을 수밖에 없었으며, 일에 대한 판단력 또한 뛰어났다.

　어느 날 여불위는 조(趙)나라의 수도 감단(邯鄲, 한단)에서 우연히 조나라에 볼모로 잡혀 와 있던, 진나라 태자 안국군의 아들 자초를 만나게 되었다. 순간 여불위의 머릿속에 한 가지 생각이 스쳐 지나갔다.

　'참으로 진귀한 보배로다! 훗날 반드시 귀하게 쓰일 터이니 일단 구해 놓고 봐야겠다.'

　안국군에게는 자초 외에도 아들이 20여 명이나 더 있었으며, 자초의 생모 하희는 안국군의 사랑을 받지 못했다. 그리하여 자초는 별 볼일 없는 존재로 취급되어 조나라에 볼모로 보내진 것이었다. 조나라에 온 자초는 매우 곤궁한 생활을 했다. 더구나 진나라가 자주 조나라를 공격하는 탓에 조나라로부터의 냉대는 갈수록 심해졌다.

이렇듯 보잘것없는 자초를 어째서 여불위는 귀한 보배로 본 것일까? 여불위는 상인 나름의 뛰어난 판단력으로 지금은 비록 자초가 보잘것없지만, 시간이 지나면 기대 이상의 인물이 될 것이라고 생각했다. 여기에는 여러 나라를 돌아다니며 익힌 폭넓은 견문도 작용했다. 당시 안국군의 총애를 받고 있던 사람은 바로 화양부인이었는데, 그에게는 자식이 없었다. 따라서 여불위는 자초에게 충분한 가능성이 있다고 판단했던 것이다.

집에 돌아온 여불위는 아버지에게, 농사를 지었을 때 얻을 수 있는 이익과 보물을 사 두었을 때 얻을 수 있는 이익에 대해 물었다. 아버지는 농사는 열 배, 보물은 백 배의 이익을 남길 수 있을 것이라고 대답했다. 그러자 여불위는 다시 물었다.

"그렇다면 아버님, 만약 임금이 될 사람을 사 둔다면 그 이익은 얼마나 되겠습니까?"

"그거야 이루 헤아릴 수 없을 정도로 엄청나지 않겠느냐."

아버지의 대답에 여불위는 자신감에 찬 목소리로 말했다.

"농사를 지어서 얻는 이익은 그저 추위에 떨지 않고 배를 곯지 않을 정도입니다. 보석을 사 두었다가 남긴 이익으로는 한때의 부유함을 즐길 수 있을 뿐입니다. 그러나 장차 나라를 다스릴 임금을 사 둔다면 그 혜택은 두고두고 남을 것입니다. 지금 조나라에는 진나라 공자 자초가 볼모로 와 있는데, 저는 전 재산을 털어서라도 이 귀한 보배를 사 두려고 합니다."

여불위는 그날로 자초를 찾아갔다. 당시 자초는 하는 일 없이 무료

| 재산을 털어 임금을 산 최고의 장사꾼

한 생활을 하고 있었다. 볼모로 잡혀 있는 몸인데다가 안국군의 관심마저 끌지 못하고 있으니 찾아오는 사람도 없었다.

여불위는 자초를 만나자마자 큰절부터 올렸다. 그러고는 자초에게 가까이 다가가 나직한 목소리로 "공자님, 지금부터 제가 공자님의 대문을 크게 만들어 드리겠습니다." 하고 말했다. 이에 자초는 힘없이 웃으면서 "먼저 당신의 대문부터 크게 만들고 난 후에 그리 하는 게 어떻겠소?" 하고 말했다. 그러자 여불위는 자초에게 좀더 바싹 다가앉으며 이렇게 말했다.

"공자께서 잘 모르시는가 봅니다. 공자님의 대문이 커져야 제 대문도 커질 수 있습니다. 그래서 먼저 공자님의 대문을 크게 만들려고 하는 것이지요."

자초는 곧 여불위의 속뜻을 알아차렸다. 그는 얼른 여불위를 안방으로 불러들여 많은 이야기를 나누었다.

"지금 진나라 소왕은 나이가 많아 곧 공자의 아버님이신 안국군께서 왕위에 오를 것입니다. 안국군께서 왕위에 오르고 나면 당연히 후계자를 정하게 될 것인데, 20여 명의 형제 가운데 누가 가장 유력하겠습니까? 항상 안국군 곁에 있는 큰형님이나 다른 형제분이 공자에 비해 훨씬 유리한 입장에 있습니다. 게다가 공자는 지금까지 아무런 관심도 받지 못했을 뿐 아니라 오랫동안 외국에서 볼모 생활을 하고 있는 처지입니다. 지금 공자는 경제적인 여유마저 없어 아버님에 대한 선물은 고사하고 찾아오는 손님들과 교제하기도 어렵습니다."

"당신의 말이 모두 사실입니다. 무슨 좋은 방법이 없겠습니까?"

"한 가지 방법이 있긴 합니다만……."

"그게 무엇입니까? 어서 내게 그 방법을 알려 주십시오."

"지금 안국군께서 총애하고 있는 분이 누구입니까?"

"그야 물론 화양부인이지요."

"맞습니다. 따라서 후계자를 정하는 데 있어서 화양부인의 입김이 크게 작용할 것이 틀림없습니다. 그러나 화양부인은 애석하게도 자신의 소생이 없습니다. 그래서 말씀인데 공자가 화양부인의 양자가 된다면 후계자는 자연히 공자가 될 것입니다."

"하지만 난 그분을 뵌 적이 없을 뿐 아니라 그분의 환심을 살 만한 재물도 갖고 있지 않습니다. 그런데 어떻게……."

"그건 염려 마십시오. 이제부터 제가 가지고 있는 전 재산을 털어 공자를 도와드릴 것입니다."

자초는 여불위에게 깊이 머리를 숙이며 말했다.

"잘 부탁드립니다. 만약 그리 된다면 진나라의 반을 당신에게 떼어 드리겠습니다."

인맥을 활용하여 뜻을 이루다

여불위는 먼저 자신의 재산을 둘로 나누어 그 반을 자초에게 주었다. 그리고 나서 나머지 반으로 조나라의 진귀한 물건들을 사 가지고 진나라를 향해 떠났다.

　　　　　　　　　 | 재산을 털어 임금을 산 최고의 장사꾼

진나라의 수도 함양(咸陽, 셴양)에 도착한 여불위는 먼저 화양부인을 가장 잘 움직일 수 있는 사람을 찾았다. 그 사람은 다름 아닌 화양부인의 언니였는데, 예전에 장사에 대한 일로 몇 번 만나 그에게 많은 선물을 바친 적이 있었다. 처음 여불위가 자초를 귀한 인물로 판단했던 것도 이러한 인맥을 잘 활용하면 승산이 있다고 보았기 때문이었다.

여불위는 우선 가지고 간 보물들을 모두 화양부인의 언니에게 바쳤다. 그러고는 그의 마음을 넌지시 떠보았다.

"지금 조나라에 가 있는 공자 자초는 매우 총명하신 분으로, 각국의 유명한 인재들과 폭넓게 교류하여 그 명성이 나날이 높아지고 있습니다. 그런데 그분께서 절 만날 때마다 입버릇처럼 말씀하시기를, '내가 하늘처럼 생각하는 분은 바로 화양부인이라오. 그래서 아버님과 부인을 곁에서 모시고 효도하며 살고 싶지만, 이 몸이 머나먼 타국 땅에 있다 보니 그렇게 하지 못해 안타까울 따름이오. 두 분을 생각하면 하루라도 눈물을 흘리지 않는 날이 없소.' 라고 하셨습니다."

그러자 화양부인의 언니는 매우 기쁜 얼굴로, "그게 정말입니까? 그렇다면 동생에게는 아주 다행한 일입니다." 하고 말했다. 여불위는 그 틈을 놓치지 않고 이렇게 말했다.

"제가 듣기로는, '미모로 남을 섬기는 사람은 그 미모가 퇴색하면 사랑도 잃는다.' 고 합니다. 지금 화양부인은 태자의 사랑을 한 몸에 받고 있지만 애석하게도 자식이 없습니다. 그러니 지금부터라도 여러 공자 가운데 총명하고 효심이 두터운 분을 골라 양자로 삼은 뒤 태자의 후계자로 정해 두십시오. 그렇게 하면 태자가 살아 있을 때에는 물론이고, 만약 태자에게 무슨 일이 생기더라도 그 양자가 왕위를 잇기 때문에 화양부인은 예전과 다름없이 권세를 누리며 살아갈 수 있을 것입니다. 만일 지금 발판을 튼튼히 해 두지 않는다면, 뒷날 태자의 총애를 잃게 된 후에는 후회해도 소용없게 됩니다."

그렇다면 동생의 양자로 누가 적격이라고 생각하느냐는 물음에 자초를 적극 추천한 여불위는 다음과 같은 말로 화양부인의 언니를 설득하였다.

"그분은 총명하고 효심이 강한 분입니다. 다만, 지금의 처지로는 절대 후계자가 될 수 없습니다. 그러니 만일 화양부인의 도움으로 후계자가 된다면 그 은혜를 잊지 않고 끝까지 성심을 다해 부인을 섬길 것입니다. 그렇게 되면 화양부인은 평생 편안하게 사실 수 있을 것입니다."

언니로부터 여불위의 말을 전해 들은 화양부인 또한 그 말에 고개를 끄덕였다. 화양부인은 안국군에게 언니를 통해 들은 자초의 됨됨이에 대해 설명한 후 눈물로 호소했다.

"저는 태자님의 사랑을 한 몸에 받고 있지만 불행하게도 자식이 없습니다. 바라옵건대 자초를 후계자로 정하여 저의 장래를 맡길 수 있도록 허락해 주십시오."

안국군은 화양부인의 청을 기꺼이 받아들였다. 자초를 후계자로 정한 안국군과 화양부인은 자초에게 많은 돈을 보내 지내는 데 불편함이 없게 하고, 여불위에게 자초를 잘 돌보아 줄 것을 당부했다.

"자초가 외국에서 생활하다 보니 아무래도 불편한 점이 많을 것이

| 재산을 털어 임금을 산 최고의 장사꾼

오. 자초가 진나라로 돌아오는 날까지 그대가 각별히 신경을 써 주길 바라오."

안국군이 자초에게 관심을 기울이기 시작하자 그때까지 그를 무시하던 각국의 제후 및 명망가들은 그를 달리 보기 시작했다. 그리하여 자초의 주위에는 금세 많은 사람들이 몰려들었다.

황제의 아버지가 되다

세월이 흘러 소왕이 세상을 떠나고 태자인 안국군(효문왕)이 즉위하였으나, 즉위한 지 1년 만에 세상을 떠나고 말았다. 그 뒤를 이어 마침내 자초가 왕위에 오르니 그가 바로 장양왕이다. 그 후 화양부인은 화양태후가 되어 편안한 여생을 보냈다.

장양왕, 즉 자초의 즉위는 바야흐로 여불위의 시대가 왔음을 의미했다. 장양왕은 먼저 여불위를 승상으로 임명하고 낙양(洛陽, 뤄양) 지방 10만 호의 땅을 하사했다. 여불위는 명예와 권세뿐 아니라 부까지 한꺼번에 거머쥐게 되었다. 여불위의 판단대로 자초는 임금이 될 귀한 보배였고, 결국 여불위는 셈할 수 없이 많은 이익을 남긴 장사를 한 셈이었다.

하지만 장양왕 역시 즉위 3년 만에 죽고 태자인 영정, 즉 진시황이 왕위를 이어받았다. 그러나 그렇다고 해서 여불위의 시대가 끝난 것은 아니었다. 새 임금 영정의 생부가 바로 여불위 자신이었기 때문이다.

그런데 어떻게 해서 여불위가 진시황의 생부가 될 수 있었을까?

조나라의 수도 감단에 있는 여불위의 집에서 한창 연회가 벌어지고 있었다. 그곳에는 일약 진나라의 후계자로 떠오른 자초도 자리하고 있었는데, 무희들이 춤추는 모습을 넋을 잃고 바라보던 자초가 여불위에게 조용히 속삭였다.

"여공, 저기 저 무희를 내게 줄 수 없겠소?"

순간 여불위는 몹시 당황했다. 자초가 가리킨 무희는 자신의 애첩으로 이미 자신의 아이를 임신하고 있었기 때문이다.

'이를 어쩐다. 만약 자초의 청을 거절하면 지금까지 투자한 것이 모두 물거품이 되고 말 텐데⋯⋯. 그렇다고 내 아이까지 가진 애첩을 선뜻 내 줄 수도 없는 일 아닌가.'

한참을 망설이던 여불위는 드디어 결심을 했다.

'그래, 자초는 내게 아주 소중한 보물이다. 작은 것에 연연하다 보면 결국 큰일을 못 하게 되니 무희를 자초에게 양보하도록 하자.'

여불위는 무희를 설득한 후 자초에게 말했다.

"좋습니다. 공자님의 부탁대로 이 여인을 드리지요. 이 여인은 곧 공자님께 황금알을 낳아 줄 것입니다."

그리하여 여불위의 애첩이었던 무희는 임신한 사실을 숨긴 채 자초에게로 갔고, 그 후 무희와 자초 사이에 사내아이가 태어났다. 그 아이가 바로 한(韓) · 위(魏) · 초(楚) · 연(燕) · 조(趙) · 제(齊)를 차례로 평정하고 중국 최초로 통일국가를 이룩한 진시황이다.

| 재산을 털어 임금을 산 최고의 장사꾼

일자천금의 고사성어를 낳은 『여씨춘추』

장양왕이 죽고 즉위한 새 임금 영정은 그때 나이 겨우 열세 살이었다. 어린 왕을 대신하여 권력을 장악한 여불위는 승상보다 더 높은 상국의 자리에 올라 국정을 총괄했다.

어느 날 여불위는 책 한 권을 들고 나와 그 위에 천금을 얹어 놓고 이렇게 말했다.

"이 책에서 한 글자라도 고칠 수 있는 사람에게 이 천금을 주겠다."

그 책은 다름 아닌 『여씨춘추』로, 여불위가 자신의 식객 3천 명을 모아 편찬한 것이었다.

당시 각국의 공자나 재력가 또는 명망가들은, 경쟁적으로 학문에 뛰어난 재능 있는 선비들을 자신의 식객으로 불러모으고 있었는데, 이러한 상황 속에서 여불위 역시 가만히 있을 수 없었다.

'약소국에도 앞다투어 유세가들을 불러모으는 사람이 있는데 강대국인 진나라에 그런 사람이 없다는 것은 실로 부끄러운 일이 아닌가.'

여불위는 수많은 식객들을 자신의 집으로 불러모으기 시작했다. 어느새 여불위의 집은 소문을 듣고 찾아온 각국의 식객들로 가득 찼는데, 그 수가 무려 3천 명이나 되어 그 명성이 웬만한 왕 이상으로 높았다. 든든한 재력을 갖고 있는데다 강대국 진나라의 상국으로 막대한 권세를 누리고 있으니, 관리가 되고자 하는 유세가들이 그의 집으로 구름처럼 몰려든 것은 당연한 이치였다.

여불위는 식객들에게 알고 있는 지식을 모두 기록하게 했다. 그리고

나서 그것을 모아 천지만물과 고금의 일을 모두 망라한 책으로 만들게
했는데, 그 책은 글자 수만 해도 무려 20여 만 자나 되었다.

책 위에 천금을 올려 놓고 단 한 자라도 고치는 사람에게 그 돈을 주
겠다고 큰 소리를 칠 정도로 이 책에 대한 여불위의 자긍심은 대단했
다. 이때부터 훌륭한 문장을 가리켜 '일자천금'(一字千金)이라고 부르
게 되었으며, 사람들은 이 책을 공자의 『춘추』에 비견하여 여불위의 성
을 따 『여씨춘추』라고 불렀다.

파멸의 길로 접어들다

열흘 붉은 꽃 없다는 말이 있듯 천하를 호령하던 여불위의 권세도
영원히 계속되지는 못했다. 어느 날 여불위는 진시황으로부터 다음과
같은 서신을 받았다.

귀공은 얼마나 큰 공적을 세웠기에 하남 땅을 차지하게 되었으며, 또한
왕실과는 무슨 관계가 있기에 '중부'(仲父)로까지 불리고 있는가? 즉시 가
솔들을 이끌고 촉나라로 옮겨 가서 살 것을 명하노라.

장성한 진시황이 여불위의 권력에 이의를 제기하고 나선 것이다. 이
처럼 여불위가 진시황의 눈 밖에 나게 된 것은 태후와의 관계 때문이
었다.

| 재산을 털어 임금을 산 최고의 장사꾼

장양왕이 중병에 걸려 자리에 눕자 여불위는 문병을 가는 길에 옛날 자신의 애첩이었던 태후에게 편지를 건넸고, 장양왕이 죽자 태후의 거처를 수시로 드나들며 정을 통했다. 그러나 진시황이 성장함에 따라 태후와의 관계가 들통날까 두려워진 여불위는 태후와의 관계를 끊고자 계책을 꾸몄다. 여불위는 노애라는 사람을 환관으로 꾸며 태후의 시중을 들게 했는데, 그의 계략대로 태후는 곧 노애와 사랑에 빠졌고, 비로소 여불위는 태후의 손아귀에서 벗어날 수 있었다. 그러나 그것은 어디까지나 임시 방편에 불과했다.

얼마 후 태후가 노애의 아이를 잉태한 사건이 발생했다. 태후는 점쟁이를 매수하여 옹(雍) 지방에서 살아야만 무병장수할 수 있다는 말로 진시황을 속이고 노애와 함께 진시황의 눈에서 벗어났다. 하지만 언제까지나 그러한 사실을 숨길 수는 없었다. 진시황이 즉위한 지 9년째 되던 해, 태후와 노애의 관계를 고발하는 글이 진시황에게 날아든 것이다.

노애가 환관이라는 말은 새빨간 거짓말입니다. 그는 태후와 몰래 관계를 가져 이미 아이를 둘이나 낳았을 뿐 아니라 대왕께서 돌아가시면 그 아이를 후계자로 삼겠다고 공언하고 있습니다.

진시황은 글을 읽은 즉시 사실 여부를 조사케 했고, 그 결과 여불위가 노애를 태후에게 소개시켜 준 사실도 함께 드러났다. 진시황은 먼저 노애의 친족들을 모두 죽인 뒤 태후가 낳은 두 아들도 죽였다. 이때 진시황은 여불위도 함께 죽이려고 했는데, 그가 나라의 큰 공신일 뿐 아니라 여러 대신들과 유세가들이 그를 변호하고 나서는 바람에 마음을 바꿀 수밖에 없었다. 결국 진시황은 여불위의 목숨을 빼앗는 대신 관직을 삭탈한 뒤 하남 땅에 칩거할 것을 명했다.

그러나 그 후에도 여불위의 명성은 여전했으며, 날마다 그를 만나려는 각국의 제후들과 사신들이 줄지어 섰다. 이에 그가 모반할 것을 두려워한 진시황은 여불위에게 친서를 보내 촉나라로 옮겨 갈 것을 명하였다.

진시황의 친서를 받은 여불위는 자신의 운이 다했음을 깨달았다.

'이러다가는 끝내 황제에게 주살되고 말 것이다. 치욕스럽게 죽느니 차라리 스스로 목숨을 끊는 게 낫다.'

진시황 12년, 여불위는 독배를 마시고 생을 마감했다.

| 재산을 털어 임금을 산 최고의 장사꾼

13

장·량

| 유방을 도와 중국을 통일한 최고의 책사 |

| 장량 | (?~기원전 168, 중국 한(漢)나라)

진나라 말, 초나라 회왕의 명을 받들어 진나라 정벌에 나선 최고의 라이벌, 유방과 항우는 중원의 패권을 놓고 치열한 공방전을 펼친 끝에 결국 유방이 승리하여 통일국가 한(漢)을 건국하고 한 고조에 오른다. 이때 유방과 함께 한 수많은 책사와 영웅들 중 단연 돋보이는 인물이 바로 '최고의 책사' 장량이다. 그는 갖가지 계책으로 어려움에 처한 유방을 구해 내고 결국 그와 함께 천하통일을 이룩했다. 그 후 장량은 미련 없이 속세를 떠남으로써 전설적인 이인자로 역사에 남았다.

하늘이 내린 책사

기원전 202년 정월, 초나라 왕 항우를 해하(垓下)에서 물리치고 마침내 천하통일을 이룩한 한(漢) 고조 유방은 자신을 도운 신하들의 공적을 평가하고 그에 따른 상을 내렸다. 이때 유방은 단 한 번도 싸움터에 나간 적이 없는 장량에 대해 이렇게 말했다.

"장막 안에 있으면서도 작전을 세워 천 리 밖의 싸움에서 승리를 거둘 수 있도록 한 것은 모두 장량 그대의 공이오. 내 그대에게 제나라 땅 3만 호를 줄 테니 원하는 곳을 말해 보시오."

그러자 장량은 유방에게 공손히 대답했다.

"하비에서 군사를 일으킨 소신은 유 땅에서 폐하를 처음 뵈었는데, 이것은 바로 하늘이 맺어 준 인연이었습니다. 그날 이후 폐하께서는 소신의 의견이 아무리 보잘것없는 것일지라도 항상 들어 주셨습니다. 그때마다 성공할 수 있었던 것은 소신의 재주가 뛰어나서가 아니라 오로지 요행 때문이었습니다. 그런 소신에게 3만 호의 땅은 분에 넘칠 따름입니다. 소신은 오직 유 땅으로 족합니다."

유방은 장량의 뜻을 받아들여 그를 유(留) 땅의 제후에 봉했다.

그러나 장량의 말은 어디까지나 그의 겸손에 지나지 않았다. 장량이 없었다면 통일국가 한나라는 역사에 기록되지 못했을 것이고, 유방은 목숨도 부지하기 어려웠을 것이다.

그렇다면 장량은 누구일까? 한마디로 그는 하늘이 내린 책사였다. 후세에 최고의 책사를 가리켜 그의 자(字)를 따서 '장자방'이라고 부르는 사실로 그가 얼마나 뛰어난 책사였는지를 알 수 있다.

장량은 할아버지와 아버지 등 5대에 걸쳐 한(韓)나라의 재상을 지낸 명문가에서 태어났다. 그는 진(秦)나라에게 멸망한 한나라를 다시 일으키기 위해 자신의 전 재산을 처분하여 비밀리에 이름난 자객들을 모아 진시황을 암살하려 한 의기 있는 젊은이였다.

장량은 진시황이 동쪽 지방을 순행한다는 소식을 듣고 즉시 회양(淮陽, 화이양)으로 달려가 힘센 장사들을 수소문하기 시작했다. 이때 창해(滄海, 고조선) 땅에서 온 여홍이라는 사람이 그를 찾아왔다. 진시황을 죽이기로 뜻을 모은 두 사람은 120근짜리 쇠몽둥이를 만들어 가지고 진시황의 뒤를 쫓아 박랑사(博浪沙)라는 곳에 이르렀다.

두 사람이 박랑사 언덕에 숨어 있을 때 드디어 진시황의 행렬이 다가왔다. 장량을 뒤에 남겨 두고 뛰쳐 나간 여홍은 진시황이 탔을 것으로 생각되는 수레를 향해 쇠몽둥이를 휘둘렀으나, 안타깝게도 빈수레만 부순 채 사로잡혀 목숨을 잃고 말았다. 장량은 그날로 변장을 하고 회양 땅을 떠나 하비(下丕)로 가야 했다. 진시황이 자신을 암살하려 한 주모자를 찾기 위해 도처에 수색령을 내렸기 때문이다.

하비에서 숨어 지내게 된 장량은 무료한 나날들을 보냈다. 그러던 어느 날이었다. 집 근처를 서성이던 장량은 행색이 초라한 한 노인에게서 책 한 권을 얻었는데, 집에 와서 살펴보니 바로 주나라 무왕을 도와 은나라 주왕을 멸망시키고 천하를 평정했던 강태공의 병법서였다. 그때부터 장량은 그 책에 흠뻑 빠져 항상 머리맡에 두고 읽었으며, 그곳의 지사 · 협객들과 어울렸다.

장량이 병법서에 빠져 하루하루를 보내고 있을 때 진시황이 죽고 그의 둘째아들 호해가 제위를 이었다. 호해는 강력한 통치력을 발휘한 진시황과는 달리 정사는 환관 조고에게 맡긴 채 주색에 빠져 지냈다. 그러자 중국 역사상 최초의 농민반란인 '진승 · 오광의 난'을 시작으로 곳곳에서 군웅들이 우후죽순처럼 일어나 세력을 형성함으로써 중국 전역은 다시 혼란에 빠지고 말았다. 장량은 이때를 놓치지 않고 봉기하여 제후로 있던 성을 왕으로 세워 한나라를 재건했다.

군량미를 대신해 유방에게 가다

장량이 한나라 재상으로 성왕을 돕고 있을 때 진류(陳留) 땅으로부터 초나라 유방의 막료로 있던 역이기가 찾아왔다. 역이기는 성왕에게 유방의 편지를 전했다.

초나라 정서대장군 패공 유방이 한왕께 글월을 올립니다. 일찍이 진나라 시황이 무도하여 6국을 강제로 자신의 나라로 삼았으며, 그 2세는 더욱 잔악하여 백성들의 원한이 뼛속에 사무쳐 있습니다. 이에 소장이 대군을 이끌고 호해를 치고자 하는데, 수천 리 길을 달려오다 보니 군량이 부족하여 부득이 대왕께 군량미 5만 석을 빌리고자 합니다. 부디 천하의 대의를 위하여 소장을 도와주십시오. 이번에 빌린 군량미는 진나라를 멸망시킨 뒤에 반드시 두 배로 갚아 드리겠습니다.

유방의 편지를 읽고 난 성왕은 걱정스러운 얼굴로 신하들과 의논했다. 나라를 재건한 지 얼마 되지 않아 나라의 기틀도 채 잡히지 않은 한나라로서는 5만 석은커녕 백성들이 먹을 양식마저 부족한 실정이었던 것이다. 이때 장량이 나서서 성왕을 안심시켰다.

"대왕께서는 크게 걱정하지 마십시오. 신이 직접 유방을 만나 군량미 5만 석을 빌려 줄 수 없는 사정을 잘 설명하겠습니다. 우리 나라의 실정을 누구보다 잘 알고 있는 유방이 이와 같이 무리한 요구를 해 온 것을 보면 분명 다른 뜻이 있을 것입니다."

장량은 곧 성왕의 허락을 받고 역이기를 따라 유방이 머무르고 있는 진류로 향했다.

당시 유방은 초나라 회왕의 명령을 받아 항우와 군사를 둘로 나누어 진나라의 수도 함양(咸陽, 셴양)으로 향하고 있었다. 창읍(昌邑)을 거쳐 고양(固陽)에 입성한 유방은 그곳에서 역이기를 얻었다. 역이기의 활약으로 손쉽게 교통의 요충지인 진류를 점령한 유방은 곧바로 함양으로 진격하려 했다. 그러자 역이기가 장량을 얻어야만 진나라를 멸망시

　｜ 유방을 도와 중국을 통일한 최고의 책사

키고 천하를 얻을 수 있다며 만류했다. 유방은 박랑사에서 진시황을 죽이려다 실패해 몸을 숨긴 의인 장량에 대해 이미 소문을 들어 잘 알고 있었다. 그러나 유방은 걱정스러운 목소리로 말했다.

"하지만 한나라의 신하인 그가 내가 부른다고 해서 어찌 달려올 수 있겠소? 게다가 그는 대대로 한나라 공신의 후예이니, 그를 불러 쓰는 일은 더욱 어렵지 않겠소?"

유방의 말을 듣고 난 역이기가 그 해결책을 내놓았다.

"한나라 성왕에게 군사를 일으켜 진나라를 치려고 하는데 군량미가 부족하여 진격을 못하고 있으니, 군량미 5만 석만 빌려 달라는 서찰을 보내십시오. 나라를 새로 세운 지 얼마 되지 않은 한나라는 비축해 놓은 식량이 별로 없을 것입니다. 하지만 동맹국으로서의 의리를 지켜야 하므로 한왕은 반드시 사정을 잘 설명할 수 있는 유능한 사람을 사신으로 보내 올 것입니다. 한나라에서 이를 감당할 수 있는 사람은 오직 장량밖에 없습니다. 우리는 군량미 대신 장량을 빌려 쓰면 되는 것입니다."

역이기의 뛰어난 계교를 받아들인 유방은 즉시 그에게 서찰을 주어 한나라로 보냈던 것이다.

드디어 장량이 유방의 진영 앞에 이르자 번쾌가 나와 정중하게 맞아 주었다. 유방 또한 직접 소하와 조참을 거느리고 나와 장량을 맞았다. 장량은 천천히 고개를 들어 유방의 얼굴을 유심히 살펴보았다.

'오, 이분이야말로 천하를 호령할 제왕이로다.'

장량은 유방을 처음 보는 순간 자기도 모르게 속으로 이렇게 중얼거렸다. 유방은 인자하고 덕이 있으면서도 위엄을 지니고 있었다. 또한 곁에 서 있는 소하는 너그러워 보이면서도 빈틈이 없었고, 조참은 단아하면서도 강직한 모습을 지니고 있었다. 세 사람 모두 천하의 뛰어난 인재들임을 한눈에 알 수 있었다.

장량은 유방에게 예를 갖추고 나서 말했다.

"패공께서 의군을 일으키시니 모든 지방의 백성들이 두 손을 들고 맞이하므로 군량이 부족하지 않은 줄로 압니다. 그런데도 군량을 핑계로 저로 하여금 헛걸음을 하게 하시니 그 까닭이 궁금합니다."

장량의 날카로운 질문에 유방이 당황하여 대답을 못 하고 있을 때였다. 옆에 서 있던 소하가 얼굴에 웃음을 머금은 채 말했다.

"패공께서 군량을 빌리겠다고 한 것은 실은 선생을 빌리기 위함이고, 선생이 이곳에 온 것은 패공을 설득하기 위해 온 것입니다. 그런데도 선생께서 패공을 설득하지는 않고 먼저 그런 질문부터 던진 까닭은 선생께서도 뭔가 품고 있는 뜻이 있다는 것을 의미합니다. 어떻습니까? 저희와 함께 패공을 도와 진나라를 쳐부수는 것 말입니다. 그것은 곧 한나라의 원수를 갚는 것이기도 하니 선생께서도 원하는 일 아니겠습니까?"

그러자 장량은 유방 앞에 엎드리며 말했다.

"소하 선생의 말이 옳으니, 패공을 위해 신명을 다하겠습니다. 하지만 저는 한나라의 신하된 몸이니 먼저 성왕께 말씀드리고 허락을 얻지 않으면 안 됩니다."

| 유방을 도와 중국을 통일한 최고의 책사

이에 유방은 기쁜 마음으로 역이기·소하·번쾌를 데리고 장량과 함께 성왕을 찾아갔다. 유방은 성왕에게 정식으로 장량을 빌려 줄 것을 청했다.

"나라를 여신 지 얼마 안 되어 식량이 부족하다는 것은 잘 알겠습니다. 그렇다면 식량 대신 장량 선생을 빌려 주십시오. 그러면 선생과 함께 진나라를 쳐부수고 6국의 원수를 갚는 즉시, 전하께 돌려보내 드리겠습니다."

성왕으로서는 동맹군 입장에서 유방의 청을 허락하지 않을 수 없었다. 이로써 장량은 유방의 진영에 합류하여 그를 돕게 되었다.

유방을 도와 진나라를 멸하다

장량을 얻은 유방은 곧 15만 대군을 몰아 함양을 향해 진군했다. 함양을 지키는 제일의 요충지인 무관성(武關城)에 도착한 유방은 곧바로 군사들에게 출격을 명하려 했으나 장량이 이를 제지하고 나섰다.

"군사들의 수가 많고 용맹하다고는 하지만 무관성을 공략하기에는 아직 이릅니다. 무관성을 깨뜨리는 데에는 그만큼 많은 희생이 따르기 때문입니다. 게다가 진나라 군사들은 뒤가 든든한 데 비해 우리의 배후는 매우 불안합니다. 그러니 먼저 배후부터 완전히 평정한 다음에 성을 공략하는 것이 안전할 것입니다."

유방은 장량의 건의에 따라 백마·곡우를 거쳐 영양·환원을 공략한 뒤 남양(南陽, 난양)에 이르렀다. 유방은 전군을 몰아 5일 동안에 걸쳐 남양성을 공격했으나 남양성은 끄떡도 하지 않았다. 이때 장량은 초조해 하는 유방을 안심시킬 한 가지 계책을 생각해 냈다. 장량은 밤이 깊자 3만 명의 군사를 내보내며 그들에게 항우의 깃발을 만들어 들고 다음 날 새벽 다시 진영으로 돌아오라는 명령을 내렸다. 즉, 항우의 증원군이 온 것처럼 꾸며 성 안에 있는 진나라 군사들의 사기를 꺾어 놓으려는 의도였다. 얼마 지나지 않아 남양태수 기가 자신을 제후에 봉해 달라는 조건으로 투항해 왔다. 유방은 그 조건을 받아들였고, 이 일로 인해 마음이 흔들린 인근 군현의 태수들까지 모두 유방에게 투항해 왔다. 이로써 유방은 장량의 지략에 의해 피 한 방울 흘리지 않고 남양성과 그 인근 군현을 손에 넣을 수 있었다.

이때 함양에서는 환관 조고가 황제 호해를 죽이고 진시황의 손자 자영을 3세 황제로 옹립했다. 이어 조고는 유방에게 밀서를 보내 관중(關中, 산시성)을 둘로 나누어 갖는 것이 어떻겠느냐는 제의를 해 왔다. 결단을 내리지 못하고 있는 유방에게 장량이 말했다.

"그의 청을 받아들여서는 안 됩니다. 이 제의에는 간사한 조고의 흉계가 숨어 있을지도 모를 뿐 아니라, 이런 제의를 받아들였다가는 제후들과 백성들의 실망을 사게 될 것이 분명합니다. 작은 것을 얻으려다 큰 것을 잃게 되는 격입니다."

장량의 말이 옳다고 생각한 유방은 조고의 제의를 거절하고 무관을 떠나 함양으로 들어가는 길목인 요관으로 향했다. 그가 요관에 도착했을 때에는 이미 진나라 군사들이 철통같이 수비하고 있었다. 이때 이

| 유방을 도와 중국을 통일한 최고의 책사

필 등의 도움을 받아 간신 조고를 죽이고 전열을 재정비한 황제 자영이, 먼저 한영과 경패에게 각각 5만의 군사를 주어 요관을 지키게 한 것이다.

함양을 눈앞에 둔 유방으로서는 근심이 되지 않을 수 없었다. 그런 유방에게 다시 장량이 나서서 계책을 내놓았다.

"아직까지는 진나라 군사의 수가 많고 강합니다. 그러나 진나라 장수들은 대부분 상인의 자손들로서 이해득실을 잘 따지고 겁 또한 많습니다. 그러므로 산골짜기와 봉우리에 깃발을 많이 세워 거짓 군사들로 꾸며 위세를 떨치십시오. 그리고 말솜씨가 뛰어난 사람을 적진으로 보내 장수들을 매수하여 적이 방심하도록 한 뒤 공격한다면 대승을 거둘 수 있을 것입니다."

유방은 즉시 장량의 계책을 실행에 옮겼다. 먼저 수많은 깃발들을 만들어 산골짜기와 봉우리에 세워둠으로써 군사가 많은 것처럼 보이게 하는 한편, 역이기에게 황금을 주어 진나라 진영으로 보내 진나라 장수들을 매수하게 했다. 역이기가 진나라 장수 주괴와 한영을 매수하는 데 성공하자 장량은 그 틈을 타서 즉시 공격할 것을 주장했다.

"우선 장군 설구와 진패에게 군사 수백 명을 주어 산 뒤의 샛길을 통해 적의 뒤쪽으로 들어가 골짜기마다 불을 질러 적을 놀라게 하도록 하십시오. 또한 때를 맞춰 장군 번쾌에게 군사를 주어 성의 정면을 공격하게 하십시오. 그러면 당황한 적군을 쉽게 물리칠 수 있을 것입니다."

유방은 장량의 계책에 따라 쉽게 요관을 점령하고 패상(覇上)에 주둔했다. 또한 장량의 조언에 따라 함양에 항복을 권하는 사신을 보내 자영의 항복을 받아 냈다. 이로써 진나라는 건국 이후 26년 만에 역사의 뒤안길로 사라지고 말았다. 이때가 기원전 207년으로 진시황이 천하를 통일한 지 15년째, 죽은 지 불과 3년째 되는 해였다.

이윽고 유방이 함양에 입성하여 살펴보니 호화로운 궁궐 안에는 헤아릴 수 없이 많은 보물들과 미녀들이 즐비했다. 그러자 유방은 궐 안에 계속 머무르며 이를 즐기려 했다. 원래 주색을 좋아하는 유방으로서는 당연한 행동이었다. 이때 번쾌가 나서서 주색은 나라를 망치게 하는 원인이라며 이를 만류하자 유방은 크게 화를 냈다. 그러자 장량이 나서서 유방에게 말했다.

"번 장군의 말이 옳습니다. 자고로 달콤한 술과 노래를 즐기고 높은 담에 둘러싸인 사람과 호화로운 집에 기거하는 자는 반드시 망하는 법이라고 했습니다. 아직 천하가 안정되지도 않았는데 궁궐에 머무는 것은 옳지 않으니 어서 빨리 이곳을 떠나 패상에 있는 진영으로 돌아가시지요."

그제야 정신을 차린 유방은 궁궐의 창고를 모두 봉인한 뒤 장량·번쾌·소하·조참·역이기 등을 데리고 패상으로 돌아갔다. 패상에 도착한 유방은 먼저 그곳 사람들을 불러모아 놓고 다음과 같은 포고령을 내렸다.

"여러분은 오랫동안 진나라의 가혹한 법에 시달려 왔소. 국정을 비판하는 자는 구족을 멸하고 서로 모여 시국을 논하는 자는 허리를 베는 요참에 처해졌으니, 이는 백성의 주인되는 자로서 차마 할 수 없는

| 유방을 도와 중국을 통일한 최고의 책사

짓이었소. 내가 일찍이 항우와 함께 초나라 회왕의 명을 받아 진나라를 칠 때, 먼저 함양에 들어간 자가 관중의 왕이 되기로 약속되어 있었소. 그러니 내가 마땅히 관중의 왕이 될 것이오. 나는 지금부터 왕으로서 진나라의 옛 법을 모두 없애고 여러분 앞에 새로운 법을 공포하겠소. 첫째, 살인한 자는 죽인다, 둘째, 사람을 해친 자는 그에 상응하는 죄로써 다스린다, 셋째, 도둑질을 한 자는 옥에 가두고 태형으로 다스린다. 이 세 가지뿐이오. 이외의 진나라 법은 우선 오늘부로 모두 폐지하니 백성들은 안심하고 생업에 열중하기 바라오."

유방은 관리들을 시켜 길목마다 포고령을 붙이게 했다.

한편 그즈음 항우는 함곡관(函谷關, 한구관)을 통과한 후 함양성 밖 신풍 땅 홍문(鴻門, 홍먼)에 주둔하고 있었다. 그때 유방의 부하인 조무상이 항우에게 밀사를 보내 유방에 대해 과장하여 일러바쳤다.

"유방은 관중의 왕위를 차지하기 위해 진나라 황제 자영을 재상으로 삼았으며 진나라의 보물들을 모조리 손에 넣었습니다."

그 말을 듣고 항우는 분노로 몸을 부르르 떨었다. 그러자 책사 범증이 나섰다.

"유방은 산둥에 살 때만 해도 주색잡기로 소일하던 형편없는 사람이었습니다. 그런데 관중을 점령한 뒤로는 재화는 물론 계집까지 가까이하지 않는다고 합니다. 그런 그의 행동이 아무래도 심상치 않습니다. 또한 점쟁이의 말에 의하면 유방은 오색으로 채색된 용과 호랑이의 상을 하고 있다고 합니다. 분명 천자의 조짐이니 한시라도 빨리 그를 잡아죽이지 않으면 뒷날 큰 화를 입게 될 것입니다. 그러니 날쌔고 용맹한 군사들을 뽑아 두 길로 나누어 패상을 공격하도록 하십시오. 그러면 반드시 유방을 사로잡을 수 있을 것입니다."

항우는 즉시 명령을 내려 영포를 비롯한 부하 장수들에게 패상을 공격할 준비를 시켰다.

유방의 목숨을 구하다

항우가 유방을 치려한다는 사실을 안 항백이 그날 밤 패상에 있는 장량을 찾아왔다. 항백은 항우의 숙부로 지난날 장량이 시황제 암살에 실패하여 하비에 숨어살 때 친분을 나누었던 사람이었다. 항백은 모든 사실을 장량에게 이야기해 주며 어서 유방의 곁을 떠나 다른 곳으로 몸을 피하라고 충고했다.

"정말 고맙소. 하지만 나는 한나라 왕과의 약속을 지키기 위해 이때까지 패공을 보좌해 왔소. 지금에 와서 패공의 위기를 본 체 만 체하고 도망친다는 것은 선비로서 의롭지 못한 행동이 아니겠소. 나는 먼저 이 사실을 패공께 말씀드려야겠소."

장량은 곧 유방의 침소로 달려가 항백에게 들은 사실을 이야기했다. 그러자 유방은 두려움으로 얼굴이 하얗게 질렸다. 그런 유방에게 장량이 말했다.

"항백과 저는 오랜 친구 사이이니 패공께서 직접 그를 만나 항우를 배신할 의사는 추호도 없었다고 말씀하십시오."

| 유방을 도와 중국을 통일한 최고의 책사

장량은 자신의 막사에 머무르고 있는 항백을 유방의 침소로 데리고 왔다. 유방은 항백을 상석에 앉게 한 뒤 술을 권하며 말했다.

"내가 먼저 함양에 들어오기는 했지만 궁궐과 창고를 봉인하고 무엇 하나 건드리지 않은 것은 노공을 기다리기 위해서였습니다. 새 법령을 공포한 것 역시 혹독한 진나라 법에 얽매어 있는 백성들에게 노공의 후덕함을 알리기 위한 것이었습니다. 또한 내가 왕이 될 것이라 한 것은 흉흉한 민심을 진정시키기 위함이었으며, 함곡관에 군사를 보내 수비한 것도 도적의 침입을 막고 만일의 사태에 대비하기 위함이었습니다. 그런데도 노공께서 날 의심하신다 하니 정말 억울합니다. 장군께서 돌아가시거든 노공의 오해를 풀어 주십시오."

항백은 쾌히 승낙했다. 유방은 기쁜 마음으로 항백을 융숭하게 대접하여 보냈다. 그날 밤 홍문으로 돌아온 항백은 항우에게 유방의 마음을 전했다.

"유방이 먼저 관중을 함락시키지 않았다면 노공이 관중에 들어오기란 쉽지 않았을 것이오. 그런 면에서 유방은 큰 공을 세웠음이 분명한데 오히려 그를 친다는 것은 옳지 못한 일이며, 마땅히 그를 후하게 대접하는 것이 도리라고 생각되오."

그러나 유방을 죽이려는 음모는 거기서 그치지 않았다. 그날 밤 장수들이 물러간 뒤 항우를 찾아간 범증은 유방을 죽일 세 가지 계책을 내놓았다. 그는 항우가 천하를 제패하는 데 있어 유방이 가장 큰 걸림돌이 될 것이라고 확신하고 있었던 것이다.

"유방을 그대로 두면 뒷날 큰 화근이 될 것이니 이 기회에 반드시 그를 죽여야만 합니다. 제게 유방을 처치할 세 가지 계책이 있습니다. 노공께서 내일 연회를 베풀겠다 하시고 유방을 초대한 뒤, 그가 도착하거든 즉시 죄를 물어 그 자리에서 목을 베는 것이 그 첫 번째 계책입니다. 두 번째 계책은 연회석 뒤에 200명 가량의 칼과 도끼를 든 군사들을 매복시킨 후, 때를 보아 제가 가슴에 차고 있는 옥패를 치켜들거든 그것을 신호 삼아 그들을 불러 유방을 죽이게 하는 것입니다. 마지막 계책은 유방이 술을 좋아하니 그를 취하게 하여 실수를 하게 만든 뒤 여러 가지 죄를 함께 물어 목을 베는 것입니다."

항우는 범증의 세 가지 계책에 매우 흡족해 하며, 첫 번째 것은 너무 급하고 마지막 것은 너무 더디다 하여 두 번째 계책을 쓰기로 결정했다. 이에 따라 항우는 유방에게 다음과 같은 편지를 보냈다.

노공 항적은 패공 유방에게 글을 보내노니, 회왕을 모시고 공과 더불어 무도한 진나라를 멸하기로 약속한 후, 천병을 휘몰아 함양에 들어와서 자영의 항복을 받고 천하를 편하게 했으니 이 같은 경사가 없소. 이에 성대한 연회를 베풀어 진나라의 멸망을 경축하고 패공의 노고를 치하하고자 하니 연회에 참석하여 모든 사람들과 기쁨을 함께 나누도록 하시오.

항우의 편지를 받은 유방은 즉시 휘하의 막료들을 불러모았다.

"항우가 오늘 홍문에서 연회를 베푼다며 나에게 참석하라고 했소. 이는 곧 범증이 나를 꾀어 내어 해치려는 계략이 분명하오. 그러니 어쩌면 좋겠소?"

이때 장량은 자신이 비록 재주는 없지만 유방과 함께 연회에 참석하여 범증이 꾀를 못 부리게 하고, 항우가 그 용맹을 부리지 못하게 막겠다며 연회에 참석할 것을 권하였다.

유방은 장량의 말을 믿고 항우에게 연회에 참석하겠다는 서신을 보냈다. 다음 날 유방은 장량·번쾌·근흡·등공·기신 다섯 사람의 막료 장수들과 함께 군사 100여 명의 호위를 받으며 홍문으로 갔다. 항우의 진영에서는 영포가 나와 그들을 맞이했다.

유방 일행이 성 안으로 들어가자 무수히 많은 깃발들과 창검이 햇볕에 반짝이고 북소리와 징소리가 요란하게 울리는 것이 마치 전쟁터를 방불케 했다. 장량은 겁에 질린 유방을 달래 연회장으로 들어갔다. 유방과 장량이 뜰 아래 서서 예를 올리자 항우는 눈을 부릅뜨고 큰소리로 유방의 죄를 물었다.

"그대는 내게 세 가지 죄를 지었는데, 첫째, 자영을 그대 마음대로 풀어 준 것이고, 둘째, 제멋대로 진나라 법을 고쳐 새 법령을 공포한 것이며, 셋째, 함곡관에서 나의 길을 막은 것이다."

항우의 노기 띤 말이 끝나자 유방은 다시 한 번 허리를 굽히고는 장량이 미리 일러 준 대로 말했다.

"그렇지 않습니다. 첫째, 자영은 제가 멋대로 풀어 준 것이 아니라 노공의 처분을 기다리기 위해 그런 것이고, 둘째, 새 법령을 공포한 것은 노공의 후덕함을 백성들에게 보여 주기 위함이었으며, 셋째, 함곡관을 지키게 한 것은 진나라의 잔당들이 다시 일어나 혼란을 일으키는 것을 막기 위함이었습니다."

이에 항우는 유방을 안으로 맞아들여 연회를 벌였다. 이때 범증은 세 번이나 항우에게 약속한 신호를 보냈지만 항우가 계속해서 못 본 체하자 속이 타기 시작했다. 초조해진 범증은 밖으로 나가 항우의 동생 항장을 불렀다. 그는 항장에게 검무를 추다가 기회를 보아 유방을 죽이라고 지시했다.

연회석으로 들어간 항장은 유방에게 술을 올린 뒤 항우의 허락을 얻어 검무를 추기 시작했다. 검무를 추는 항장이 점점 유방 곁으로 다가가는 것을 본 장량은 항백에게 눈짓을 했다. 항백은 곧 앞으로 나가 검무를 추며 항장을 막으려 했지만 나이 많은 그가 젊은 항장을 당해 내기에는 역부족이었다.

다급해진 장량은 밖으로 나와 번쾌를 찾았고, 상황을 전해 들은 번쾌는 즉시 칼과 방패를 들고 연회장으로 뛰어들었다. 그러자 잠시 검무가 멈추었고, 항우는 칼을 움켜쥐며 노기 띤 얼굴로 물었다.

"웬 놈이냐?"

"패공의 막료 장수인 번쾌이온데, 술 한 방울 주는 사람이 없으니 그만 배가 고파 견딜 수 없어 노공을 뵙고자 한 것입니다."

항우는 번쾌의 패기를 보고 호탕하게 웃으며 술과 안주를 하사했다. 번쾌는 항우가 내리는 술 한 통을 선 채로 비워 버렸고, 항우도 그의 호탕함에 연거푸 술을 마셨다. 그리하여 술에 취해 쓰러진 항우는 얼마 후 별실로 돌아가 잠이 들었다.

장량은 유방에게 다가가 자신이 남아서 뒷일을 처리할 테니 어서 돌아가라고 권했다. 그리하여 유방은 장량과 번쾌의 도움으로 또 한 번 위기에서 벗어날 수 있었다.

　　　　　　　| 유방을 도와 중국을 통일한 최고의 책사

그러나 위기는 그것으로 끝난 게 아니었다. 얼마 뒤 술이 깬 항우는 유방이 말없이 돌아간 것을 알고 몹시 화를 냈다. 이때 범증이 들어와 이 모든 것은 장량이 꾸민 일이라고 말했다. 그러자 항우는 당장 장량을 끌어 내어 목을 베라고 명령했다. 하지만 장량은 태연하게 패공의 신하가 아닌 자신이 어찌하여 노공을 속이겠느냐며 항우를 설득하기 시작했다. 그리고 자신을 돌려보내 주면 유방을 설득하여 진나라 왕 자영과 황제의 옥새를 바치겠다고 약속했다. 무사히 패상으로 돌아온 장량은 자영과 옥새를 항우에게 건네 주었다. 이로써 유방은 간신히 목숨을 부지할 수 있었다.

유방으로부터 옥새를 넘겨받은 항우는 자영을 죽이고 스스로를 '서초패왕'(西楚覇王)이라 부르며 천하를 호령했다. 먼저 함양에 입성한 승자임에도 힘이 약해 한(漢)나라 왕에 봉해지는 수모를 당한 유방은 눈물을 머금고 훗날을 기약하며 한중(漢中)으로 떠나야 했다. 이때가 유방이 진나라를 멸망시킨 이듬해인 기원전 206년이었다.

세 가지 약속

유방과 함께 무사히 한중으로 향하던 장량이 갑자기 유방과 헤어져 한나라로 돌아가려 했다. 그러자 유방은 울먹이며 장량을 만류했다.

"아니, 그게 무슨 말씀입니까? 선생이 날 버리고 가면 나는 어쩌란 말입니까?"

장량은 유방을 달래며 이렇게 말했다.

"신은 비록 한나라로 돌아가지만 고국에 가서는 옛 주군에게 잠시 인사만 드리고 바로 나와 대왕을 위해 세 가지 일을 하려고 합니다. 뒷날 대왕께서 힘을 길러 관중으로 나오면 그때 찾아뵙도록 하겠습니다. 세 가지 일이란, 항우로 하여금 도읍을 팽성(彭城, 지금의 쉬저우)으로 옮기게 함으로써 대왕을 위하여 함양을 비워 두게 하는 것이 그 하나요, 천하의 제후들을 설득하여 항우를 버리고 대왕을 돕게 하는 것이 그 둘째요, 마지막 하나는 초나라를 쳐서 항우를 사로잡을 수 있는 대원수감을 찾아 대왕께 보내 드리는 일입니다. 대왕은 3년 안으로 힘을 길러 반드시 한중 땅을 떠나 관중으로 나오게 될 것입니다."

장량은 이미 승상 소하와 모든 의논을 마친 뒤였다. 비록 한시적이기는 하지만 장량과 유방이 만난 지 1년 만의 이별이었다. 그런데 장량이 떠난 날 아침, 촉땅에서 관중으로 통하는 유일한 길에 있는 다리가 불에 타 건널 수 없게 되어 버렸다. 유방을 비롯한 막료들은 장량의 짓이라며 그를 원망하기 시작했다.

이때 승상 소하가 유방에게 다가가 조용히 속삭였다.

"대왕께서는 장량 선생을 원망하지 마십시오. 장량 선생이 다리를 불태운 것은 떠나기 전에 이미 소신과 의논한 일입니다. 다리를 태움으로 인해 대왕께 네 가지 이득이 돌아오는데, 첫 번째는 길이 끊긴 것을 알면 항우가 대왕께서 관중으로 돌아올 마음이 없다고 생각하여 더이상 경계하지 않을 것이고, 두 번째는 다른 왕들도 안심하여 경계를 소홀히 할 것이며, 세 번째는 군사들이 도망칠 생각을 전혀 하지 못할 것이요, 네 번째는 제후들끼리 서로 다투더라도 우리는 아무런 영향도 받지 않는다는 것입니다. 이러한 이유로 장량 선생이 떠나면서 다리를 불태운 것입니다.”

유방은 다시 한 번 앞을 내다보는 장량의 헤아림에 감복했으며, 잠시나마 그를 의심했던 자신의 잘못을 뉘우쳤다. 유방은 즉시 번쾌를 불러 장량을 원망하는 소리를 그치게 하고 진군을 계속하라고 명했다. 무사히 한중에 도착한 유방은 백성들을 다스리는 한편, 어진 인재들을 구하고 군량을 비축함으로써 채 반 년이 지나지 않아 그곳을 낙원으로 만들었다.

한편 한중을 떠난 장량은 우선 한나라로 돌아갔다. 그러나 이때 한나라 왕 희성은 귀국하지 못하고 항우를 따라 동쪽으로 가야만 했다. 장량이 신하로 있는 한(韓)나라와 유방의 한(漢)나라가 동맹을 맺을 것을 두려워 한 항우가 그를 보내 주지 않았기 때문이다.

장량은 즉시 항우에게 서신을 보내 유방이 길을 모두 불태워 없앤 것은 그가 다시 관중으로 돌아올 의사가 없다는 뜻임을 밝혔다. 그러면서 제나라 왕 전영이 모반을 꾀하고 있다는 사실을 알려 항우의 관심을 북쪽으로 유도했다. 그러자 항우는 유방에 대한 경계심을 풀고 제나라 토벌에 나섰다. 그러나 여전히 한왕 희성의 귀국을 허락하지 않았을 뿐 아니라 제후로 신분을 낮춘 뒤 결국 죽여 버렸다. 희성의 죽음은 장량으로 하여금 아무 거리낌 없이 한나라를 떠나 유방을 따를 수 있는 계기를 마련해 주었을 뿐 아니라 항우에 대한 복수심으로 유방에게 더욱더 충성하게 만들었다.

옛 주군의 영전에 문상하고 다시 함양으로 돌아간 장량은 항백의 집에 머물렀다. 그러던 어느 날, 산책을 즐기던 장량은 항백의 집 누각에서 뜻밖의 글을 발견했다. 그것은 한신이라는 사람이 항우에게 올리는 상소문이었다. 그것을 읽고 난 장량은 깜짝 놀랐다. 항우가 그 상소문을 받아들여 그대로 한다면 유방은 평생을 파촉 땅에서 보내야만 할 것이고, 자신 또한 결코 옛 주인의 원수를 갚지 못할 것이기 때문이었다.

'한신, 한신이라⋯⋯. 이 사람이야말로 대원수감이다. 한왕께서 이제야 큰 인재를 얻으셨구나.'

그날 밤 장량은 항백에게서 범증이 항우에게 한신을 적극 추천했지만 크게 쓰이지 못하고 아직 미관말직에 머물러 있다는 이야기를 들었다. 그로부터 며칠 뒤 장량은 한신의 집을 찾아가 그에게 추천장을 들려 유방에게 보냈다. 유방에게 대원수 한신을 추천함으로써 세 가지 약속 중 하나를 지킨 것이다.

그리고 나서 장량은 항우가 함양을 떠나 팽성으로 돌아가도록 만들 생각으로 항백의 집을 떠나 성 밖으로 나왔다. 장량은 어느 외딴 마을에 거처를 마련한 뒤 황색 도포에 허리띠, 관을 만들어 도사처럼 차려입고는 다시 성으로 돌아왔다. 그는 도포에 군데군데 술 얼룩을 내고, 허리에 엽전 꾸러미를 찬 뒤, 소매 속에 대추와 밤을 가득 넣고는 풍에 걸린 사람처럼 씰룩거리고 비틀거리며 걸었다. 발은 천으로 쌌으며 어깨에는 목탁을 걸쳤다.

장량은 목탁을 두드리며 이상한 주문을 외면서 성 안을 돌아다니기 시작했다. 그러자 어른들은 모두 그를 피하고, 아이들만 호기심이 가

　　　　　| 유방을 도와 중국을 통일한 최고의 책사

득한 눈으로 그의 뒤를 따라오는 것이었다. 어른들의 눈에 띄지 않게 되자 그는 아이들에게 가지고 있던 엽전과 밤, 대추를 나누어주었다.

외진 곳에 이르자 장량은 노래를 부르기 시작했다. 그가 이상한 몸짓을 하며 계속해서 노래를 부르자 처음에는 시큰둥하던 아이들도 이내 따라 부르기 시작했다.

사람 사람 무슨 사람
담장 밖에 키 큰 사람
딸랑딸랑 방울 소리
그 사람은 안 보이네

부귀 부귀 높은 부귀
이뤘으면 고향 가지
고향에 아니 가면
비단옷 입고 밤길 가기

그곳에 모인 아이들이 모두 따라 부르자 장량은 또다시 아이들에게 먹을 것과 동전을 나누어주며 말했다.

"애들아, 거리에서 이 노래를 부르다가 어른들이 누가 가르쳐 주었냐고 묻거든 백발에 흰 수염을 한 노인이 꿈속에 나타나 가르쳐 주었다고 하면 복을 받는단다."

그날 이후 함양성 안에는 이상한 노래가 울려 퍼지기 시작했다. 바로 장량이 아이들에게 가르쳐 준 노래였다. 그 노래는 마침내 항우의 귀에까지 들어갔고, 곧 그 효과가 나타났다. 항우가 군사를 이끌고 고향인 팽성으로 돌아가기로 결심한 것이다. 그 소식을 들은 범증은 한번 돌아가면 다시는 관중으로 나오기 어렵다며 반대했다. 그러나 항우는 그의 말을 듣지 않았다.

"아무리 위대해져도 고향에 돌아가지 않으면 모든 게 헛수고일 뿐 그 누가 알아주겠는가. 비단옷을 걸쳤으면 고향으로 돌아가야지, 비단옷을 걸치고도 깜깜한 어둠 속을 거닌다면 무슨 소용이 있겠소?"

항우는 끝내 범증의 말을 무시하고는 군사를 이끌고 고향인 팽성으로 돌아갔다. 게다가 팽성을 비워 주지 않는 의제, 즉 초나라 회왕을 죽임으로써 민심까지 잃고 말았다.

장량은 항우가 함양을 떠나게 함으로써 뒷날 유방이 관중 땅을 쉽게 공략할 수 있는 발판을 마련했다. 이로써 파촉 땅에서 유방과 헤어지면서 했던 세 가지 약속 가운데 두 가지를 지킨 것이다.

사면초가로 항우를 꺾고 천하를 통일하다

마지막으로 장량이 각지의 제후들을 만나 유방을 돕도록 설득하려 나설 때였다. 유방이 한중에서 나와 3진을 공략하고 있다는 소식이 들려 왔다.

항우의 경계에서 벗어난 유방은 마음놓고 군대를 정비하고 전력을 강화하기 시작했다. 먼저 소하를 승상에 임명하여 나라를 안정시키고 부를 축적하는 한편, 한신을 대원수로 삼아 군사를 조련했다. 그리하여 마침내 관중 공략에 나선 것이었다.

대원수 한신은 그동안 자신이 조련시킨 45만 대군을 이끌고 장량이 미리 귀띔해 준 비밀 통로를 따라 3진을 향해 진군했다. 3진은 한중에서 관중으로 들어가는 지역에 있는 세 요충지를 말하는데, 항우에게 투항한 옛 진나라 장수 장한과 동예, 사마흔이 그곳을 지키고 있었다.

유방의 진영에 다시 합류한 장량은 항우가 제나라 평정에 전력을 기울이고 있는 사이에 자신이 가진 모든 지혜를 동원하여 유방을 도와 영토 확장에 나섰다. 유방은 장량을 비롯한 신하들의 도움을 받아 계속해서 동쪽으로 진격하며 영토를 확장했다.

먼저 사마흔과 동예 등의 항복을 차례로 받고, 한신을 파견하여 항우가 희성왕 대신 세운 한(韓)나라 왕 정창을 굴복시켰으며, 장한의 동생 장평을 사로잡았다. 이어 함곡관을 출발하여 인근 섬 지역을 차례로 돌며 지지를 이끌어 낸 뒤 진나라의 사직을 헐고 한(漢)나라의 사직을 세웠다. 또한 유방은 위나라 표왕의 항복을 받았고, 하내를 점령하여 은나라 왕을 사로잡았다.

남쪽으로 내려온 유방은 황허강을 건너 낙양(洛陽, 뤄양)에 들어섰다. 이때 유방은 초나라 회왕의 억울한 죽음을 듣고 3일 동안 추도식을 거행함으로써 민심을 끌어들이기도 했다.

기원전 204년 봄, 마침내 유방은 군사를 총동원하여 초나라 공략에 나섰는데, 항우가 팽성을 비운 틈을 타 쉽게 점령할 수 있었다. 그러나 그것도 잠시, 유방은 소식을 듣고 되돌아온 항우에게 크게 패하여 달아나는 신세가 되었다. 하읍에 이른 유방은 장량에게 물었다.

"이제 함곡관 동쪽 땅은 포기할 수밖에 없게 되었소. 이왕 포기할 땅이라면 나와 힘을 합쳐 초나라를 깨뜨리는 자에게 그 땅을 양보하고 싶은데 누가 좋겠소?"

"구강왕 경포는 비록 초나라 장수이지만 항우와 갈등이 심하고, 팽월 또한 제나라 전영과 모의하여 양 땅에서 반란을 일으켰습니다. 우선 두 사람에게 사신을 보내 뜻을 전하십시오. 또한 한나라 장수들 가운데 한몫을 맡아 큰일을 할 수 있는 장수로는 한신밖에 없습니다. 이 세 사람에게 함곡관 동쪽 땅을 주겠다고 약속하면 그들은 능히 초나라를 깨뜨릴 수 있을 것입니다."

유방이 지금까지 뛰어난 지략으로 자신을 보좌해 온 장량의 말을 듣지 않을 리 없었다. 유방은 즉시 사람을 보내 구강왕 경포(영포)를 설득하는 한편, 팽월에게도 사자를 보내 동맹을 맺었다. 또한 한신에게도 군사를 주어 자신을 배반한 위(魏) · 연(燕) · 제(齊) · 조(趙) · 대(代) 나라를 차례로 굴복시키게 했다.

항우와 치열한 공방전을 벌이던 유방은 항우에게 천하를 양분하고 각자 군사를 돌리자고 제안했다. 그러자 항우는 유방의 제안을 받아들이고 군사를 돌려 귀국길에 올랐다. 싸움마다 계속 승리한 항우로서도 어쩔 수 없는 선택이었다. 유방은 계속해서 물자가 공급되는 데 비해 항우는 책사 범증이 죽는 바람에 아무런 지원도 받지 못했기 때문이다. 그러다 보니 승리를 거두었다고는 하지만 그 사이 많은 병력이 소모되었고 군량도 바닥나기 직전이었던 것이다.

항우가 귀국길에 오르자 유방 역시 군사를 돌리려 했다. 이때 장량은 진평과 함께 그런 유방을 말리고 나섰다.

　"우리 한나라는 천하의 절반을 차지했을 뿐 아니라 여러 제후들의 도움을 받고 있습니다. 이에 비해 초나라는 그동안의 전투로 군사가 많이 줄었고 군량마저 바닥난 형편입니다. 이것은 하늘이 초나라를 버렸다는 뜻이며, 지금이야말로 초나라를 물리치고 천하를 통일할 수 있는 다시없이 좋은 기회인 것입니다. 이 기회를 놓친다면 호랑이를 길러 후환을 남기는 일이 될 것입니다."

　이 말을 들은 유방은 항우를 추격하기로 결정했다. 유방은 마침내 해하에서 항우와 대치하게 되었다. 그러나 수적으로 우세함에도 유방은 항우를 쉽게 물리칠 수 없었다. 그것은 항우가 워낙 용맹한데다 초나라 군사들 또한 죽기를 각오하고 대항했기 때문이었다.

　이에 매복을 비롯한 온갖 계책을 동원했으나 항우를 깨뜨리지 못해 답답해진 한신이 장량을 찾아왔다. 장량은 한신에게 한나라 군사들로 하여금 초나라 군사들을 포위하고 사방에서 피리로 초나라 노래를 부르도록 권했고, 한신은 장량의 제의를 실행에 옮겼다. 이것이 이른바 사면초가(四面楚歌)이다. 초나라 노래를 듣자 오랫동안 고향을 떠나 전쟁터에 나와 있던 초나라 군사들은 가족에 대한 그리움에 못 이겨 모두 뿔뿔이 흩어져 도망치고 말았다. 그리하여 마침내 한나라가 해하에서 항우를 물리치고 천하통일을 이룩하니, 이때가 기원전 202년으로 유방이 한나라 왕에 오른 지 5년 만의 일이었다.

속세를 떠나 신선으로 살리라

이듬해 어느 날, 낙양에 머물고 있던 유방이 높은 곳에 올라 문득 아래를 내려다보니 장수들이 여기저기 모여 앉아 무언가를 수군거리고 있었다. 이에 궁금해진 유방은 장량에게 장수들이 무슨 이야기를 나누고 있느냐고 물었다. 그러자 장량이 대답했다.

"폐하께서는 아직도 모르고 계십니까? 지금 저들은 반란을 모의하고 있는 중입니다. 폐하께서는 한낱 서민에 지나지 않았지만 저들을 부려 천하를 얻었습니다. 그런데 폐하께서 천자가 되신 지금, 폐하로부터 땅을 하사받은 사람은 소하와 조참을 비롯한 몇몇 사람에 불과하며 또한 그들은 하나같이 폐하의 마음에 들었던 사람들입니다. 이에 비해 벌을 받은 사람들은 모두 평소에 폐하의 미움을 샀던 사람들입니다. 지금 폐하께서는 각각의 공적을 공정하게 평가하고 있다고는 하지만 그에 필요한 것을 계산하면 천하를 다 나누어주어도 모자랄 것입니다. 물론 저들은 폐하께서 모두에게 다 땅을 내리시지 못한다는 사실을 잘 알고 있습니다. 그러나 혹시 폐하께서 과거의 죄를 물어 벌을 내리시지는 않을까 두려운 나머지 저렇게 모여 반란을 모의하고 있는 것입니다."

그때까지 유방은 큰 공을 세운 20명의 신하에게만 포상을 내렸을 뿐 다른 공신들에 대한 논공행상은 마무리짓지 못하고 있었다. 그것은 공신들 사이에 경쟁이 심했기 때문이었다. 이에 그때까지 아무런 보상을 받지 못한 공신들은 경쟁에 휘말려 오히려 불이익을 당하지는 않을까

｜ 유방을 도와 중국을 통일한 최고의 책사

염려하고 있었다.

자신의 말을 듣고 심각한 표정으로 그 대책을 묻는 유방에게 장량은 다음과 같이 반문했다.

"혹시 폐하께서 평소에 가장 못마땅하게 여겼고, 그러한 사실을 다른 사람들도 잘 알고 있는 사람이 있습니까?"

"옹치가 그러하오. 짐을 몇 번이나 골탕먹인 옹치를 지금이라도 당장 죽이고 싶지만 그의 공이 워낙 크기 때문에 참고 있는 중이오."

"그렇다면 폐하께서는 우선 옹치에게 벼슬을 내리시고 모든 신하들이 모인 자리에서 그 사실을 발표하십시오. 그러면 다른 사람들은 모두 조용해질 것입니다."

유방은 곧 장량의 말대로 연회를 베풀고 옹치에게 벼슬을 내렸다. 또한 승상과 어사에게 하루빨리 신하들의 공적을 가리고 그에 따라 상을 내리라고 지시했다. 그리하여 유방은 다시 한 번 장량의 지혜로 어려움에서 벗어날 수 있었다.

또한 장량은 도읍을 장안(長安, 지금의 시안)으로 옮기는 데 앞장섰고, 유방이 죽은 뒤에는 그의 장남 유영을 왕으로 옹립하였다. 그 후 장량은 곡기를 끊고 신선술을 배워 몸을 가볍게 하는 데에만 전념했는데, 그것은 자신이 한 말을 실천하기 위한 것이었다. 그는 항상 다음과 같이 주위 사람들에게 입버릇처럼 말해 왔다.

"우리 집안은 대대로 한나라의 재상을 맡아 왔다. 한나라가 멸망했을 때에는 전 재산을 털어 진나라에 원수를 갚고자 하여 천하를 깜짝 놀라게 한 적도 있다. 지금에 와서는 세 치 혀로 제왕의 참모가 되었으며, 그 결과 1만 호의 땅을 받고 제후에도 올랐다. 한나라가 멸망한 뒤한낱 서민으로 전락했던 사람으로서 이보다 더한 영광이 어디 있겠는가? 이제 속세를 버리고 신선처럼 살고 싶구나."

그러던 어느 날, 장량은 지난날 하비에서 자신에게 강태공의 병법서를 전해 주었던 노인과 만났던 장소를 다시 찾았다. 그 자리에는 누런 비석이 하나 서 있었다. 장량은 그 비석을 소중하게 집으로 모셔 와서 늘 함께 하다가 죽어서도 관 속에 같이 묻혔다. 최고의 책사로 한 시대를 풍미한 장량도 흐르는 세월은 거스를 수 없었다. 유방이 세상을 떠난 지 8년 만인 기원전 186년, 장량은 생전에 그렇게 동경하던 신선 세계를 향해 떠났다.

16

제 · 갈 · 량

—주군에게 천하를 얻어 드리다—

| 제갈량 | (181~234, 중국 삼국시대 촉(蜀)나라)

후한 말, 관직에 오르기 전부터 이미 학식과 덕망이 높아 '와룡선생'이라 불린, 삼국시대 최고의 책사 제갈량. 그는 삼고초려로 예의를 갖춘 유비의 간곡한 청에 응하여 군신지교(君臣之交)를 맺은 후 '천하삼분지계'(天下三分之計)를 진언하고 끝까지 그를 보필하였다. 제갈량은 도의를 고집하는 유비로 인해 큰 어려움에 처했을 때조차 유비를 저버리지 않고 끝까지 그의 의사를 존중했는데, 그는 어떤 상황에서든 일인자를 보필하는 이인자의 역할에 충실하였다.

삼고초려로 세상에 나오다

> 큰 꿈을 누가 먼저 깨닫는가
> 나만 스스로 평생을 알 뿐이네
> 초당의 봄 잠은 넉넉한데
> 창밖의 해가 너무 길구나

초당에 누워 낮잠을 자던 한 선비가 잠에서 깨어나자마자 누운 채 낭랑한 목소리로 시 한 수를 읊조렸다. 그리고 나서 시중드는 아이를 불러 물었다.

"얘야, 밖에 손님이 와 계시지 않느냐?"

아이는 손님이 와서 기다린 지 이미 오래 되었다고 대답했다. 그는 왜 일찍 깨우지 않았느냐며 아이를 나무란 뒤 옷을 갈아입기 위해 안으로 들어갔다. 그리고 옷을 갈아 입으면서 이렇게 중얼거렸다.

"유비, 그대는 나를 기어코 수고로움에 비해 얻는 것이 적은 그대의 꿈속으로 끌어들이고 마는구려. 이제 나는 범증의 어리석음을 탓할 수 없게 되었소. 지난 겨울 동안 그대가 내 앞에 펼치려는 달갑지 않은 운명을 피하려고 그토록 노력했건만, 이렇게 되고 보니 그대를 따라나서지 않을 수 없게 되었구려."

그 선비는 바로 뒷날 촉나라의 승상이 되어 삼국시대 최고의 지략가이자 명재상으로 손꼽히게 될 제갈량이었다.

제갈량은 후한 말인 181년, 지금의 산동반도에 있는 낭야군 양도현에서 태산군 부군수를 지낸 제갈규의 아들로 태어났다. 자(字)는 '공명'(孔明)이며, 비교적 부유한 사대부 집안 출신이었으나, 일찍 부모를 여의어 불우한 어린 시절을 보내야 했다. 동생과 이곳 저곳을 떠돌아다니며 살던 제갈량은 양양 남쪽 융중 땅 와룡강이라는 언덕에 자리잡은 후 주경야독하며 자신의 꿈을 키워 나갔다.

이때 제갈량은 서서·석도·맹건 등과 함께 학문을 닦았는데, 그들 세 사람이 학문의 정밀함을 추구한 반면, 제갈량은 학문의 전체적인 윤곽을 공부하고자 했다. 제갈량은 일부 지식층하고만 친교를 맺고 지냈을 뿐, 그가 사귀는 인물은 한정되어 있었다. 그러다 보니 그의 진면목을 아는 사람은 거의 없었다. 한때 그는 형주(荊州, 지금의 장릉현)목 유표의 막료로 중용될 기회가 있었으나 벼슬에 뜻을 두지 않고 오로지 초야에 묻혀 지내며 때를 기다렸다.

그렇다면 제갈량과 유비는 어떻게 만나게 되었을까? 당시 유비는 유표의 객장 신분으로 신야현을 다스리고 있었는데, 그의 책사로 있던 서서가 제갈량을 적극 추천하였다. 이때 제갈량을 불러 줄 것을 청하

| 주군에게 천하를 얻어 드리리다

는 유비에게 서서는 다음과 같이 말했다.

"그 사람은 찾아가서 만날 수는 있어도 억지로 데려올 수는 없습니다. 장군께서 그를 원하신다면 직접 찾아 가셔서 예를 갖추고 청해야만 할 것입니다. 만약 그 사람을 얻게 된다면 주나라가 강태공을 얻은 것이나 한나라가 장량을 얻은 것과 같으니 부디 인재를 얻으시어 큰 뜻을 이루십시오."

이어 제갈량의 재주와 덕이 어느 정도나 되느냐는 유비의 질문에 서서는 다음과 같이 대답했다.

"제가 까마귀라면 그는 봉황이라 할 수 있습니다. 그는 늘 자신을 지난날 제나라의 명재상 관중과 연나라의 명장 악의에 비유하는데 제가 보기에는 그들 두 사람 또한 그의 능력에 미칠 수 없을 것입니다. 그는 하늘과 땅을 아우를 수 있는 재주를 지녔으니 실로 천하에 단 하나뿐인 기재라 할 수 있습니다."

그때서야 비로소 유비는 예전에 사마휘가 "아마 와룡과 봉추 두 사람 중 하나만 얻어도 가히 천하를 경영할 수 있을 것"이라고 했던 말 중 '와룡'이 바로 제갈량이라는 사실을 알게 되었다. 그는 즉시 관우·장비와 함께 제갈량을 찾았다. 하지만 제갈량이 집을 비우는 바람에 만나지 못한 채 돌아서야 했고, 세 번째로 그의 집을 찾았을 때에야 비로소 만날 수 있었다. 여기에서 인재를 얻기 위해 지극 정성을 다한다는 뜻의 '삼고초려'(三顧草廬)라는 고사성어가 유래되었다.

천하를 셋으로 나누다

유비는 제갈량에게 자신의 뜻을 밝히고 자신의 책사가 되어 줄 것을 간절히 부탁했다.

"지금 한나라 왕실은 이미 기울었으며, 간신들이 황제의 명령을 빙자하여 농간을 부리고 있습니다. 이에 천하를 위해 대의를 펼쳐 보려 했지만 저의 재주가 얕고 지혜는 부족하여 아직 아무것도 이루지 못하고 오늘 이 지경에 이르렀습니다. 하지만 아직 그 뜻만은 버리지 않았으니 어리석은 제가 앞으로 어떻게 하면 좋을지 선생께서 부디 가르쳐 주십시오."

그러자 한사코 이를 사양하던 제갈량은 더 이상 유비의 청을 뿌리치지 못하고 '천하삼분지책'(天下三分之策)을 진언하였는데, 『삼국지연의』(三國志演義)에 그 내용이 전해오고 있다.

동탁이 반란을 일으켜 나라를 혼란에 빠뜨린 이래로 수많은 영웅호걸들이 곳곳에서 일어났습니다. 그 중에서도 조조는 명성이 미미하고 세력 또한 약했으나, 마침내 원소를 무너뜨리고 강자가 될 수 있었습니다. 그것은 조조가 시대의 기운을 탔을 뿐만 아니라 지략을 가진 책사와 용맹한 장수들에게 의지했기 때문입니다. 지금 조조는 100만의 군사를 이끌고 있는데다 천자를 끼고 제후들을 호령하고 있으니, 그와는 이미 창칼로 겨루기 어렵게 되었습니다.

또한 강동에 자리잡은 손권은 이미 3대째 그곳을 다스려 왔으며 백성들은 그의 명령에 잘 따르고 있습니다. 또한 현명하고 재간 있는 사람들이 그에게 발탁되었으니 손권과는 우호 관계를 맺고 협력할 수는 있지만 함께 일을 도모할 수는 없습니다.

그 다음 이곳 형주는 북으로는 한수와 면수로 둘러싸여 있어 남해의 경제적 이익을 모두 차지할 수 있고, 동으로는 오군·회계군과 잇대어 있으며, 서로는 파군·촉군과 잇닿아 있으니, 이곳은 실로 군사를 기르고 움직여 볼 만한 요지입니다. 하지만 주인될 만한 사람이 아니면 이곳은 결코 지킬 수 없습니다. 그런데 지금 형주는 유약한 주인 유표를 만나 위태로운 지경에 빠져 있으니 이것은 하늘이 장군께 내린 기회입니다. 게다가 근처에 있는 익주는 지세가 험해 적들이 침범할 엄두를 내지 못할 뿐 아니라 기름진 들판이 사방으로 뻗어 있어 가히 축복받은 땅이라 할 수 있습니다. 우리 고조께서도 그 땅에 의지해 마침내 대업을 이루지 않았습니까? 그런데 익주의 주인 유장은 사람됨이 어리석고 나약하여 백성들의 신망을 얻지 못하고 있으며, 북쪽에서는 장로가 호시탐탐 침략할 기회를 엿보고 있는 실정입니다. 그래서 사람들은 하나같이 유장을 대신할 명군을 기다리고 있습니다.

장군께서는 황실의 후손인데다 이미 신의를 천하에 떨치신 분으로 영웅들 가운데 으뜸이시며, 갈증이 난 사람이 물을 찾듯 어질고 현명한 인재를 찾으시니 충분히 익주 사람들이 기다리는 명군이 되실 수 있을 것입니다. 만약 장군께서 형주와 익주를 얻어 험한 요새에 의지해 지키며, 서쪽 오랑캐와는 화친을 맺고 남쪽 오랑캐의 불만을 달랜 후, 밖으로는 손권과 동맹을 맺고 안으로는 백성들의 안정에 힘쓴다면 세상에 두려울 게 무엇이 있겠습니까? 그러다가 변란이 일어나면 한 상장으로 하여금 형주의 군사들을 이끌고 완성과 낙양으로 나가게 하고 장군께서는 몸소 익주의 군사들을 이끌고 진천으로 나간다면 백성들 가운데 장군을 환영하지 않을 자가 없을 것입니다.

이렇게만 된다면 대업은 성취될 것이고, 한 왕실은 틀림없이 부흥할 수 있을 것입니다. 이것이 제가 장군을 위해 내놓는 계책이니 장군께서는 깊이 헤아려 보십시오.

천하의 대세를 정확히 파악하고 당시 유비가 처한 상황을 충분히 고려하여 이와 같은 계책을 내놓은 제갈량은 시중드는 아이를 불러 자신이 그린 지도를 가져오게 한 후 계속해서 말을 이었다.

이것은 서천 54주의 지도입니다. 장군께서 대업을 이루고자 하신다면 북쪽은 조조, 남쪽은 손권이 차지하도록 내버려 두십시오. 장군께 우선 중요한 것은 사람의 화합이니 먼저 형주를 손에 넣어 근거지로 삼은 뒤 서천을 얻어 대업의 바탕으로 삼는다면 세 개의 발이 하나의 솥을 떠받치듯 조조·손권과 더불어 세 개의 천하 가운데 하나를 차지하게 될 것입니다. 그다음에야 중원을 엿볼 수 있을 것입니다.

제갈량의 천하삼분지책으로 유비는 세상에 대한 새로운 시각을 갖게 되었다. 고향 탁현(涿縣, 쥐셴)에서 의군을 일으킨 지 30여 년이 지났지만 그때까지 변변한 근거지 하나 마련하지 못하고 남의 객장 신세에 머물러 있던 유비로서는 눈이 번쩍 뜨일 만한 놀라운 계책이었다.

그러나 유표와 유장이 한나라 왕실의 종친임을 내세워 유비가 계속 망설이자, 제갈량은 머지 않아 유표는 죽을 것이고 유장은 대업을 이룰 만한 인물이 결코 못 된다며 끈질기게 설득했다.

| 주군에게 천하를 얻어 드리리다

마침내 유비는 제갈량의 천하삼분지책을 받아들였고 유비와 함께 신야로 간 제갈량은 곧 그의 책사가 되었다. 그날부터 유비는 침식을 함께 하는 등 제갈량에게 각별한 정성을 쏟았다. 그리하여 두 사람의 관계는 '군신수어지교'(君臣水魚之交), 즉 물과 물고기의 관계처럼 서로 떼려야 뗄 수 없는 군왕과 신하 사이가 되었다.

손권을 끌어들여 위기를 극복하다

그러나 제갈량에 대한 유비의 지나친 예우에 불만을 가진 사람들이 있었으니, 바로 유비의 의형제 관우와 장비였다. 두 사람은 탁현에서 도원결의를 맺고 의군을 일으킨 후 유비와 생사고락을 함께 해왔으며, 제갈량이 합류하기 전까지는 누가 보아도 그들이 유비 진영의 이인자였다. 그런데 하루아침에 제갈량이 그 자리를 차지하자 불만이 쌓일 수밖에 없었다.

그 사실을 눈치 챈 유비는 관우와 장비를 불러 조용히 타일렀다.

"나와 공명의 만남은 물고기가 물을 만난 것과 같으니 두 아우가 다시는 이 일로 불만을 품지 않기를 바란다."

유비의 이 말에 겉으로는 수긍하는 듯이 보였지만 두 사람의 마음속에는 여전히 제갈량에 대한 불만이 남아 있었다. 이러한 사실을 제갈량이 모를 리 없었다. 하지만 그는 묵묵히 군사들을 모집하여 훈련을 계속했다. 제갈량은 군사들을 훈련시키기 시작한 지 몇 달 만에 정예

병을 양성하여 유비군을 두 배로 증강시키는 능력을 발휘했다. 이에 제갈량에 대한 관우와 장비의 불만은 조금 누그러들었다.

이때 제갈량에게 두 사람의 불만을 한 번에 날려 버리고 진심으로 자신을 믿고 따르게 만들 좋은 기회가 찾아왔다. 조조의 명을 받은 하후돈이 군대를 이끌고 유비가 머물고 있는 신야에 쳐들어왔는데, 겨우 몇 천 명에 불과한 유비군으로는 하후돈이 이끄는 10만 대군을 물리치기에 턱없이 부족했다. 바로 그때 제갈량이 나섰다. 그는 지형과 날씨를 이용한 매복과 화공 작전으로 하후돈이 이끄는 조조군을 크게 물리쳤다. 이에 크게 감복한 관우와 장비는 그때부터 제갈량을 군사(軍師)로 깍듯이 예우하며 그의 말에 충실히 따랐다.

그러나 시련은 또다시 찾아왔다. 하후돈이 유비에게 패하자 이에 분노한 조조가 직접 50만 대군을 이끌고 공격해 온 것이다.

이때 형주의 상황은 주인 유표가 세상을 떠난 뒤, 그의 후처인 채부인과 그 일가들이 음모를 꾸며 맏아들 유기를 제치고 열네 살 난 둘째 아들 유종을 후계자로 세우는 등 매우 어수선하였다. 이런 상황에 조조가 대군을 이끌고 공격해 오자 형주의 새 주인 유종은 겁에 질려 곧바로 조조에게 투항해 버렸다.

신야에 있던 유비가 이 소식을 듣고 망연자실하여 제갈량에게 대책을 물으니, 그는 "지금 우리 힘으로는 도저히 조조군을 당해 낼 수 없으니 군사를 이끌고 도망치는 수밖에 없습니다." 하고 대답하였다.

유비는 제갈량의 말대로 군사와 백성들을 이끌고 신야를 떠났다. 그러나 백성들을 데리고 함께 도망치는 유비군의 속도는 더딜 수밖에 없

| 주군에게 천하를 얻어 드리리다

었다. 이내 조조군에게 추격당한 유비군은 당양(當陽)에서 크게 패하였다. 이때 장비와 조운의 활약으로 가까스로 도망친 유비는 그 후 관우와 유기가 이끌고 온 구원군의 도움을 받아 하구(河口, 허커우)에 도착했다. 하구에 자리를 잡자마자 제갈량은 앞으로 유비가 살아남을 수 있는 방법에 대해 이야기했다.

"지금의 상황은 매우 급박합니다. 조조의 대군을 물리치려면 우선 강동의 손권과 동맹을 맺고 싸우는 길밖에 없습니다. 그러니 저를 강동으로 보내 주십시오."

원소와 원술을 멸망시켜 북방을 안정시킨 조조가 남하하리라는 것을 이미 예상한 제갈량은 유비군이 살아남을 수 있는 길은 오직 강동(江東, 장둥)을 지배하고 있는 손권과의 동맹뿐이라고 판단했다. 그러나 당시 인적·물적 자원뿐만 아니라 모든 면에서 턱없이 부족한 유비군으로서는 조조군에게 대항해 싸울 만한 여력이 없었기 때문이다.

손권 또한 조조의 남하 소식을 듣고 형주의 상황을 예의 주시하며 막료들을 불러들여 대책을 논의하고 있었다. 이때 손권은 노숙을 유비에게로 보냈다. 유표의 죽음을 조문한다는 핑계로 당양에서 조조와 일전을 치른 유비를 통해 조조의 군세를 알아보기 위해서였다.

그러나 이미 노숙이 찾아온 목적을 간파하고 있던 제갈량은 그를 역이용해 강동과의 동맹을 추진할 계획을 세웠다. 노숙을 통해 가능성을 확인한 제갈량은 만류하는 유비의 허락을 얻어 손권을 설득하기 위해 직접 강동을 향해 떠났다.

제갈량이 노숙과 함께 강동에 도착했을 때, 손권의 진영에서는 조조에게 항복해야 강동 땅과 백성들을 보전할 수 있다는 문신들과 끝까지 맞서 싸워야 한다는 무장들 사이에 의견이 팽팽하게 대립하고 있었다. 노숙의 안내로 손권을 만난 제갈량은 손권의 얼굴을 자세히 살폈다.

'이 사람의 생김새를 보아하니 감정을 격동시켜 우리 쪽으로 끌어 들이는 방법을 쓰는 것이 낫겠구나. 틈을 보아 말로써 이 사람의 마음 을 흔들어 놓아야겠다.'

생각을 마친 제갈량은 손권에게 다음과 같이 말했다.

"천하가 혼란에 빠지자 장군께서는 군사를 일으켜 강동을 차지했 고, 우리의 유예주(유비) 또한 한수(漢水, 한수이강) 이남에서 군사를 모 아 조조와 함께 천하를 놓고 겨루고 있습니다. 지금 조조는 북쪽을 평 정하고 형주마저 얻음으로써 천하에 그 위세를 떨치고 있습니다. 유예 주께서도 결코 이에 뒤지지 않지만 군사를 부릴 만한 땅이 없기 때문 에 어쩔 수 없이 이 지경에 이르게 된 것입니다. 그러니 장군께서는 먼 저 강동의 역량을 헤아린 뒤 조조에게 대처하도록 하십시오. 만일 강 동의 백성들을 이끌고 조조에게 대항할 수 있다면 즉시 조조와 국교를 끊고 결전을 통고하는 것이 좋습니다. 그런데 맞서 싸울 만한 힘이 없 다면 왜 여러 모사들의 말대로 무기를 버리고 조조에게 복종하지 않는 것입니까? 이는 장군께서 겉으로는 복종을 내세우고 있지만 마음속으 로는 이미 다른 계책을 세워 놓고 계신 것이 분명한데, 그렇다면 어찌 하여 결정을 미루십니까? 지금과 같이 위급한 상황에서 속히 결단을 내리지 않는다면 틀림없이 이곳 강동 땅 백성들과 장군께 큰 재앙이 닥칠 것입니다."

| 주군에게 천하를 얻어 드리리다

손권은 자존심이 상한 듯 불쾌한 표정으로 제갈량에게 물었다.

"공명 선생, 선생의 말이 사실이라면 병력이 변변치 못한 유예주는 왜 아직까지 조조에게 항복하지 않는 것입니까?"

제갈량은 속으로 쾌재를 불렀다. 처음부터 손권을 흥분시키는 것만이 그를 싸움터로 끌어들일 수 있다고 판단하고 일부러 '복종'이라는 말을 유난히 강조한 제갈량의 속셈을 알 리 없는 손권은 의외로 쉽게 그의 의도에 말려들었다. 제갈량은 기다렸다는 듯이 다음과 같이 답하였다.

"그 옛날, 전횡은 한낱 제나라의 장수에 지나지 않았지만 고조에게 항복하지 않고 끝까지 스스로를 지키고자 했습니다. 하물며 한나라 왕실의 후예요, 세상의 수많은 선비들이 흠모하는 영웅인 우리 유예주께서 어찌 역신 조조 따위에게 항복할 수 있겠습니까! 큰일을 이루고 못이루는 것은 하늘에 달린 일입니다. 끝내 싸움에 져서 죽는 한이 있더라도 어찌 역신에게 몸을 굽힐 수 있겠습니까?"

제갈량은 유비를 높이 추켜세움으로써 순식간에 손권을 겁 많은 졸장부로 만들어 버렸다. 이에 손권은 제갈량의 의도대로 화를 벌컥 내며 안으로 들어가 버렸다. 그날 밤 노숙이 나서서 다시 마련한 자리에서 제갈량의 계략에 완전히 넘어간 손권은 다음과 같이 말했다.

"이 손권은 강동의 모든 땅과 10만 군사를 조조 따위에게 바칠 수 없소. 내 결심은 이미 확고하게 섰소. 다만, 유예주가 조조에게 패해서 쫓겨다니는 처지이니 어떻게 그와 힘을 합쳐 조조에게 대항할 수 있을까 염려할 따름이오."

그제서야 제갈량은 자신이 분석한 상황에 대해 차분히 설명해 나가기 시작했다.

"비록 유예주께서는 당양에서 조조에게 크게 패하고 말았지만, 남아 있는 병사들과 관운장의 수군 정예병 1만 명이 아직 남아 있습니다. 유기도 군사들을 거느리고 있는데, 이 또한 1만 명이 넘을 것입니다. 지금 조조의 군사들은 먼길을 오느라 지쳐 있을 뿐만 아니라 그들의 기병은 유예주의 뒤를 쫓느라 하룻밤 동안 300리를 달려왔습니다. 그런 군사들이 무슨 힘이 있어 싸움다운 싸움을 치를 수 있겠습니까? 이는 곧 강한 활을 떠난 화살이 끝에 가서는 얇은 천조차 뚫기 어려운 이치와 같습니다. 병법에는 이처럼 무리하게 군사를 부리는 것은 꺼려야 한다고 했으며, 이런 경우에는 반드시 상장군이 다치게 된다고 했습니다. 게다가 조조의 군사들은 대부분 북쪽 출신들이라 수전에는 무척 서툽니다. 장군께서 용맹한 장수들에게 명하여 수만 명의 군사들을 인솔하여 유예주와 힘을 합쳐 싸우게 한다면 틀림없이 조조의 군사들을 깨뜨릴 수 있을 것입니다. 조조는 이번 싸움에서 지면 반드시 북쪽으로 돌아갈 것이니 형주와 강동의 세력은 오히려 전보다 더 강대해질 수 있습니다. 그러니 이제 성공하느냐, 실패하느냐는 오직 장군의 결단에 달려 있습니다."

마침내 제갈량의 계획은 성공을 거두었고 이에 말려든 손권은 유비와 힘을 합쳐 조조와 맞서 싸우기로 결심했다. 손권은 즉시 주유·정보·노숙에게 군사 3만을 내어 주면서 유비를 도와 조조군과 싸우도록 지시했다. 적벽에서 조조군과 대치하게 된 유비와 손권 연합군은

　　　　| 주군에게 천하를 얻어 드리리다

화공 작전을 펼쳐 조조군에 대승을 거두었고, 싸움에 패한 조조는 화북으로 물러갔다.

이로써 유비는 위기에서 벗어날 수 있었을 뿐만 아니라, 형주 지역을 손에 넣게 되어 천하 삼분의 기반을 다질 수 있었다.

▌ 원칙에 따라 인재를 쓰다

제갈량은 군사장군과 좌장군부사를 겸직하게 되었다. 그 후 유비가 파촉 땅을 손에 넣자 모든 신하들이 나서서 유비를 한중왕에 추대했다. 2년 뒤인 221년에 조조의 뒤를 이어 위나라의 왕위를 계승한 조비가 후한의 헌제에게 양위를 받아 제위에 오르자 한중의 관리들이 유비도 황제에 즉위할 것을 주장하고 나섰다.

제갈량 또한 좀처럼 제위에 오르려 하지 않는 유비를 적극적으로 설득하였다. 이에 유비는 마침내 촉나라의 황제에 올랐다. 이때 제갈량은 승상으로서 군사에 관한 일뿐만 아니라 국내 정치도 총괄하게 되었다.

당시 유비 정권을 구성하는 인물의 분포는 매우 다양했다. 관우와 장비처럼 유비와 도원결의를 맺고 탁현에서부터 합류한 인물이 있는가 하면 공손찬이 원소에게 무너지면서 합류한 조운, 서주의 도겸이 병으로 죽으면서 추천해 준 미축과 손건, 유표의 형주에서 얻은 인물들, 파촉을 얻는 과정에서 합류한 법정·맹달·황충·위연, 그리고 서량의 마초와 마대 등 각기 다른 여러 세력이 유비 정권의 주축을 이루고 있었다. 그러다 보니 자칫 각 세력 사이에 불협화음이 생겨 반목하게 된다면 유비 정권이 한순간에 붕괴될 수도 있는 위험이 도사리고 있었다.

이처럼 어려운 여건 속에서도 제갈량은 법률과 제도에 따라 관직을 정비하고 인재를 등용하여 공평무사한 정치를 폈다. 그는 백성들이 편안하게 생업에 종사할 수 있도록 돌보는 한편, 백성들이 지켜야 할 규범을 만들어 공포하기도 했다.

제갈량은 충성을 바쳐 나라에 공을 세운 사람에게는 비록 예전의 적이라 할지라도 반드시 상을 주었으며, 법을 어기고 직무를 게을리한 사람은 비록 공신의 일족이라 할지라도 반드시 벌했다. 그리하여 나라 안의 모든 사람들은 그를 흠모하고 따르게 되었다.

제갈량의 원칙주의는 특히 새로 얻은 땅, 파촉(巴蜀)에서 크게 환영받았다. 파촉 사람들은 유비가 다스리게 되면서 전보다 세금 부담이 늘어난 것에 대해 큰 불만을 품지 않았는데, 당시 관리들과 호족들의 학대와 가렴주구에 시달려온 그들에게는 다소 부담이 되더라도 차라리 공평하게 세금을 납부하는 쪽이 더 나았기 때문이었다.

촉나라가 건국된 지 3년째 되는 223년 봄, 영안(寧安, 닝안)에 있는 유비의 병세가 위독하다는 전갈이 성도(成都, 청두)로 날아들었다. 유비는 한달음에 달려온 제갈량에게 태자 유선과 나라를 부탁했다.

"승상이 가진 재주는 조비의 열 배는 되니, 틀림없이 나라를 안정시키고 한나라 왕실을 부흥시키는 대업을 완성할 수 있을 것이오. 만일 태자 유선이 황제의 재목이라면 그를 잘 보좌하고, 그의 재능이 부족하다면 승상이 대신 제위에 올라 이 나라를 이끌어 주시오."

유비의 간곡한 부탁을 받은 제갈량은 눈물을 흘리며 충성을 다짐했다.

"신은 전력을 다하여 충성을 다할 것이며 죽을 때까지 최선을 다해 태자를 보필하겠습니다."

제갈량으로서는 제위에 오를 수 있는 절호의 기회였다. 하지만 그는 영원한 이인자로서 주군을 섬겨야 한다는 자신의 원칙에 따라 결코 이를 수용하지 않았다.

또 한 번 제갈량의 충성을 확인한 유비는 태자 유선에게 다음과 같은 유언을 남겼다.

"너는 승상과 함께 나라를 다스리고, 그를 부친과 같이 여겨 섬기도록 하라."

이렇게 하여 223년을 기점으로 촉나라는 선주 유비에 이어 후주 유선의 시대를 맞았다.

천하통일을 위해 출사표를 던지다

유비가 죽고 새로 등극한 유선은 제갈량을 무향후에 봉했고, 이어 익주목에 임명했다. 이때부터 나라의 크고 작은 모든 일은 제갈량에 의해 결정되었다.

곧이어 제갈량은 천하통일을 위한 준비 작업에 들어갔다. 천하통일만이 진정한 건국이며 한나라 왕실을 중흥하는 길이라고 생각했기 때문이다. 그는 유선을 보필하며 내정에 힘쓰는 한편, 틈틈이 군수 물자를 비축하고 군사를 양성했다.

제갈량은 북벌에 나서기 전에 먼저 오나라와 다시 화친을 맺는 한편, 군사를 이끌고 남만 정벌에 나섰다. 이때 그 유명한 '칠종칠금'(七縱七擒)이라는 고사성어가 생겨났는데, 즉 남만왕 맹획에게 진심에서 우러나온 항복을 받아 내기 위해 그를 일곱 번 사로잡았다가 일곱 번 놓아 주었다는 이야기다. 제갈량은 맹획에게 진심에서 우러나온 항복을 받아 내어 남만 일대를 모두 평정했다. 이로써 그는 북벌을 진행하는 동안 혹시 있을지도 모르는 후방 공격의 싹을 잘라냈을 뿐만 아니라, 이후 남만은 군수 물자를 조달하는 데에도 큰 도움이 되었다.

그러나 천하통일을 위한 북벌에 나서기 위해서는 아직도 제거해야 할 장애물이 많이 남아 있었다. 바로 위나라 최고의 기장(騎將)으로 불리는 사마의가 있었기 때문이다.

이때 마속이 제갈량을 찾아왔다. 그는 제갈량에게 위나라 황제 조예가 사마의를 의심하고 있으니, 낙양에 사람을 보내 그의 역모설을 퍼뜨리면 쉽게 제거할 수 있다고 귀띔해 주었다. 제갈량은 곧 마속의 책략대로 낙양에 첩자를 보내 사마의가 역모를 꾀한다는 소문을 퍼뜨리는 한편, 그러한 내용이 적힌 방(榜)을 곳곳에 붙이게 했다.

소문은 곧 조예의 귀에 들어갔고, 조예는 제갈량이 바라던 대로 사마의의 관직을 박탈하고 귀향을 명했다. 그리하여 위나라를 공격하는 데 있어 큰 가장 걸림돌이었던 사마의를 제거하는 데 성공한 제갈량은 마침내 북벌을 결행하게 된다.

　　　| 주군에게 천하를 얻어 드리리다

제갈량은 이때를 시작으로 해서 훗날 오장원(五丈原, 위장위안)에서 죽을 때까지 모두 여섯 차례에 걸쳐 위나라 정벌을 위해 직접 군사를 이끌고 싸움터에 나갔다. 당시 제갈량은 출정을 앞두고 유선에게 글을 지어 바쳤는데, 그 글이 바로 오늘날까지도 천하의 명문으로 전해져 오는 「출사표」(出師表)이다.

제갈량이 유선의 허락을 얻어 북벌에 나선 것은 227년으로 유선이 즉위한 지 5년째 되는 해였다.

죽은 후까지 안배하다

제갈량의 북벌은 사실상 촉나라의 입장에서 볼 때 대단히 힘에 부치는 일이었다. 그런데도 제갈량은 무모할 정도로 계속해서 북벌을 감행했다. 왜 그랬을까? 그는 유선의 우매함과 촉나라의 한계를 잘 알고 있었기에 죽기 전에 생애 최대의 도박을 감행한 것이었다. 자신이 하지 못한다면 이후에도 영원히 기회가 오지 않을 것이라는 사실을 절감하고 있었던 것이다.

처음 북벌에 나섰을 때에는 어느 정도 행운이 뒤따랐다. 사곡도에서 나온 제갈량은 미현을 공략하고자 군사를 진격시키면서 조운과 등지가 이끄는 의병을 주력부대로 삼아 기곡(箕谷)에 진을 치게 했다. 그러자 위나라 대장군 조진이 군사를 이끌고 나와 이를 막았다. 이때 제갈량 자신은 병사들을 인솔하여 기산(祁山, 치산) 방면으로 진격했는데,

제갈량의 군대가 군령이 엄정하고 잘 정비되어 있는 것을 본 남안·천수·안정 세 군이 일제히 위나라를 배반하고 제갈량에게 호응해 왔다. 이로써 제갈량은 첫 싸움에서 큰 성과를 거둘 수 있었다.

이에 다급해진 위나라 황제 조예는 직접 장안까지 나와 군사들을 독려하는 한편, 장합에게 지시를 내려 제갈량을 막도록 했다. 그러자 제갈량은 마속을 선봉장으로 삼아 군사를 주어 장합을 물리치도록 지시했다. 그러나 마속은 제갈량의 지시를 어겼을 뿐만 아니라 부장 왕평의 제안마저 무시하고 군사를 움직였다가 장합에게 크게 패하고 말았다.

선봉 부대의 패배로 인해 작전이 크게 어긋나자 제갈량은 서현의 백성들을 이주시키고 한중으로 철수했다. 그러고는 군율에 의해 마속을 처형하고 병사들에게 사죄했다. '읍참마속'(泣斬馬謖), 즉 눈물을 흘리며 사랑하는 마속의 목을 베었다는 이 고사성어는 군율을 어긴 부하 장수를 엄격히 다스린 제갈량의 면모를 새삼 일깨워 준다.

또한 제갈량은 스스로 부하 장수들을 잘못 쓴 책임을 통감하고 유선에게 상소를 올려 자신의 관직을 3등급 강등시켜 줄 것을 청하였다. 이에 유선은 제갈량을 우장군으로 삼고 승상의 직무를 대리하게 했으며, 모든 직무는 이전대로 수행하도록 했다. 이렇듯 제갈량은 형벌을 엄격히 적용했을 뿐 아니라 자신의 잘못에도 책임을 짐으로써 부하들이 진심으로 믿고 따르도록 이끌었다.

그로부터 2년 뒤인 229년, 제갈량은 진식에게 군사를 주어 무도(武都)와 음평(陰平) 두 군을 공격하도록 지시했다. 그러나 진식은 위나라 곽회의 반격을 받아 도리어 쫓기게 되었다. 이에 제갈량이 몸소 군사

318

를 이끌고 건위(健爲)까지 나가 곽회를 쫓아내고 두 군을 평정하였다. 이때 유선은 조서를 내려 제갈량을 다시 승상으로 복직시켰다.

231년, 군사를 이끌고 기산으로 나간 제갈량은 자신이 만든 목우(木牛)를 이용해 군수 물자를 운반했다. 기산에서 제갈량은 위나라 장수 장합을 죽이는 전과를 올렸다. 하지만 이때에도 역시 군량이 부족해 군사들을 후퇴시켜야만 했다.

3년 후인 234년 봄, 제갈량은 전 군대를 인솔하여 사곡도에서 출병하여 오장원을 점령하고 사마의와 대치하게 된다. 이때가 바로 제갈량 최후의 북벌이었다.

제갈량은 북벌에 나설 때마다 군량이 제대로 공급되지 않아 중도에 철수했던 악몽이 이번에도 재현될까 봐 걱정했다. 이 때문에 제갈량은 원활한 군량 공급을 위해 둔전법(屯田法, 주둔지의 토지를 경작하여 군량을 자급하는 제도)을 실시했다. 이때 군사들이 군율에 따라 조금도 어긋남이 없이 행동함으로써 위나라 백성들과 함께 사이좋게 둔전을 실시할 수 있었다.

이렇게 촉나라와 위나라가 대치한 지 100여 일이 지난 그해 8월, 제갈량은 그만 병을 얻어 자리에 눕고 말았다. 그는 죽음을 앞두고 양의 · 강유 · 마대 등을 불러 자신이 죽은 뒤 퇴각하는 방법에 대해 하나하나 일러주고 한중 땅 정군산에 자신을 묻어 달라는 말과 함께, '산에 의지하여 묘지를 만들고, 묘지는 관을 넣을 수 있을 정도로만 하며, 염할 때에는 평상시 입던 옷으로 하고, 제사 용품은 사용하지 말 것'을 유언으로 남겼다. 그리고 유선에게 마지막으로 올리는 글을 쓴 뒤 조용히 숨을 거두었다.

제갈량은 자신이 그토록 갈망했던 천하통일과 한 왕실의 중흥을 끝내 이루지 못한 채 그만 전쟁터에서 눈을 감고 말았다. 그때가 234년이었으니 유선이 즉위한 지 12년째 되는 해로 그의 나이 54세였다.

제갈량이 죽자 촉나라군은 퇴각할 수밖에 없었다. 촉나라군은 제갈량이 일러준 대로 양의가 군사를 총괄하여 후퇴하는 한편, 강유가 뒤쫓아오는 위나라군을 막기로 했다. 뒤늦게 제갈량의 죽음을 알게 된 사마의는 군사를 이끌고 추격에 나섰다. 그러나 사마의는 곧 정신없이 달아나는 신세가 됐는데, 그것은 사마의가 추격해 올 것을 미리 예측하고 이에 대비해 놓은 제갈량의 계책에 속았기 때문이다.

제갈량은 죽기 전에 사마의가 공격해 오거든 군대의 깃발을 반대로 하고 북을 울리며 마치 사마의를 공격하는 것처럼 하라고 일러두었던 것이다. 제갈량의 계책에 속은 사마의는 제갈량이 아직 살아 있는 줄로 착각하고 50여 리를 달아난 끝에 하후패 형제가 말고삐를 잡자 겨우 멈춰 섰다. 그러나 더 이상 추격할 엄두를 내지 못하고 퇴각하고 말았다. 양의는 무사히 군사들을 계곡으로 후퇴시킨 뒤에야 제갈량의 죽음을 발표했다. 이때 제갈량에게 속아 달아나는 사마의를 본 백성들 사이에 다음과 같은 소문이 퍼져 나갔다.

"죽은 제갈량이 살아 있는 사마의를 쫓아 버렸다."

뒷날 그 소문을 들은 사마의는 다음과 같이 말했다고 한다.

"나는 산 자를 상대할 수는 있지만, 죽은 자를 상대하는 방법은 알지 못한다."

| 주군에게 천하를 얻어 드리다

제갈량은 군사·정치·경제·법, 그리고 자신의 삶에 이르기까지 모든 면에서 모범을 보인 명재상이자 책사였다. 그는 만인을 다스리는 자리에 있었지만 평생을 검소하게 생활했다. 그는 유비를 만난 이후 2대에 걸쳐 이인자로 활동했다. 더군다나 221년에 촉나라가 건국한 뒤, 234년에 죽을 때까지 승상으로 있었지만 그가 남긴 재산은 보잘것없었다. 그가 예전에 유선에게 올린 표문에는 그의 검소한 생활관이 잘 드러나 있다.

성도에는 뽕나무 800그루, 메마른 땅 열다섯 이랑이 있으므로 제 자손의 생활은 이것으로도 여유가 있습니다. 신이 밖에서 임무를 수행할 때에는 특별히 필요하지도 않았고, 몸에 필요한 것은 모두 관에서 지급해 주었으므로 굳이 다른 일에 종사하여 재산을 만들 필요가 없었습니다. 그러나 만약 신이 죽었을 때에는 집안에 남는 비단이 있게 하거나 여분의 재산을 남겨 폐하의 은총을 저버리는 일이 없도록 하겠습니다.

제갈량이 죽은 뒤 그의 재산을 조사해 보니 표문에 적힌 그대로였다고 한다.

이렇듯 제갈량은 수많은 영웅과 호걸들이 끊임없이 일어나 세력 다툼을 펼쳤던 삼국시대의 혼란기에 태어나 최고의 이인자로서 뚜렷한 발자취를 남겼다.

17

장·손·무·기

—태종을 보필하여 당나라 최고의 전성기를 이끌다 —

| 장손무기 | (?~659, 중국 당나라)

장손무기는 당 태종을 도와 당나라를 건국하고 그를 황제로 옹립한 데 이어, 그와 함께 개혁정치를 이끌며 태평성대를 이루어 낸 당나라 최고의 재상이다. 그러나 그는 자신의 권력 기반을 공고히 하기 위해 황제에게까지 맞서며 태자로 책봉한 치(고종)로 인해 자신의 세력을 잃고 스스로 목숨을 끊어야 했던 비극의 주인공이기도 하다. 그는 권력의 소용돌이에 휩싸여 자칫하면 중심을 잃고 희생되기 쉬운 이인자의 일면을 보여 준다.

태종을 도와 당나라를 건국하다

당 고조 이연은 수나라 양제 양광과는 이종사촌간으로, 그의 어머니와 양광의 어머니는 친자매였다. 이렇듯 인척간인데도 이세민(당 태종)이 아버지 이연을 설득해 양제에게 반기를 들고, 군웅들의 도움을 받아 마침내 당나라를 건국할 수 있었던 것은 양제의 잘못된 정치로 인해 그즈음 수나라가 큰 혼란에 빠져 있었기 때문이다.

양제는 세 차례에 걸쳐 고구려 원정을 강행하고 대규모 토목공사를 벌이는 한편, 정사는 제대로 돌보지 않고 사치와 향락에 빠져 지냈다. 그러다 보니 백성들의 원성은 높아져만 갔고, 나라는 혼란에 빠질 수밖에 없었다.

이러한 시기에 이세민이 방위사령관으로 병마통솔권을 쥐고 있던 아버지 이연을 설득하여 '제세안민'(濟世安民)을 명분으로 삼아 군사를 일으켰다. 이때부터 이세민과 생사고락을 함께 하며, 그를 도와 군웅들을 제압하고 당나라 건국에 앞장섰던 인물이 바로 장손무기다.

하남성(河南省, 허난성) 낙양 출신으로 일찍 아버지를 여읜 장손무기는 호북(湖北, 후베이) 지역 수군 총독으로 있던 큰아버지 밑에서 자랐다. 그의 큰아버지는 함께 변방의 수비를 맡고 있던 이세민의 집안과 친하게 지냈는데, 이러한 까닭으로 장손무기는 이세민과 어려서부터 가깝게 지낼 수 있었고 자연스레 친구가 되었다. 또한 이세민이 장손무기의 누이동생과 혼인함으로써 두 사람 사이는 더욱 돈독해졌다.

그 후 양제의 폭정으로 나라가 혼란에 빠지고 곳곳에서 반란이 일어나기 시작하자 이세민은 의군을 일으킬 결심을 했다. 그러나 아버지 이연의 강력한 반대로 난감한 처지에 빠지고 말았다. 이때 그 소식을 전해 들은 장손무기가 이세민을 찾아왔다.

장손무기가 이세민의 집에 이르렀을 때 이세민은 심각한 표정으로 방 안에 홀로 앉아 있었다. 이미 의병을 모집하기 위해 사방으로 사람을 보내 놓았는데, 아버지의 허락이 좀처럼 떨어지지 않아 고심하고 있었던 것이다.

"아니, 의군을 일으키기로 해 놓고 이렇게 앉아만 있으면 어떻게 합니까?"

장손무기의 물음에 이세민은 침통한 표정을 지었다. 이에 장손무기가 껄껄 웃으면서 말했다.

"옛말에 '불난 집에서 예의를 찾다가는 한 발자국도 움직이지 못한다.'고 했습니다. 이는 지금 같은 상황에서는 어떻게 처신해야 하는지를 일깨워 주는 말입니다. 지금 공의 아버님께서는 누군가 나서서 불길을 끌 때까지, 아니면 모두 타서 불길이 스스로 꺼질 때까지 기다리자는 생각이십니다. 그렇기 때문에 공께서는 부친의 말씀을 거역할 수

| 태종을 보필하여 당나라 최고의 전성기를 이끌다

도, 그렇다고 따를 수도 없는 것입니다. 하지만 이렇게 혼란스러운 때에 어두운 것을 없애고 역(逆)을 순(順)으로 바꾸는 것은 오직 우리 같은 젊은이들이 할 일이지 공의 아버님처럼 나이 드신 분들이 할 일이 아닙니다. 이제 공께서는 어찌 하시겠습니까?"

이에 "처남에게 무슨 묘책이라도 있습니까?" 하고 이세민이 묻자 장손무기는 이세민의 귀에 대고 나직하게 속삭였다. 갑자기 이세민의 두 눈이 반짝거리며 얼굴이 환해졌다. 장손무기의 말은 한마디로 "왕위와 고군아를 제거하라."는 것이었다. 왕위와 고군아는 양제의 심복들로, 군권을 쥐고 있는 이연이 혹시나 역모를 꾸미지 않을까 염려하여 감시를 목적으로 양제가 딸려 보낸 사람들이었다. 만일 두 사람을 제거한다면 양제가 이연에게 황제의 심복을 죽인 책임을 물을 것이 분명했다. 그렇게 되면 이연은 의군을 일으킬 수밖에 없게 될 것이었다.

이세민은 즉시 왕위와 고군아를 죽였고, 이로써 이연은 어쩔 수 없이 군사를 일으켜야 했다. 그러자 장손무기는 「천하 만민을 위한 의거」라는 글을 지어 거병의 의의를 밝힘으로써 의병들의 대대적인 참여를 이끌어 냈다. 그리하여 이세민은 도성인 장안성을 점령하고 곳곳의 반란군을 진압한 후 마침내 당나라를 건국했다.

▮ 현무문의 변

당나라 건국 후 고조로 등극한 이연은 장자 승계의 원칙을 내세워 최고의 건국공신인 이세민을 제치고 맏아들 이건성을 태자에 책봉했다. 그러나 태자 이건성은 자신보다 능력이 월등히 뛰어난 동생 이세민에게 황위가 넘어가지 않을까 염려한 나머지 막내 동생 이원길과 함께 그를 제거할 음모를 꾸몄다.

이에 이세민 곁에서 그를 돕던 방현령·장손무기·두여회는 사태의 심각성을 깨닫고 비밀리에 모여 대책을 의논했다.

"곧 태자궁에서 최후의 결전을 걸어 올 것 같습니다. 그렇게 되면 많은 사람이 다치게 되고, 자칫 내란으로 번질 수도 있습니다. 우리가 선수를 치는 것이 좋을 듯하니 좋은 의견이 있으면 말씀해 보십시오."

방현령의 말에 장손무기가 나섰다.

"사실 나도 오래전부터 그렇게 생각해 왔소. 우선 주군을 찾아 뵙고 우리의 뜻을 전하도록 합시다."

그리하여 장손무기를 비롯한 세 사람은 이세민을 찾아갔다.

"전하, 더는 기다릴 수 없습니다. 세상 모든 일에는 정해진 때가 있는 법이라고 하신 분이 바로 전하가 아니십니까? 이제 그만 결단을 내리시지요."

이세민은 아무 말이 없었다. 지금 이들 세 사람의 의견에 반대한다고 해도 소용없는 일이었고, 그렇다고 친형제를 죽이라는 명령을 자기 입으로 직접 내릴 수도 없는 처지였기 때문이다. 그런 이세민의 마음을 헤아린 장손무기가 다음과 같이 말함으로써 결론을 지었다.

"응낙하신 것으로 알고 이만 물러가 계획을 세우겠습니다."

이때 의외의 사건이 일어나 당나라 조정을 떠들썩하게 만들었다. 수

| 태종을 보필하여 당나라 최고의 전성기를 이끌다

나라 때부터 중국 대륙을 넘보아 온 북방의 돌궐이 또다시 침략해 오기 시작하자 구원군을 요청하는 사자들이 연이어 당나라 조정으로 달려왔던 것이다. 당 고조 이연은 이세민을 토벌군 사령관으로 임명하려 했으나, 태자 이건성이 막내 동생 이원길을 적극적으로 추천하고 나섰다. 그러자 고조는 태자의 건의대로 이원길을 정벌군 총사령관에 임명했다. 이원길은 고조에게 다음과 같이 아뢰었다.

"이번 원정에는 이세민의 휘하에 있는 위지경덕 · 진숙보 · 이세적 · 정지절 등의 장수들을 제가 이끄는 부대에 편입하고자 합니다. 부디 허락해 주십시오."

고조는 이원길의 청을 들어주었고, 그날 저녁 이건성은 이원길을 태자궁으로 불러 이렇게 말했다.

"네가 군사를 이끌고 출정하는 날에 내가 이세민과 함께 나가 널 배웅하도록 하겠다. 너는 그때 기회를 보아 부하들을 시켜 그놈을 죽여 버려라. 그럼 나는 궁으로 돌아와 아버지께 이세민이 갑자기 병에 걸려 죽었다고 말씀드리겠다. 또한 너는 정벌지로 가는 도중에 위지경덕과 진숙보 등 이세민의 수하들을 하나하나 해치워 그 뿌리를 완전히 뽑아 버리도록 해라."

이렇듯 이세민을 죽일 계책이 완성되자 두 사람은 크게 기뻐했다.

한편, 같은 시각 이세민의 진영에서는 앞으로의 대책을 놓고 열띤 토론이 계속되고 있었다. 친형제를 죽여야 한다는 것 때문에 이세민이 쉽게 결정을 내리지 못하고 망설이고 있었기 때문이다. 그러자 위지경덕이 나서서, 빨리 결단을 내리지 않는다면 산속으로 들어가 버리겠다고 말했다. 이에 장손무기도 위지경덕을 거들고 나섰다.

"일을 두고 망설인다는 것은 결코 현명하지 못한 일입니다. 어려운 문제에 직면하여 해결책을 찾고도 이를 결행하지 못하는 것은 용기가 없다는 증거입니다. 이제 모든 준비는 끝났으니 허락만 내리시면 되는 것입니다. 전하께서 망설이시는 동안 세상은 어떻게 달라질지 모릅니다. 어서 결단을 내리십시오. 지금이 바로 두 사람을 칠 절호의 기회입니다."

두여회 역시 장손무기와 위지경덕의 의견에 찬성하고 나섰다. 그때 밖에 나갔던 공근이 들어와 다음과 같이 말하여 이세민의 결단을 촉구했다.

"이원길을 정벌군 총사령관으로 하고 그 휘하에 저희 진영의 위지경덕·진숙보 등을 배치한 까닭은 전하의 수족을 모두 잘라 버리려는 계책입니다. 이원길이 장수들을 거느리고 떠난 후 이건성이 군사들을 몰고 우리 진영으로 쳐들어온다면 그때는 꼼짝없이 당할 수밖에 없을 것입니다. 그러니 이원길이 출정하기 전에 반드시 결단을 내리셔야 합니다."

마침내 이세민은 참모들의 끈질긴 설득에 못 이겨 그들의 계책대로 운명을 건 승부에 나서기로 결심했다. 이세민은 우선 고조에게 나라의 비리를 밝히는 장문의 상소를 올렸다. 그러자 고조는 환관을 보내 다음 날 서둘러 입궐하라는 명령을 내렸다.

이 소식은 곧 태자와 내통하고 있던 고조의 후궁들에 의해 태자궁에도 알려졌고, 태자 이건성과 이원길 등은 머리를 맞대고 대책을 의논

| 태종을 보필하여 당나라 최고의 전성기를 이끌다

했다. 그리하여 다음 날 아침 조회에 참석하여 정세를 살핀 후 계획을 행동에 옮기기로 결정하고, 만일의 사태에 대비하여 비밀리에 경주도독 양문간에게 군사를 이끌고 도성으로 들어오라는 서찰을 보냈다.

이세민의 진영에서도 핵심 참모들이 모여 대책 회의를 열었다. 군사 전략에 뛰어난 공근이 먼저 입을 열었다.

"궁성 북쪽에 있는 현무문을 장악하는 일이 무엇보다 중요합니다. 내일 새벽, 조회가 열리기 전에 위지 장군께서는 정예병을 이끌고 현무문에 매복하여 만일의 사태에 대비하십시오. 그러고 나서 그때까지 별 이상이 없으면 전하와 장손 대감께서는 폐하를 뵈러 입궐하도록 하십시오."

"좋은 계책이오. 지금 태자궁에서는 이건성과 이원길, 그리고 양대부가 모여 대책을 세우고 있을 것입니다. 그들은 평소 양대부의 일족인 경주도독 양문간과 교류를 해 왔으니 이미 그에게 군사를 이끌고 도성 안으로 들어오라는 밀지를 내렸을 것이오. 또한 그들은 내일 아침 현무문을 통해 궁궐에 들어와 정세를 살핀 뒤 자신들에게 불리한 것으로 보이면 다른 조치를 취할 것이 뻔합니다."

장손무기의 의견에 이어 다시 공근이 구체적인 작전 계획을 내놓았다.

"현무문의 안쪽과 바깥쪽을 구분하여 맡아야 할 것입니다. 안쪽은 아무래도 근접전에 능한 위지 장군께서 맡고, 바깥쪽은 태자와 이원길의 세력이 만만치 않을 것이니 진숙보·이세적 두 장군이 맡으며, 나머지 사람들은 전하를 호위하도록 하십시오."

그리하여 마침내 626년 6월 4일 운명의 날이 밝자, 이세민은 공근의 계책대로 정예병과 함께 현무문에 매복한 채 태자 이건성과 이원길이 나타나기만을 기다렸다. 이윽고 두 사람이 나타나자 이세민은 숨어 있던 곳에서 나와 그들의 눈앞에 모습을 나타냈다.

이세민이 나타나자 이원길이 먼저 화살을 날렸으나 빗나갔다. 하지만 뒤이어 날린 이세민의 화살은 정확히 태자 이건성을 꿰뚫었고, 그는 말에서 떨어져 그 자리에서 숨지고 말았다. 그 사이에 이원길은 위지경덕이 쏜 화살에 맞아 목숨을 잃었다.

두 사람을 제압한 이세민은 그 사실을 고조에게 아뢰었다. 그러나 고조는 이세민의 말을 믿으려 하지 않았다. 하지만 곧이어 경주도독 양문간이 반란을 일으키자 그제서야 고조는 이세민의 말을 믿었다. 고조는 이세민을 태자에 봉한 뒤 다음과 같은 조서를 내렸다.

"앞으로 나라에 관한 일은 모두 태자에게 맡기도록 하겠다."

얼마 지나지 않아 이세민이 고조의 양위를 받아 당나라 2대 황제로 등극하니 그가 바로 당 태종이다. 이로써 당나라는 비로소 태평성대를 맞게 된다. 물론 그 중심에는 이세민과 어려운 시절부터 함께 했던 장손무기·방현령·두여회를 비롯하여 태자궁에 있다가 새로 가담하게 된 위징 등이 있었다.

개혁의 중심에 서다

태종은 등극한 뒤 방현령·장손무기·왕규 등과 함께 개혁을 주도

　　　　　| 태종을 보필하여 당나라 최고의 전성기를 이끌다

해 나가기 시작했다. 태종은 개혁세력의 직위를 올려 준 후 그 중심에 장손무기를 세우고자 했다. 장손무기는 처남매부 관계를 떠나 어렸을 때부터 절친했던 동갑내기 친구이자 창업의 생사 고락을 함께 해 온 동지였다. 또한 나라를 이끌어야 할 태종의 입장에서 볼 때 무엇보다 장손무기는 학식과 지략이 뛰어나며 담력까지 갖춘 완벽한 정치 파트너였다.

그러나 태종의 전폭적인 신임을 받고 있음에도 장손무기는 고위 관직으로 나아갈 수 없었다. 그것은 누이인 황후가 한나라 때 여태후의 예를 들어 외척의 발호는 곧 멸문지화를 초래한다며 적극적으로 반대하고 나섰기 때문이다. 하지만 장손무기는 낮은 관직에 전혀 개의치 않고 방현령과 함께 태종의 의도대로 개혁을 주도해 나갔다. 장손무기가 주도하는 개혁정치는 태종의 집권을 더욱 빛냈다.

이후 장손무기를 고위직으로 발탁하는 것에 대해 결사 반대하던 황후가 세상을 떠나자 태종은 곧바로 그를 조정의 인사를 담당하는 이부상서로 임명했다. 이에 장손무기는 관리들의 부패를 방지하는 한편, 청렴결백한 관리들을 적극 등용함으로써 태종의 개혁정치를 도왔다.

이때 궁궐에서 숙위하던 병사들이 술에 취해 난장판을 벌이며 모반까지 들먹인 사건이 발생했다. 사건은 곧 어사대에 알려졌고, 다음 날이 되자 불평이 많은 자는 참살하고 나머지는 교수형에 처한 뒤, 밀고한 자는 5품 이상 관직을 올려 주는 것이 좋겠다는 의견서가 올라왔다. 이에 장손무기는 다음과 같이 지시했다.

"불평이 많은 자는 교수형에 처하고 그 나머지는 귀양을 보내도록 하라. 또한 밀고한 자는 3등급을 승진시켜라."

그러자 태종이 장손무기에게 의견서에 적혀 있는 것보다 관대한 조치를 취한 까닭에 대해 물었다.

"술에 취하면 평소보다 말이 많아지는 법입니다. 더구나 곁에 여자라도 있으면 우쭐대는 마음에 할 말 못 할 말을 가리지 않고 하는 경우가 많습니다. 그러니 그들의 말에 특별히 귀 기울일 필요는 없으며, 엄하게 다스릴 필요 또한 없습니다. 게다가 이번 일은 밀고로 의해 발각되었습니다. 밀고한 사람에게 큰 상을 내린다면 자칫 동료가 동료를 밀고하여 서로 의심하는 나쁜 선례를 남길 수 있어 그렇게 조치한 것입니다."

그러나 이 사건으로 큰 충격을 받은 태종은 궁궐 안의 군사들을 개편하는 한편, 대대직인 군사 교육을 실시했다. 그 소식을 들은 장손무기는 태종에게 다음과 같이 간하였다.

"옛말에 명군은 표정 하나도 아낀다 했습니다. 이 말은 명군은 여러 신하들이 그 마음을 헤아리지 못하도록 얼굴에 기쁨과 슬픔을 전혀 나타내지 않는다는 뜻입니다. 지금 폐하께서는 겨우 10여 명에 불과한 병사들의 행동을 보시고 전 군대에 교육을 실시하라는 지시를 내리셨으니, 이것은 지나치게 폐하의 속마음을 내비치는 것입니다. 그러니 그 일은 천천히 하셔도 좋을 것 같습니다."

태종은 장손무기의 말을 듣고 곧 군사 교육을 중단했다.

그러던 중 태종은 고구려 정벌을 계획했다. 때는 642년으로 그가 즉위한 지 16년째 되는 해였다. 당시 고구려에서는 내분이 있었는데, 바로 연개소문이 반정을 일으켜 영류왕을 시해하고 보장왕을 새 왕으로 세운 사건이었다. 이 소식을 보고받은 태종은 이를 빌미로 고구려 원정을 결심하게 되었다.

태종은 조정 관료들을 불러모아 그들의 의견을 물었다.

"고구려의 연개소문은 임금을 죽인 것으로도 모자라 국정을 제 마음대로 좌지우지하고 있다 하니, 이는 결코 그냥 넘어갈 수 없는 일이오. 오늘 우리의 막강한 군사력으로 볼 때 그를 벌하는 것은 별로 어렵지 않겠으나, 이 일로 백성들을 괴롭히고 싶지는 않소. 그래서 거란과 말갈을 시켜 고구려를 치고자 하는데 경들의 생각은 어떠하오?"

이에 장손무기가 앞으로 나서며 이렇게 말했다.

"폐하, 지금은 고구려 원정에 나설 때가 아닌 줄로 압니다. 지금은 그들을 정벌하기보다는 오히려 칙령을 내려 새로운 고구려 왕을 인정해야 할 때라고 생각합니다."

장손무기의 말에 태종은 놀란 얼굴로 반문했다.

"아니, 그게 대체 무슨 말이오?"

"역신 연개소문은 이미 자신의 죄가 크다는 사실을 알고 있을 것입니다. 그리고 우리 당나라가 그 죄를 묻기 위해 정벌에 나설 것이라는 사실 또한 잘 알고 있을 것입니다. 따라서 지금 그는 수비를 더욱 강화하고 있을 것이 분명합니다. 그러니 폐하께서 조금만 참고 기다리신다면 연개소문은 곧 마음이 교만하고 해이해져 방비를 소홀히 하고 더 많은 악행을 저지를 것입니다. 그때 폐하께서 군사를 내어 고구려를 치신다면 쉽게 그를 사로잡을 수 있을 것입니다."

"오, 그것 참 좋은 생각이오. 경의 말대로 하리다."

이처럼 장손무기는 모든 일에 있어서 빠르고 정확한 판단으로 주군인 태종을 도와 당나라의 태평성대를 이끌었다.

태자 책봉의 소용돌이

643년, 새로 태자를 세우는 문제를 놓고 태종이 참석한 가운데 회의가 열렸다. 태자인 승건이 역모 사건을 일으켜 서인으로 강등되어 유폐되었기 때문이다. 이때 잠문본과 유계를 비롯한 중신들은 대부분 태종이 총애하는 태를 태자로 세우는 것에 찬성하고 나섰다. 그때 한동안 침묵을 지키고 있던 징손무기가 조용히 입을 열었다.

"황자의 순서로 볼 때 치는 태에게 뒤지는 것이 분명하지만, 치는 태 못지 않게 학문에 뛰어날 뿐만 아니라 효성 또한 지극합니다. 게다가 무엇보다도 치는 인자한 성품에 덕까지 갖추고 있습니다."

태종을 비롯한 조정 신하들은 장손무기를 뚫어져라 쳐다보았다. 그들은 이미 태의 태자 책봉을 기정사실로 여기고 축하연을 베풀 준비를 하고 있었다. 그런데 장손무기가 뜻밖에도 치를 태자로 세우자는 주장을 하고 나선 것이다. 그러나 장손무기는 그러한 분위기에 전혀 아랑곳하지 않고 계속 말을 이어 나갔다.

"신이 모든 면을 살펴볼 때 여러 황자들 가운데서 치보다 뛰어난 분은 아무도 없습니다. 이 사실은 신뿐만 아니라 조정 신하라면 모두 잘

| 태종을 보필하여 당나라 최고의 전성기를 이끌다

알고 있을 것입니다. 지금 나라의 창업은 훌륭하게 완성되었으며, 사방의 오랑캐들도 폐하의 범접할 수 없는 권위와 위엄 앞에 모두 순종하여 천하는 안정되었습니다. 신은 지난날 폐하께서 위징이 '창업은 쉬우나 그 업을 보전하는 것은 어렵'고 한 말에 찬성하셨던 사실을 또렷이 기억하고 있습니다. 그래서 신은 앞으로는 덕에 의한 치정에 힘써야 한다는 확신을 갖게 되었습니다. 이러한 사실을 놓고 볼 때 신은 폐하의 후계자가 될 사람은 치밖에 없다고 생각합니다."

장손무기는 태에 대해서는 아무런 반대 의견을 내놓지 않고, 다만 나라의 안정에 힘쓸 때라는 이유를 들어 덕을 고루 갖춘 치를 태자로 삼아야 한다는, 그 누구도 반박할 수 없는 주장을 펼쳤다. 그것은 태를 지지하는 사람들의 의표를 찔렀다.

이때 장손무기가 새로운 태자로 치를 내세운 것은 일시적인 것이 아니라 오랫동안 분석하고 생각한 끝에 내린 결론이었다. 장손무기는 그동안 신중하고 냉정하게 태를 관찰해 왔었는데, 그 결과 태에게서 수나라 양제의 모습을 발견할 수 있었다. 태는 재주가 뛰어나고 상상력이 풍부했지만 지나친 자부심으로 인해 세상을 깔보는 성향을 지니고 있었던 것이다.

'제도를 개선하고 법규를 정비하여 안정적인 개혁 정치를 펼치려면 다음 제위는 섣부른 재기나 지나친 개성을 가진 사람은 곤란하다. 그렇다면 누가 황제가 되는 것이 좋을까?'

이렇듯 고민하던 장손무기는 다음 황제로 치가 적합하다는 결론을 내리게 되었다. 장손무기는 태종에게 치를 적극적으로 추천했다. 그러나 태종 역시 자신이 총애하는 태를 태자로 삼으려고 하여 둘 사이에는 태자 책봉 문제를 놓고 팽팽한 신경전이 벌어졌다.

이때 외삼촌인 장손무기가 동생 치를 천거했다는 말을 들은 태가 치명적인 실수를 저지르고 말았다. 그는 병약한 치를 찾아가 위협을 가하기 시작했고, 태종은 치를 통해 그러한 사실을 알게 되었다. 이것을 계기로 태가 태자가 되기 위해 예전에 승건을 모함했던 일들이 밝혀지면서 이에 실망한 태종은 결국 치를 태자로 책봉했다.

치가 태자에 책봉되었다고 해서 안심할 수 있는 것은 아니었다. 잘못이나 모함에 의해 언제라도 태자의 자리에서 내쫓길 수 있었기 때문이다. 장손무기로서는 태자 치가 제위에 오를 때까지 항상 곁에서 보호하고 지켜내야만 했다. 그것이 자신뿐만 아니라 가문을 지키는 길이었다.

이와 같은 장손무기의 우려는 치가 태자에 책봉된 지 채 1년도 지나지 않아 나타났다. 태종은 태자 치가 비록 온순하고 착하기는 해도 황제로서는 너무 나약하다고 생각했다. 그래서 마음속으로는 언제나 좀 더 강력하고 웅대한 포부를 가진 후계자를 세워야겠다는 생각을 가지고 있었다. 이러한 태종의 뜻에 걸맞는 황자가 바로 양비 소생의 각이었다. 각은 비록 후궁의 소생이었지만 그 또한 엄연한 황자였다. 치를 폐하고 각을 태자로 세우기로 결심한 태종은 최대의 걸림돌인 장손무기를 불렀다.

"짐이 아무리 생각해 봐도 치는 천하를 다스리기에는 너무 나약하

　　　　| 태종을 보필하여 당나라 최고의 전성기를 이끌다

오. 그에 비해 각은 영특하고 용맹하며 슬기롭고 문무에 능할 뿐만 아니라, 여러 황자들 가운데 짐을 가장 많이 닮았소. 이번 기회에 나약한 치를 폐하고 각을 새 태자로 세우려 하는데, 공도 이에 찬성해 주길 바라오.”

장손무기는 딱딱하게 굳은 표정으로 입을 다문 채 한마디도 하지 않았다. 태종은 장손무기의 그러한 행동이 무엇을 말하는지 잘 알고 있었으나 그대로 물러설 수 없었다.

“각의 생모가 수나라 양제의 딸이며, 후궁의 소생이기는 하지만 그 또한 짐의 황자임에는 틀림없소. 게다가 셋째인 각이 아홉째인 치보다 빠르며, 짐은 치의 나약한 성품에 몹시 실망하고 있소. 짐이 각을 태자로 세우는 것에 반대하는 까닭이 혹시 치가 공의 외조카이기 때문인 것은 아니오?”

태종은 장손무기의 약점을 들추어 내서라도 끝까지 자신의 뜻을 관철시키려 했다. 순간 장손무기의 얼굴에 경련이 일었다. 장손무기는 날카로운 눈초리로 태종을 쏘아보았다. 신하로서 도저히 황제에게 보일 수 없는 눈빛이었다.

그러자 태종은 좀더 부드러운 목소리로 장손무기를 설득하려 들었다. 그 틈을 놓치지 않고 장손무기는 곧바로 반격에 나섰다.

“신이 치를 태자로 추대한 까닭은 신의 안위를 생각해서가 아니라 오직 그의 어질고 착한 성품을 높이 산 것이며, 그런 성품이 군주가 마땅히 지녀야 할 첫째 조건이라고 확신했기 때문입니다. 국가의 중대사인 태자 책봉 문제를 두고 신이 사리사욕을 앞세운다고 생각하신다면 신으로서는 매우 유감스럽고 참기 어려운 일입니다만, 이 모든 것은 신이 부덕한 탓이라 생각됩니다. 그러나 폐하께서 이미 태자로 책봉한 치를 뚜렷한 이유도 없이 폐하고, 다른 황자들 가운데서 또다시 새로운 태자를 세운다면 그 누가 폐하의 말씀에 신뢰를 가질 수 있겠습니까? 만약 이러한 신의 뜻을 헤아려 주시지 않는다면 신은 모든 관직을 버리고 초야에 묻혀 살겠습니다. 그런 후에 폐하의 뜻대로 태자를 폐하고 새로운 태자를 세우도록 하십시오. 그렇게 되면 감히 그 누가 폐하의 뜻에 거역할 수 있겠습니까?"

장손무기의 성격으로 보아 능히 그러고도 남았다. 결국 태종은 각을 새 태자로 세우는 문제를 일단 접어야 했다.

이렇듯 장손무기는 황제 앞에서도 결코 자신의 소신을 굽히지 않았고, 그것으로 태자 치를 지켜 낼 수 있었다.

마침내 고종을 세우다

그 후 태종은 황자와 황녀들의 잇따른 대역사건과 죽음, 그리고 고구려 원정의 실패로 인한 실망감으로 병을 얻어 몸져 눕고 말았다. 이때 장손무기는 태자 치, 그리고 저수량과 함께 태종의 병상을 지키고 있었는데, 장손무기와 저수량을 병상 가까이로 부른 태종이 가쁜 숨을 몰아쉬며 입을 열었다.

"짐은 지금 후사를 공들 두 사람에게 맡기려 하오. 공들이 부디 태자를 잘 보필해 주길 바라오. 또한 짐이 제위에 오르고 나서부터 지금까지 추진해 온 개혁의 정신을 끝까지 잊지 말도록 하오."

잠시 숨을 고르고 난 태종은 이번에는 태자 치에게 말했다.

"무기와 수량, 이 두 사람이 네 곁에 있는 한 너는 천하의 대소사에 대해 조금도 걱정할 필요가 없을 것이다. 그러니 나라의 모든 일을 두 사람과 상의하여 처리하도록 하라."

태종은 다시 장손무기와 저수량에게 말했다.

"무기는 그동안 짐에게 충성을 다해 왔소. 짐이 오늘까지 큰 잘못 없이 천하를 지켜 올 수 있었던 것은 오로지 그의 공 덕분이었소. 그러니 짐이 죽은 뒤 작은 허물을 들추어 내어 무기를 참소하려는 자들이 없도록 수량이 각별히 신경 써 주시오. 두 사람은 지금까지 짐에게 해 온 것처럼 부디 태자에게도 잘 대해 주시길 바라오."

태종은 유언을 받아쓰게 한 뒤 숨을 거두었다. 태종이 고조의 양위를 받아 제위에 오른 지 23년째인 649년 5월 26일로, 그의 나이 52세였다.

장손무기는 차분하게 다음 일을 처리해 나갔다. 우선 태종의 시신을 도성인 장안성으로 옮겨 태극전에 안치한 후 사람들에게 태종의 죽음을 알렸다. 이어 장손무기는 태종의 유언을 발표했다.

"태자 치를 제위에 올리고 모든 정사는 평상시대로 하라. 그러나 요동 출병 및 모든 토목공사는 즉시 중지하라!"

이어 전국에 파발을 보내 황자들과 관료들에게 그 사실을 알려 모두 장안으로 모이게 했다. 6월 1일, 장손무기는 서둘러 태자 치를 제위에 올렸다. 그리하여 당나라의 3대 황제 고종이 탄생했고, 이제 당나라의 운명은 그의 손에 달리게 되었다.

고종의 등극 이후 장손무기는 무소불위의 권력을 누렸다. 건국 공신에다 나라의 원로요, 고종의 외숙인 그에게 맞설 수 있는 사람은 아무도 없었다. 고종은 나라의 모든 군국사무를 장손무기에게 맡겼고, 심지어는 자신이 하고 싶은 일도 반드시 그의 허락을 얻어서 할 정도였다.

그러나 장손무기는 권세를 남용하지 않고 태종이 남긴 뜻을 받들어 천하를 안정시키고 나라를 바르게 이끌고자 노력했다. 그는 능력 있고 청렴결백한 관리들을 요직에 배치하고, 아무리 능력이 뛰어나다 하더라도 간사하거나 아첨을 일삼고 부정을 저지른 자는 관직에 등용하지 않았다. 그래서 비록 적대 세력을 많이 만들기는 했지만, 태종 때부터 계속되어 온 개혁정치의 결실을 얻을 수 있었다.

권력도 언젠가는 기울게 마련이다

하지만 열흘 붉은 꽃이 없듯 권력도 10년을 가지 못하는 법이다. 장손무기의 아성에 도전한 여인이 있었는데, 바로 소의(昭儀) 무씨(측천무후)였다. 무 소의는 강릉현(江陵縣, 장릉현) 도독 무확의 딸로 태종의 부름을 받고 후궁이 되었다. 태종의 죽음과 함께 평생 승려로 지내야 할 운명에 놓였지만, 태종의 후궁으로 있는 동안 태자 치의 마음을 사로잡아 놓음으로써 제위에 오른 태자 치, 즉 고종의 총애를 받아 다시 입궁했다. 그는 고종의 총애를 독차지하여 황후 왕씨를 내쫓고 자신이 황후에 오를 야심을 품었다.

그러나 무 소의의 이러한 계획은 장손무기와 그를 따르는 중신들의 강력한 반발에 부딪쳤다. 무 소의는 어떻게든 장손무기의 동의를 받고 싶었으나 자신의 소신을 절대 굽히지 않는 그의 마음을 바꿀 수는 없었다. 그리하여 무 소의는 장손무기를 자신의 야심을 위해서는 반드시 제거해야 할 첫 번째 인물로 꼽았다.

그러나 무 소의는 고종의 총애 외에는 장손무기에게 맞서 싸울 세력을 갖고 있지 못했다. 이때 무 소의를 지지하는 세력이 나타났다. 부정부패의 전력으로 인해 장손무기의 신임을 받지 못하고 한직에 머물고 있던 허경종·이의부·원공유 등이 무 소의를 황후로 책봉하는 데 적극 가담함으로써 권력을 잡아 그동안 장손무기에게 받은 수모를 갚고자 했던 것이다.

이에 용기를 얻은 고종은 황후 왕씨를 폐하고 무 소의를 새 황후로 책봉할 결심을 한 후, 장손무기를 비롯해 이세적·저수량·우지령 등의 중신들을 불러 모아 그 문제를 의논하고자 하였다. 이때 저수량이 앞으로 나서며 말했다.

"소의 무씨는 지난날 선제를 모셨던 궁녀였다는 것은 이미 세상에 널리 알려진 사실입니다. 지금에 와서 그 사실을 감춘다는 것은 불가능한 일이오니 만일 그를 황후에 책봉하여 먼 훗날 폐하의 덕에 누를 끼치게 된다면 신하로서 어찌 그 죄를 면할 수 있겠습니까?"

말을 마친 저수량은 자신의 확고한 의사를 표시하기 위해 층계에 머리를 짓찧었다. 순식간에 그의 얼굴은 피로 붉게 물들었다.

그러나 고종의 마음 또한 확고하기는 마찬가지였다. 이때 이적이 나서서 '왕실의 사사로운 일에까지 어찌 신료들이 상관할 수 있느냐'며 고종의 편을 들었다. 또한 무 소의는 고종에게 청하여 저수량을 담주(潭州, 탄저우) 도독으로 좌천시킴으로써 반대 세력의 힘을 약화시켰다. 결국 이적과 허경종 등의 동의를 얻어 고종은 마침내 다음과 같은 조서를 발표했다.

"황후는 패덕할 뿐만 아니라 사람을 독살하려고까지 했다. 이에 그 직첩을 폐하고 서인으로 삼는다. 또 그 가족들은 모두 제명시킨 후 영남으로 유배한다."

고종의 조서는 장손무기 등 반대 세력들을 순식간에 무력하게 만들어 버렸다. 이로 인해 무 소의를 지지하던 허경종과 이의부 등은 마치 물고기가 물을 만난 듯 왕성한 활동을 펼치기 시작했다. 그들의 세력에 힘입어 드디어 무 소의는 자신이 그토록 원하던 황후가 되었다.

그러나 무 소의는 황후가 된 것으로 만족하지 않았다. 자신에게 조금이라도 걸림돌이 될 만한 인물들을 하나둘씩 제거해 나가기 시작했다. 그는 우선 황후 왕씨를 죽여 혹시라도 복위될 수 있는 가능성을 없애 버렸다. 그 뒤 태자 충을 폐하고 자신의 소생인 홍을 태자로 책봉했다. 하지만 이것은 반대파 제거의 신호탄에 불과했다. 무 소의는 끊임없이 고종을 선동하여 자신을 지지하는 세력들을 특진시키는 한편, 장손무기의 주변 세력들을 좌천시켜 나갔다.

무 소의는 이의부를 탄핵한 왕의방을 좌천시킨 데 이어 탄저우 도독

| 태종을 보필하여 당나라 최고의 전성기를 이끌다

으로 좌천되었던 저수량을 다시 계주 도독으로 좌천시켰다. 그리고 한 원과 내제에게 저수량과 함께 모반을 꾀했다는 누명을 씌워 둘 다 좌 천시켜 버렸다. 이로써 장손무기의 수족을 모두 제거한 무 소의는 허 경종과 함께 자신의 최대 정적인 장손무기를 완전히 몰아내기 위한 음 모를 꾸미기 시작했다.

그때 이소와 함께 비밀 당파를 조직했다는 죄목으로 조사를 받던 위 계방이 자살하려다 실패한 사건이 일어났다. 이에 허경종은 즉시 고종 에게 장손무기가 모반을 일으킨 증거라고 보고했다.

"위계방은 장손무기와 짜고 비밀리에 불평 불만 세력을 모아 그것 으로 잃어버린 권세를 회복한 후, 기회를 보아 모반할 계획을 세우고 있었습니다. 그러나 사전에 발각되자 장손무기에게 미칠 영향을 두려 워하여 자살로써 자신의 입을 막으려 한 것입니다."

고종은 얼굴이 파랗게 변한 채, "그런 일이 어떻게 일어날 수 있단 말이오. 외숙은 소인배들에게 모함을 받은 것이 분명하니 모반이란 말 은 가당치 않소." 하고 허경종에게 따져 물었다. 하지만 이미 장손무기 를 없애기로 작정한 허경종이 순순히 물러설 리 없었다. 허경종은 한 층 목소리를 높여 매섭게 몰아 붙였다.

"신이 직접 사건을 철저하게 조사했습니다. 그것은 이번 사건이 폐 하의 외숙이자 조정의 최고 관리인 장손 대감과 관련된 사건이기 때문 이었습니다. 그 결과 이처럼 모반 사실이 명백하게 드러났는데도 폐하 께서 이를 의심하고 그를 감싸려고만 하신다면 이는 이 나라 사직을 해치는 일인 것입니다."

결국 고종은 허경종의 말을 믿고 장손무기의 관직과 작위를 박탈한 후 양주(揚州, 양저우) 도독으로 좌천시켰다. 그러나 무 소의는 거기에 그치지 않고 장손무기의 맏아들 장손충은 영남으로, 사촌동생인 장손전은 수주로 각각 유배시켜 버렸다.

얼마 되지 않아 장손무기는 무 소의의 밀명을 받은 원공유의 강요에 의해 스스로 목숨을 끊음으로써 비극적인 최후를 맞았다. 이것은 장손무기의 누이였던 장손 황후의 우려가 현실로 나타난 것이기도 했다. 장손무기는 목숨을 끊기에 앞서 두여회·위징·방현령 등 앞서간 동지들을 차례로 떠올리며 자신의 실책을 후회했다.

'지금 내가 겪는 이러한 비운은 선제의 반대를 무릅쓰고 나약한 치를 태자로 천거할 때부터 이미 시작된 일이다.'

대종과 함께 의군을 일으켜 천하를 누비며 수나라와 반군을 물리쳐 당나라를 건국한 장손무기. 그는 현무문의 거사로 태종을 위험에서 구하고 마침내 당나라 2대 황제로 세웠으며, 두여회·위징·방현령·왕규 등과 더불어 개혁정치를 이끌며 중국 역사상 최고의 전성기인 '정관의 치'를 이끌어 낸 이인자였다. 그러나 권력의 소용돌이에 휩싸여 결국은 역사의 뒤안길로 사라지고 말았다.

| 태종을 보필하여 당나라 최고의 전성기를 이끌다

18

왕·안·석

실패한 개혁과 함께 역사 속으로 사라지다

*신종에게 발탁되다

*정치적 이상을 현실 정치에 적용하다

*시대를 잘못 만난 비운의 개혁가

| 왕안석 | (1021~1086, 중국 송나라)

'왕안석' 하면 먼저 당송팔대가 중 한 사람으로 뛰어난 문장가였다는 사실을 떠올리게 된다. 그러나 실제로 그는 혁신적인 개혁정책으로 북송의 개혁을 이끌었던 뛰어난 정치가였다. 하지만 왕안석의 개혁정책은 당시로서는 대단히 파격적인 것으로 보수파의 반발을 불러일으켰으며, 시대적 상황 또한 그것을 받아들일 수 있을 만큼 성숙되어 있지 못했기에 개혁 추진 과정에서 적지 않은 문제점을 드러냈다. 결국 그의 후원자였던 신종의 죽음과 함께 그의 개혁정책은 실패로 끝나고 만다. 이로써 당대 최고의 이인자였던 왕안석은 역사의 뒤안길로 사라지고 말았다.

신종에게 발탁되다

중국 송나라는 1126년, 여진족이 세운 금나라에 의해 수도 개봉(開封, 카이펑)이 함락되자 임안(臨安, 지금의 항저우)으로 수도를 옮기는데, 건국 후부터 1126년까지를 '북송', 1127년부터 원나라에 의해 멸망한 1279년까지를 '남송'이라고 부른다.

왕안석은 1021년, 무주(撫州, 푸저우) 임천(臨川, 린촨) 땅에서 태어난 북송 대의 사람이다. 그의 집안은 대대로 농사를 지어 왔으나 할아버지 때부터 비로소 관직에 진출하였으며, 그의 아버지는 지방관을 지내기도 했다. 왕안석은 열아홉 살 되던 해에 아버지를 여의었으나, 고향으로 돌아가지 않고 강녕부(江寧府, 지금의 난징)에 정착했다.

스물두 살 되던 해인 1042년, 과거에 급제하여 지방의 견습관리로 관직에 첫발을 내디딘 왕안석은 그때부터 40세가 될 때까지 몇몇 지역의 지방관을 지냈을 뿐 중앙 정계에는 전혀 발을 들여놓지 않았다.

그러나 왕안석의 높은 학문과 뛰어난 행정 관리 능력이 알려지면서 그의 명성은 온 나라 안에 널리 퍼져 나갔다. 특히 그는 관개사업과 재

왕안석 |

정 관리에 탁월한 능력을 발휘했다. 1058년에는 자신의 정치적 이상과 그것을 실현하기 위한 구체적인 정책을 서술한 「만언서」(萬言書)를 작성하여 조정에 제출하기도 했는데, 비록 채택되지는 않았지만 이것은 이후 그의 개혁정책의 사상적 기반이 되었다. 「만언서」는 중국 역사상 명문으로 손꼽히는 글이기도 하다.

「만언서」를 계기로 왕안석은 일부 조정 관리들로부터 주목을 받기 시작했고, 그들의 적극적인 추천을 받게 되었다. 하지만 왕안석은 아직 자신의 뜻을 펼칠 수 있는 때가 아니라고 판단하고 가족 부양의 책임을 들어 여러 차례에 걸쳐 중앙 진출을 사양했다.

왕안석이 지강녕부로 취임한 바로 그해에 그의 운명을 바꾸어 놓는 국정 변화, 즉 신종의 황제 등극이 있게 되는데, 황태자 시절부터 영특했으며 뛰어난 선견지명을 가지고 있던 신종은 영종의 뒤를 이어 북송 제6대 황제에 오르자마자 자신을 도와 국정을 이끌어 갈 인재를 찾았다. 이때 신종의 스승이었던 한유가 왕안석을 적극 추천하고 나섰다. 그동안 왕안석의 뛰어난 행정 능력과 자질을 눈여겨본 한유는 신임 황제 신종을 도와 각종 제도의 폐해를 바로잡고 개혁을 주도할 인물로 그를 손꼽았던 것이다.

한유의 추천에 따라 신종은 왕안석을 조정으로 불러올렸다. 이에 그동안 수 차례 중앙 진출을 사양해 왔던 왕안석은 생각을 바꾸어 황성으로 나아가 신종을 만났는데, 이로써 마침내 중앙 정계에 화려하게 등장하게 되었다(1069). 이때 처음 만난 두 사람은 이야기를 나누는 동안 서로에게 깊은 인상을 받았고, 금세 서로를 신뢰하게 되었다. 신종

| 실패한 개혁과 함께 역사 속으로 사라지다

은 왕안석의 인물됨에 큰 감명을 받았고, 왕안석 또한 명민하고 탁월한 신종에게 감명을 받았다. 이렇게 하여 왕안석은 자신의 개혁정책을 펼칠 수 있는 든든한 후원자이자, 환상적인 파트너인 신종과 만나게 되었다.

정치적 이상을 현실 정치에 적용하다

왕안석은 곧 국정의 전반을 관장하는 참지정사의 자리에 올랐다. 신종은 왕안석을 각별히 존경하고 우대했을 뿐만 아니라 그의 개혁정책을 적극적으로 지원하였다. 이로써 왕안석은 평소 자신이 품고 있던 정치적 이상을 현실 정치에 접목시키기 시작했다.

왕안석은 다방면에 걸친 개혁작업에 착수했는데, 특히 그는 국방을 강화하고 백성들의 생활을 안정시키기 위해서는 나라의 재정을 확보하는 일이 무엇보다 우선되어야 한다고 생각했다. 그리하여 재정에 관한 개혁법안인 '신법'(新法)을 제정하여 점차적으로 이를 시행해 나갔다.

먼저, 조정에서 필요로 하는 물품의 운송·교환·구입·판매 등을 나라에서 일괄 통제하도록 하는 '균수법'(均輸法)을 시행했다. 그리고 중소 상인을 보호하기 위한 정책의 일환으로, 나라에서 직접 중소 상인들로부터 물품을 구입하고 그들에게 자금을 대여하는 '시역법'(市易法)을 실시하였다.

이외에 농민들에 대한 저리 금융정책의 일환으로 '청묘법'(靑苗法)

을 실시하였고, 나라에 대한 부역의 의무를 돈을 내고 면제받을 수 있게 한 후, 그 돈으로 실업자를 고용하는 '모역법'(募役法)을 실시하였다. 또한 세금 포탈 및 세금 징수의 불균형을 시정하기 위해 토지 상태에 따라 5등급으로 나누어 세금을 매기는 '방전균세법'(方田均稅法)을 실시하기도 했다.

왕안석은 이에 그치지 않고 10가구를 기본 단위로 하여 민병(民兵)을 조직하고 운영하는 '보갑법'(保甲法)과 북쪽 변방과 서북변 지역의 토호들에게 말을 할당하여 사육하게 하는 '보마법'(保馬法)을 실시하였다. 또한 그는 교육 및 관제를 개혁하기 위해 기존의 문장 위주의 과거시험을 경서와 실제 정치에 관한 것으로 대체하였으며, '창법'(倉法)을 실시하여 서리에게 봉록을 지급하고 그들의 잘못에 대해서는 엄하게 다스리는 한편, 유능한 자에게는 시험을 거쳐 승진할 수 있는 기회를 주었다.

그러나 그의 개혁정책은 얼마 지나지 않아 관료들과 특권 계층의 맹렬한 반대에 부딪쳤다. 당시로서는 대단히 파격적이었던 왕안석의 개혁정책에 가장 심하게 반발한 사람은 북방 출신 보수 세력의 우두머리였던 사마광과 문인으로 명성을 날리던 소식과 소철 형제였다. 그들뿐 아니라 지난날 인종 대에 개혁을 주도했던 한기와 부필을 비롯하여 한유와 함께 왕안석이 중앙 정계에 진출할 수 있도록 적극 추천했던 구양수, 그의 지지자 여공저와 정협까지도 그의 개혁에 반대하고 나섰다.

그러나 관료들의 반대에도 왕안석은 자신의 개혁정책을 포기하지 않고 꿋꿋하게 밀고 나갔고, 신종 또한 끝까지 그를 후원해 주었다. 신종은 오히려 왕안석을 재상에 임명하여 그의 개혁정책에 힘을 실어 주기도 했다. 이러한 신종의 절대적인 신임을 바탕으로 왕안석은 계속해서 개혁을 추진해 나갈 수 있었다.

그러나 1074년, 중국 일대를 휩쓴 기근으로 인해 백성들의 고통이 더욱 가중되자 이를 계기로 그때까지 숨죽이고 있던 개혁 반대파들이 대대적인 반격에 나섰다. 이때 정협은 기근 지역의 참상을 그린 「유민도」(流民圖)를 조정에 바치기도 했는데, 이것을 본 신종은 심한 충격을 받았다. 게다가 이때 실시한 시역법은 대상인들로부터 많은 반발을 사고 말았다. 이들은 보수 관료들과 결탁하여 왕안석의 실각을 요구하고 나섰다. 때를 같이하여 신종의 어머니 선인태후와 환관들은 신종에게 왕안석을 퇴출시키라는 압력을 가했다.

이러한 사태로 인해 자존심이 크게 상한 왕안석은 결국 사임을 하고 말았다. 그러나 왕안석에 대한 신종의 신뢰는 여전하여 얼마 지나지 않아 왕안석을 다시 지강녕부에 임명하고 관문전 학사직을 아울러 제수했다. 하지만 이미 개혁에 회의를 느끼기 시작한 신종은 그동안 문제가 되었던 일부 정책들을 중단시켜 버렸다.

왕안석이 관직에서 물러나 있던 시간은 1년도 채 안 되었지만, 그의 정치적 영향력은 이전에 비해 크게 약화되었다. 자신이 추천한 인물들에 대해 전처럼 신종의 즉각적인 승인을 받아내지 못했을 뿐 아니라 자신의 정책을 지지하던 핵심 인물인 증포와 여혜경마저 그의 개혁을 비판하고 나섰다. 두 사람은 한때 그의 문하생이었으나, 증포는 시역법의 잘못을 지적하여 왕안석이 사임하는 데 일익을 담당했으며, 여혜

경은 왕안석이 잠시 조정에서 떠나 있는 사이에 그의 영향력을 약화시키려 했다. 또한 복직된 왕안석을 따르는 무리들은 하나같이 경험이 부족하고 신뢰할 수 없었으며, 반대파들의 반대 운동은 끊임없이 계속되었다. 게다가 이 무렵에 들이닥친 아들 왕방의 죽음은 왕안석에게 크나 큰 충격을 안겨 주었다.

마침내 1076년 겨울, 왕안석은 사직을 청하고 관직에서 물러났다. 이로써 그는 1069년, 중앙에 진출하여 개혁의 실세로 활약한 지 8년여 만에 정계에서 완전히 은퇴했다.

왕안석이 추진했던 개혁정책은 그의 사임 후에도 큰 변화 없이 계속되었으나, 신종이 죽고 나이 어린 철종이 즉위하자 선인태후가 수렴청정을 하게 되었는데, 이를 계기로 개혁을 반대하는 '구법당'(舊法黨)이 집권하게 되면서 하나둘씩 폐지되기 시작했고, 일부는 완전히 수정되기까지 했다.

왕안석은 자신의 개혁정책들이 차례로 폐지되거나 전면 수정되는 것을 지켜보며 안타까운 마음을 간직한 채 눈을 감았다. 그때가 1086년으로 그의 나이 66세였다.

시대를 잘못 만난 비운의 개혁가

왕안석이 죽었다고 해서 그의 개혁 또한 완전히 사라진 것은 아니었다. 구법당은 우두머리인 사마광이 죽자 분열하기 시작했는데, 이때

실패한 개혁과 함께 역사 속으로 사라지다

정권을 장악한 여공저·여대방·유지 등은 개혁에 반대한다는 점에서는 의견을 같이했지만, 이내 자신들의 무리 안에서 파벌을 형성하고 권력을 잡기 위해 대립했다.

그러던 중 선인태후가 죽자 직접 국정을 총괄하게 된 철종은 왕안석의 사위인 채변과 채경 등을 등용하면서 이전의 개혁정책을 다시 추진하기 시작했다. 그리하여 대부분의 정책들이 다시 실시되었을 뿐만 아니라, 일부 정책들은 지역적으로 확대 실시되기도 했다. 이때 구법당에 대한 신법당의 대대적인 정치 보복이 일어나 수백 명의 보수파 관료들이 좌천되었다.

1100년, 철종에 이어 휘종이 등극하자 또다시 변화가 일어났다. 이때 정권을 잡은 인물은 지난날 왕안석의 개혁정책을 추종했던 증포였는데, 그는 보수파와 점진적인 화해를 시도했다. 즉, 첨예화된 당파간의 대립을 완화하기 위해 일부 보수파 관료들을 재등용했다. 그러나 증포의 이러한 시도는 실패하고 말았다. 그는 신법당의 호응을 얻지 못했을 뿐만 아니라 당시 격앙될 대로 격앙되어 있던 보수파 관료들의 이해와 지지를 얻는 데에도 실패했다. 결국 이를 계기로 증포가 물러나고 채경이 권력을 장악했다. 채경은 1101년부터 북송이 멸망하기 직전인 1125년까지 약 25년 동안 권력을 잡았는데, 그가 정권을 잡고 있는 동안 정치적 박해는 극에 달했고, 국정은 점점 문란해지기 시작했다. 개혁정책은 여전히 반대 여론과 보수파의 비난에 시달렸다. 결국 왕안석의 개혁정책은 실패하고 말았으며, 이것은 북송이 멸망하게 되는 원인이 되었다.

만약 왕안석의 개혁정책이 중단되지 않고 그의 의도대로 처음의 목적에 맞게 시행되었다면 어떻게 되었을까? 초기에는 다소 무리가 따랐겠지만, 문제점을 보완하고 시정을 거듭하면서 점차적으로 자리를 잡았을 것이다. 그에 따라 북송은 부강하게 되어 훗날 금나라에 수도인 개봉을 점령당하고 휘종과 흠종이 사로잡혀 가는 치욕은 당하지 않았을지도 모른다. 보수파의 강력한 견제에 의한 한 차례의 실각과 은퇴는 왕안석의 개혁정책을 실패로 이끌었고 증포와 채경 등의 반대파에 대한 지나친 박해와 수정 개혁정책의 실패로 인해 왕안석의 이미지는 크게 실추되었다.

19

덩·샤·오·핑

― 실용주의 노선으로 마오쩌둥에게 반기를 들다 ―

*마오쩌둥을 지지하다

*마오쩌둥과의 노선 갈등

*권력투쟁에 휘말리다

*경제발전 없이 사회주의를 실현할 수 없다

*영원한 승자는 없다

| 덩샤오핑 | (1904~1997, 중국)

1933년, 당시 중국 정계의 비주류였던 마오쩌둥을 지지하고 중화인민공화국 수립에 큰 공을 세움으로써 정부 요직에 진출한 덩샤오핑. 그러나 그의 실용주의 노선이 혁명의 순수성을 침해할 것을 우려한 마오쩌둥에 의해 여러 차례 실각과 복귀를 거듭하는 시련을 겪어야 했다. 1977년 마오쩌둥이 죽고 난 후 다시 재기한 덩샤오핑은 그때까지 절대시되어 오던 마오쩌둥의 사상적 영향력을 축소시키고, 개혁·개방을 외치며 정국을 주도하는 데 전력을 기울임으로써 비로소 마오쩌둥의 그늘에서 벗어나게 되었다.

마오쩌둥을 지지하다

덩샤오핑(鄧小平)은 1904년 8월 22일 쓰촨성(四川省)에서 태어났다. 당시 중국은 쑨원(孫文)이 결성한 중국혁명동맹회 등에 의해 혁명의 열기가 점차 고조되고 있었고, 이러한 상황 속에 러일전쟁에서 승리한 일본은 중국을 향해 서서히 침략의 손길을 뻗치고 있었다.

덩샤오핑은 열다섯 살 되던 1918년 프랑스로 유학을 떠났다. 당시 중국의 혁명가들 중에는 해외 유학파들이 많았는데, 특히 프랑스 혁명에서 무엇인가를 배울 수 있다고 생각한 많은 지식인들이 프랑스 유학을 꿈꾸었다. 이러한 사회 분위기와 부유한 집안 환경, 그리고 사고 방식이 남달랐던 아버지 덕택에 그는 유학을 떠나게 되었다.

유학 중 공산주의에 관심을 갖기 시작한 그는 스물한 살 되던 1924년, 저우언라이(周恩來)가 결성한 중국공산당 파리지부에 정식 입당함으로써 공산주의 운동에 본격적으로 참여하게 되었다. 그 후 모스크바에 있는 중산(中山) 대학에서 공부를 마치고 귀국한 덩샤오핑은 1927년부터 광시(廣西)에서 공산당 지하운동에 참여하였다.

1929년, 덩샤오핑은 광시성(廣西省)에서 폭동을 주도하여 농공홍군(農工紅軍) 제7군과 제8군을 창설해 혁명의 거점을 마련했다. 그러나 1933년, 중국공산당 중앙위원회의 비주류였던 마오쩌둥(毛澤東)을 지지함으로써 공산당 국제파에 의해 마오쩌둥파로 몰려 장시성(江西省) 당서기직에서 해직되고 말았다. 당시 국민당군과의 정규전을 주장한 공산당 국제파와 달리 마오쩌둥은 비정규전을 주장하고 나섰는데, 그것이 탄핵 이유였다.

이듬해인 1934년, 중국공산당이 이끄는 홍군은 장제스(蔣介石)가 이끄는 국민당군과 전투를 하면서 중앙 근거지였던 장시성 루이진(瑞金)을 포기하고 산시성 북부까지 1만 2천 킬로미터를 걸어서 이동하게 되는데, 1936년까지 계속된 이 '대장정'(大長征)에 덩샤오핑도 참여하였다. 이때 홍군이 대장정에 나서게 된 것은 두 가지 이유에서였다. 첫째, 마오쩌둥의 비정규전 주장에 반대하는 극좌 노선에 의해 정규전이 전개됨으로써 군사적으로 곤란한 상황이었고, 둘째, 1931년 만주사변을 일으켜 만주에 괴뢰정부를 세운 일본에 대항하기 위해서였다.

대장정 기간인 1935년 1월에 중국공산당 중앙정치확대회의가 열렸는데, 이 회의에서 국민당군과의 전투에서 고전을 거듭하고 있던 공산당 국제파에 대한 비난이 쏟아졌고, 급기야 극좌 노선이 부정됨으로써 군부 지도자 저우언라이가 밀려나고 대신 마오쩌둥의 노선이 채택되었다. 이로 인해 마오쩌둥의 당 지도권이 확립되었으며, 이때 덩샤오핑도 함께 당 중앙비서장으로 복직하여 다시 활발한 활동을 펼치기 시작했다. 이후 덩샤오핑은 마오쩌둥의 신임을 얻어 그를 도와 야전군

｜ 실용주의 노선으로 마오쩌둥에게 반기를 들다

지도자로서 다양한 경력을 쌓아 나갔으며, 항일전이 전개되는 동안에는 공산당의 팔로군 정치위원을 지내기도 했다.

마오쩌둥과의 노선 갈등

1937년, 일본의 침략에 대항하여 '제2차 국공합작'을 펼치던 국민당과 공산당은 1941년경부터 분열 조짐을 보이기 시작하더니 일본의 패배가 확실시되자 내전 양상을 띠기 시작했다. 그러나 1945년 8월, 일본이 항복을 선언하자 평화를 갈망하는 국민들의 바람에 따라 국민당의 장제스와 공산당의 마오쩌둥은 충칭(重慶)에서 만나 평화교섭회담을 개최하였다.

논의 끝에 양 진영은 그해 10월 10일, "어떤 일이 있어도 내전을 피하고, 독립 · 자유 · 부강의 신중국을 건설한다."는 합의를 주요 내용으로 하는 '쌍십협정'(雙十協定)을 발표하였다. 그러나 이 협정은 얼마 지나지 않아 파기되었고, 이듬해 1946년에는 전면적인 내전이 시작되었다.

이때 공산당군은 국민당 정부군을 유인하여 각개 격파하는 작전을 전개하는 한편, 자신들의 세력권 안에서 토지 개혁을 추진하여 정치적 · 군사적 기반을 닦아 나갔다. 또한 '인민민주통일전선'을 결성하여 국민당을 고립시키는 전략으로 민중들의 호응을 얻었다. 그리하여 1947년 말, 국민당과의 세력구도에서 우위를 점하게 된 공산당은 총반격을 개시하게 되었다.

1949년, 마침내 국민당 정부를 타이완(臺灣)으로 몰아내는 데 성공한 공산당은 그해 10월 1일에 '중화인민공화국'을 수립하였다. 이 과정에서 덩샤오핑은 마오쩌둥을 도와 곳곳에서 공산당군을 지도하며 국민당 정부군을 무찌른 데 이어 창장강(長江) 도하 작전과 난징(南京) 점령 작전을 승리로 이끄는 등 중화인민공화국 수립에 지대한 공을 세웠다. 덩샤오핑은 그 공로를 인정받아 1952년, 정무원 부총리에 올랐고, 2년 뒤인 1954년에는 당 중앙위원회 비서장이 되었으며, 1955년에는 정치국 위원에 임명되는 등 막강한 권력을 손에 쥐게 되었다.

1950년대 말, 마오쩌둥이 주도한 고도 경제성장 정책인 '대약진운동'이 좌절된 이후 덩샤오핑은 류사오치(劉少奇) 등과 함께 낙후된 중국 경제를 회생시키기 위해서는 물실석 보상 제도를 채택하고, 엘리트를 양성해야 한다는 '실용주의 노선'을 주장하고 나섰다. 이로 인해 덩샤오핑은 마오쩌둥과 갈등을 빚게 되었고, 1966년 '문화대혁명' 때에는 마오쩌둥 사상을 고수하는 학생단체인 홍위병(紅衛兵)으로부터 반모주자파(反毛走資派)의 수괴라는 비판을 받게 되었다. 반모주자파란 반마오쩌둥적인 자본주의 노선을 주장하는 파를 말하는데, 결국 혁명의 순수성이 침해될 것을 우려한 마오쩌둥에 의해 덩샤오핑은 다시 실각의 수난을 겪게 된다.

중국은 '제2차 5개년 계획'이 시작된 1958년, 마오쩌둥이 제기한 '사회주의 건설의 총노선' 아래에서 고도 경제성장 정책을 추진하고 농촌 사회조직의 기초단위인 인민공사(人民公社)를 설립하는 등 전국

| 실용주의 노선으로 마오쩌둥에게 반기를 들다

적인 대중운동을 전개하였는데, 그 결과 농공업 생산 총액은 전해보다 48퍼센트 증가한 데 이어, 이후 계속해서 급격한 성장을 이루었다는 보고서가 발표되었다.

당시 부수상 겸 당 총서기로 있던 덩샤오핑은 허베이성(河北省)에서 "1묘(100평방미터)에서 벼 1만 근(6천 킬로그램)을 생산하는 데 성공했다."는 놀라운 보고를 받자 이를 직접 확인하기 위해 현지로 내려갔다. 그것은 1묘당 세계 최고 생산량인 1,500킬로그램보다 무려 네 배나 많은 양이었다. 만약 이것이 사실이라면 식량난에 허덕이고 있던 당시 중국으로서는 실로 기쁜 소식이 아닐 수 없었다.

현지에 도착해서 살펴보니 정말 논에는 이삭이 크고 누렇게 잘 익은 벼들이 발을 옮겨 놓을 틈조차 없이 **빽빽**하게 들어차 있었다. 그러나 덩샤오핑은 뭔가 이상하다는 느낌을 받았다.

'이렇게 **빽빽**한데 어떻게 햇빛을 골고루 받을 수 있을까?'

덩샤오핑은 비서를 통해 어떻게 된 일인지 진상을 알아보도록 지시했다. 아니나다를까, 그것은 조작된 것이었다. 당에서 날마다 생산량을 높이라고 다그치자 누군가의 아이디어에 의해 잘 익은 벼들만 골라 그곳으로 옮겨 심었다는 것이다.

이렇듯 당시의 모든 성장지수는 과장된 보고에 의한 것이었다. 게다가 1959년부터 3년 동안 계속해서 자연재해가 일어났고, 구 소련은 1960년 이래로 중국에 대한 경제 원조를 전면적으로 중단한데다가 이후 중·소 관계가 점점 악화되자 마오쩌둥의 경제 정책은 좌절되고 말았다. 그리하여 1960년부터 류사오치와 저우언라이에 의해 조정 노선이 채택됨으로써 마오쩌둥은 잠시 정치 일선에서 물러났다.

그 후 복귀를 노리던 마오쩌둥은 류사오치와 덩샤오핑 등의 실용주의 집단으로부터 권력을 탈취하기 위한 전면적인 투쟁으로 '문화대혁명'(1966~76)을 전개하였다. 1966년 8월, 마오쩌둥은 톈안먼(天安門) 광장에서 열린 백만인 집회에 모인 홍위병을 앞세워 학교를 폐쇄하고 모든 전통적인 가치와 부르주아적인 것을 공격하기 시작했다. 이어 1967년 1월 23일에 마오쩌둥은 자신이 이끌고 있던 인민해방군을 탈권 투쟁에 투입시켰고, 이로써 덩샤오핑은 류사오치 등과 함께 공직에서 파면되는 시련을 맞게 되었다. 이듬해인 1968년 10월에는 장시성으로 유배되어 기계 공장에서 일하는 등 혹독한 시련을 겪었다.

▌권력투쟁에 휘말리다

1973년 3월, 덩샤오핑은 당시 총리로 있던 저우언라이의 추천으로 복권되어 국무원 부총리에 임명되었다. 이어 1975년에는 당 정치국 상무위원으로 임명되었으며, 부총리와 군 총참모장도 겸임하게 되었다. 다시 정치 일선에 복귀한 덩샤오핑은 문화대혁명의 급진 노선을 강력하게 비판하고 나섰다. 그러나 총리인 저우언라이가 사망한 뒤 일어난 '제1차 톈안먼 사건'으로 덩샤오핑은 마오쩌둥의 추종자들에 의하여 다시 권좌에서 밀려나는 시련을 겪게 된다.

| 실용주의 노선으로 마오쩌둥에게 반기를 들다

1976년 1월, 저우언라이 총리가 사망하자 중국에서는 일제히 주자파에 대한 비판 운동이 일어났다. 그리하여 오랫동안 중국의 건설과 혁명 및 국제적 무대에서 중국의 위신을 높이는 데 기여해 왔던 저우언라이 총리를 지지하던 민중의 의지는 꺾이고, 다시 극좌 조류가 지배하기 시작했다.

이와 같은 분위기 속에서 베이징 민중들은 저우언라이를 추모하기 위해 1976년 4월 4일 청명절(淸明節, 24절기 중 하나)에 화환과 플래카드를 들고 톈안먼 광장에 있는 인민 영웅 기념비를 향해 시위 행진을 벌였으며, 저우언라이의 자필 비문이 새겨져 있는 기념비를 화환으로 가득 채웠다. 그런데 이 화환들을 베이징시 당국과 관리들이 모두 철거해 버렸다. 그러자 이에 분노한 민중들은 다음 날인 5일, 건물과 자동차 등에 불을 지르는 등 일대 소요를 일으켰다. 격분한 민중들은 플래카드에 마오쩌둥의 부인 장칭(江青)과 측근인 야오원위안(姚文元) 등을 비판하는 시를 적어 마오쩌둥 체제에 대한 반대 의사를 표명하기에 이르렀다.

이에 공안당국과 군은 이 사건을 반혁명 사건으로 규정하고 철저하게 탄압했으며, 그 책임을 물어 당시 부주석 겸 부총리로 있던 덩샤오핑의 모든 직무를 박탈하였다.

그러나 덩샤오핑의 실각은 이번에는 그리 길지 않았다. 그해 9월 최고 권력자였던 마오쩌둥이 세상을 떠나자, 당시 총리로 있던 화궈펑이 권력을 잡기 위해 저우언라이 계열의 예젠잉(葉劍英)과 특무부대장인 왕둥싱(汪東興)을 끌어들여 마오쩌둥의 추종자인 4인방(장칭·장춘

차오·야오원위안·왕훙원)을 체포하여 숙청한 '베이징 정변'을 일으켰다. 자신의 힘만으로 마오쩌둥 사후 중국의 어지러운 정국을 수습하기에는 역부족이라는 사실을 깨달은 화궈펑은 예젠잉의 제안을 받아들여 1977년 7월, 덩샤오핑을 복직시켰다.

이때 덩샤오핑이 복직될 수 있었던 것은 당시 중국이 처한 정치·경제 상황 때문이었다. 중국은 대만을 비롯한 여러 자본주의 체제에 비해 경제가 크게 낙후되어 있었는데, 이것으로 인해 그동안 자신들이 주장해 왔던 사회주의 체제의 우월성이 심각한 도전을 받게 되었다. 이러한 이중의 위기, 즉 정통성과 일체성의 문제를 해결할 수 있는 대안적 인물이 바로 덩샤오핑이었던 것이다.

■ 경제 발전 없이 사회주의를 실현할 수 없다

복직 후 덩샤오핑은 가장 먼저 문화혁명파를 완전히 제거하는 일에 착수했다. 그들은 이미 두 차례나 자신을 실각시키는 데 앞장섰을 뿐 아니라 앞으로 자신이 생각하는 실용주의 노선을 펼치는 데 있어서 최대의 걸림돌이었기 때문이다.

이러한 목적 아래 덩샤오핑은 1978년 3월 채택된 헌법 제14조에 "국가는 백화제방 백가쟁명의 방침을 실천함으로써 예술과 과학의 발전을 촉진하고, 사회주의 문화 번영을 촉진한다."고 명기했다. '백화제방 백가쟁명'(百花齊放百家爭鳴)이란 1956년 당시 선전부장이었던 루

딩이(陸定一)가 연설 중에 사용한 말로 "온갖 꽃이 같이 피고 많은 사람들이 각기 주장을 편다."는 말이다. 즉, 누구든지 자유롭게 자기의 의견을 펼칠 수 있다는 뜻이다. 덩샤오핑은 이것을 통해 자신을 지지하는 여론을 이끌어 냄으로써 문화혁명파를 효과적으로 제거할 수 있었다.

이후 덩샤오핑은 화궈펑과 중국 최고 지도자 자리를 놓고 본격적으로 경쟁을 벌이기 시작했다. 먼저 덩샤오핑은 1978년 12월, 제11기 중국공산당 전당대회에서 개혁·개방정책의 기치를 전면에 내세움으로써 최고 지도자로 부상하게 되었다. 그의 개혁·개방정책은 생산력의 발전 없이는 사회주의를 실현할 수 없다는 인식을 바탕으로 하고 있었다. 덩샤오핑은 사회주의와 개혁·개방정책에서 오는 이념적 갈등의 해결 방안으로 '한 개의 중심점과 두 개의 기본점'이라는 중국식 사회주의의 방향을 제시했다. 즉, 경제적으로는 경제 건설을 '한 개의 중심점'으로 내세웠고, 정치적으로는 사회주의 고수와 공산당 지도라는 '두 개의 기본점'을 내세웠던 것이다. 그가 내세운 방안은 단번에 전당대회를 통과했고, 이로써 덩샤오핑은 당의 주도권을 장악할 수 있었다.

그러나 덩샤오핑이 제시한 중국식 사회주의는 그것을 실행하는 과정에서 학생 및 지식인들의 서구식 민주주의에 대한 요구에 직면하게 됨으로써 위기를 맞게 된다. 그러자 덩샤오핑은 1979년 3월 30일, "4항의 원칙을 견지하라."는 내용의 사회주의 원칙을 발표하였는데, 4항의 원칙이란 첫째, 사회주의 노선, 둘째, 프롤레타리아의 독재, 셋째, 공산당의 지도, 넷째, 마르크스 · 레닌주의와 마오쩌둥의 사상을 뜻했다.

이로써 덩샤오핑은 다시 한 번 수완을 발휘하여 '4개의 기본 원칙과 개혁 · 개방 견지'라는 지도 노선을 만들어 냈다. 이것을 통해 덩샤오핑은 마오쩌둥 치하, 특히 문화대혁명이 전개되었던 1966년 5월부터 1976년 10월에 이르는 기간 동안 낙후되고 피폐해진 중국의 정치 · 경제 상황을 새로운 궤도에 진입시켰다. 그 결과 덩샤오핑은 계속해서 자신과 권력투쟁을 벌여 왔던 화궈펑과 그의 추종자들을 실각시키고 1981년, 권력을 완전히 장악할 수 있었다.

이때부터 덩샤오핑은 실용주의 노선에 입각하여 과감한 개혁조치들을 단행해 나갔다. 그는 농업 · 공업 · 국방 · 과학기술의 현대화를 추진하었는데, 이를 위해 기업가와 농민의 이윤을 보장하고 지방분권적 경제를 운영했다. 또한 중국의 미래를 이끌어 나갈 엘리트를 양성하고 외국인의 투자를 허용하는 등 과감한 개혁조치를 취했다. 이로써 중국 경제는 눈부신 성장을 기록하게 되었다.

1999년 3월, 당시 열렸던 제9기 전국인민대표자대회에서 중국 헌법이 수정되었다. 이때 헌법 서문에 '중국 인민은 중국 공산당의 지도 아래 마르크스 · 레닌주의, 마오쩌둥 사상, 덩샤오핑 이론으로 대표되는 인민민주주의 독재와 사회주의 노선 및 개혁 · 개방을 견지한다.'고 공표됨으로써 덩샤오핑 이론은 사실상 마르크스 · 레닌주의 및 마오쩌둥 사상과 함께 중국의 지도사상 반열에 오르게 되었다. 이때부터 장쩌민 (江澤民)을 비롯한 중국 지도부의 중요 연설에서 '마르크스 · 레닌주의

| 실용주의 노선으로 마오쩌둥에게 반기를 들다

와 마오쩌둥 사상을 지지하고 덩샤오핑 이론을 따른다.'는 말이 연설의 첫머리를 장식하는 일종의 관용구가 되었다.

덩샤오핑이 중국의 새로운 영웅으로 떠오르자, 마오쩌둥의 초상화를 떼어 내고 덩샤오핑의 것으로 대체하자는 건의가 이어졌다. 이에 덩샤오핑은 "마오쩌둥 동지가 잘못한 것은 30%에 불과하다. 반면 우리 중화인민공화국을 세운 공로 70%는 여전히 위대하다."고 평하며 그의 초상화를 계속 걸어두게 하였다. 권력투쟁 과정에서 자신에게 많은 시련과 좌절을 안겨 준 마오쩌둥이었지만, 외세로부터 중국의 독립과 주권을 회복하고 중국을 통일하였으며, 대중의 정치 참여를 유도한 그의 공로와 영향력을 부인할 수는 없었던 것이다.

덩샤오핑은 국방의 현대화를 적극 추진하여 군사전략가로서도 탁월한 능력을 나타냈다. 외교에 있어서는 앞으로 중국이 나아갈 방향을 분명하게 제시했는데, 특히 타이완과의 관계에 있어서 '1국 2체제 방식으로 대처한다.'는 원칙을 확립함으로써 타이완과 국교를 맺은 모든 국가와 외교를 단절하는 등의 극단적인 조치를 취하기도 했다.

덩샤오핑이 1978년 제11기 공산당 전당대회 이후 실권을 장악하고 개혁·개방정책에 박차를 가한 지 10년이 지나면서 중국은 세계 여러 나라들의 주목을 받기 시작했다. 다른 여러 사회주의 국가들이 심각한 경제적 위기를 맞으며 퇴조하는 가운데에서도 그가 추구한 중국식 사회주의는 놀라운 성과를 나타냈기 때문이다.

개혁·개방과 관련한 덩샤오핑의 이론은 쥐만 잘 잡는다면 검은 고양이든 흰 고양이든 가릴 필요가 없다는, 이른바 '흑묘백묘'(黑猫白描)

론으로 대표된다. 이 이론은 생산력 발전만 이룰 수 있다면 사회주의 방식이든 자본주의 방식이든 가릴 필요가 없다는 철저한 실용주의 노선을 표방한 것이다.

1987년 2월 6일, 덩샤오핑은 중앙부서 책임자들에게 다음과 같이 말하였다.

왜 시장을 말하면 자본주의고, 계획을 말하면 사회주의가 되는가? 계획과 시장은 모두 하나의 방법에 불과하다. 단지 경제 발전에 유익하다면 어느 것이든 이용할 수 있는 것이다. 마치 계획경제가 곧 사회주의인 것처럼 말하는데 이것은 틀린 말이다.

영원한 승자는 없다

경제 성장 과정 중에 덩샤오핑이 생각하지 못했던 많은 문제점들도 함께 드러나기 시작했다. 덩샤오핑은 경제 발전에 의한 생산력 증가가 정치적 안정을 가져올 것으로 기대했다. 즉, 경제 발전으로 정치 문제를 극복하려 했던 것이다. 그러나 그의 생각과는 달리 생산력의 증대는 정치 개혁과 경제 개혁의 불균형을 확연히 드러냈고, 이것은 곧 대대적인 시민운동을 불러일으킴으로써 오히려 정치적 불안정을 가져왔다. 보수 세력들 또한 끊임없이 그의 개혁·개방정책에 제동을 걸어 왔다.

이러한 가운데 1986년 12월, 학생들과 지식인들이 민주화를 요구하

| 실용주의 노선으로 마오쩌둥에게 반기를 들다

며 대규모 시위를 벌였다. 덩샤오핑은 그 책임을 물어 그동안 자신이 후계자로 키워 왔던 후야오방(胡耀邦)을 실각시킴으로써 사건을 해결하려 했으나, 한번 불붙기 시작한 민주화 요구는 식을 줄을 몰랐다. 1989년이 되자 시민들과 학생들의 민주화 요구는 새로운 국면으로 접어들었다. 1989년은 중국에서 5·4운동이 일어난 지 70주년이 되는 해이자, 프랑스 혁명이 일어난 지 200주년이 되는 해였고, 중국 사회주의 정권 수립 40주년이자 덩샤오핑이 개혁·개방정책을 실시한 지 10년째에 접어드는 시점으로 많은 역사적 의미를 갖고 있는 해였다.

이러한 정치적 격변기 속에 후야오방의 후임으로 내세운 자오쯔양(趙紫陽)의 개혁정책이 많은 문제점을 드러내고 말았다. 그러자 부총리인 리펑(李鵬)이 정치 개혁의 속도를 완만하게 하자는 의견을 제시했고, 원로들은 자오쯔양을 당 총서기직에서 사퇴시키라는 압력을 가해왔다.

그러한 정치적 상황 속에서 그해 4월 15일 후야오방이 심장마비로 사망하자 팡리즈(方勵之) 등을 중심으로 후야오방의 명예 회복과 민주화를 요구하는 대규모 시위가 벌어졌다. 특히 베이징 대학과 베이징 사범대학을 중심으로 전국에서 모인 학생대표들은 노동자·지식인을 포함한 광범위한 시민층을 대표하여 5월 13일부터 톈안먼 광장에서 단식 연좌 시위를 계속했다. 그러던 중 베이징시에 계엄이 선포되고, 학생들의 요구에 유연한 대응을 보이던 자오쯔양의 행방이 묘연한 가운데, 덩샤오핑의 후계자로 알려진 양상쿤(楊尙昆) 국가 주석과 리펑(李鵬) 국무원 부총리 등 강경파가 주도권을 잡게 되었다.

시위는 갈수록 수위를 더해 갔고, 마침내 양상쿤과 리펑 등 강경파들은 6월 3일 밤, 인민해방군 27군을 동원하여 톈안먼 광장에 모여 시위하던 군중들을 향해 무차별 총격을 가하였으며, 시내 곳곳에서도 수천 명의 시민·학생·군인들이 죽거나 부상당했다. 이것이 1989년 6월 4일에 일어난 '제2차 톈안먼 사건'이다.

톈안먼 사건 이후 덩샤오핑은 민주화 세력에 동조했다는 이유로 자오쯔양을 실각시키는 한편, 개혁의 속도와 범위를 축소·조정했다. 또한 정치 안정을 최우선 목표로 삼고 학생 및 지식인 등 민주화 세력에 대한 통제를 강화하였으며, 부르주아 자유주의자들을 소탕하기 위하여 대대적인 숙청을 단행했다. 이 과정에서 7만 2천여 명의 당원이 제명되었고, 25만 6천여 명이 경고 및 징계 처분을 받았다.

경제적으로는 수요를 억제하고 물자가 부족해도 참고 견디는 생활을 장려하는 한편, 산업구조를 조정하고 가격 개혁을 잠정적으로 중단하는 조치를 통해 인플레이션을 억제하는 등 경제적 혼란을 진정시키고 생산성을 향상시키기 위한 정책을 실시하였다.

그러나 중국은 톈안먼 사건으로 인해 서방 세계로부터 인권을 유린했다는 강력한 비난과 함께 정치·경제적으로 많은 제재를 받게 되는데, 서방 세계는 중국에 대해 무역금수, 차관금지, 기술협력 제휴 중단 등의 제재조치를 취하였다.

그해 11월, 덩샤오핑은 모든 공직에서 물러났으나, 1997년 2월 19일, 죽는 그 순간까지도 여전히 중국 최고의 지도자로 군림하며 중국 정치권에 영향력을 행사했다. 덩샤오핑은 1980년, 이탈리아 기자 올리

| 실용주의 노선으로 마오쩌둥에게 반기를 들다

아나 팔라치와의 인터뷰에서 이렇게 말했다.

"여러 차례의 치명타를 극복할 수 있었던 것은 그때마다 결코 실망하지 않았기 때문이다. 정치란 바다의 큰 파도와 같은 것이다."

역사를 바꾼
위대한 이인자

초판 1쇄 인쇄 2022년 3월 18일
초판 1쇄 발행 2022년 3월 25일

지은이 송은명
펴낸이 김형성
책임편집 강경수
디자인 정종덕
펴낸곳 (주)시아컨텐츠그룹

주소 서울시 마포구 월드컵북로5길 65 (서교동), 주원빌딩 2F
전화 02-3141-9671
팩스 02-3141-9673
이메일 siaabook9671@naver.com
등록번호 제406-251002014000093호
등록일 2014년 5월 7일

ISBN 979-11-88519-36-1 [03910]